野村健太郎
山本　勝
石井直宏
［編］

環境激変と経営・会計・情報

税務経理協会

序　文

　今日，私達の周辺を取り巻く環境は激しく変動している。2008年9月15日にリーマン・ブラザーズの銀行破綻を契機とする金融危機が生起してから，それ以降世界各国で経済的困難に遭遇してきた。グローバル化の迅速性，大規模性，広範囲性を実感しないわけにはいかない。

　日本では少子高齢化，人口減少化が進展してきた。国力の衰退を必死になって下支えする必要に迫られ，医療，介護，子育て支援等社会保障制度の改善は喫緊(きっきん)の課題となっている。

　さらに，技術的側面でのIT（情報技術）化の進展は，電子部品・製品の高性能化等による高品質達成に支えられて目ざましいものがある。

　上記のごとく社会・経済を取り巻く環境が大きく変化し，それに対して，企業や社会がいかに対処していくかに強い関心が寄せられている。各組織・部門での経営・会計・情報に関する教育・研究の重要性は一段と高くなってきた。

　この点の重要性を愛知工業大学大学院研究スタッフが認識し共有し種々の角度からその研究成果を基礎にして編纂したのが，本書である。当大学院の研究実績を広く一般に伝達できれば編者の喜びとするところである。

　本書は3つの編によって構成される。まず第1編では，「グローバル化と経営・会計」の課題を取り上げている。

　その第1章では「グローバル化と企業経営の課題」を掲げ，グローバル化とは何か，グローバル化と金融危機の関連を述べ，グローバル化の要因を取り上げた。そして，グローバル化と日本版金融ビッグバン構想の関連を重視し，グローバル化と連結経営や時価評価の意義を明らかにした。

　そして，グローバル化の促進要因として，IT化，世界標準（グローバル・スタンダード）を取り上げ検討した。グローバル化の企業経営に対する影響・効果

を掘り下げ論究し，グローバル化のプラス側面・マイナス側面を抽出し，その中身について分析を試みた。

続いて，第2章では，「グローバル化と日本的生産システム」に探りを入れた。日本で1980年の後半に起こったバブル崩壊の環境にあっても，絶えず変化に対応し，強い経営基盤を構築してきた企業群にあって，革新的な生産システムを遂行し，顧客の要求に敏感に対応してきた企業としてトヨタ自動車は顕著な地位にあった。TPS，TPMとよばれる2つの革新的生産システムが導入され，これを機能させることによって，物づくり環境に大きな変化をもたらし，高品質製品を，迅速かつ低価格で販売し成功してきた。TPS，TPMの位置づけ，特徴，効果を探求し，当該システムがグローバル化とどのように関連しているのかを検討した。

第3章では，「グローバル化と財務会計・税務会計の課題」を取り扱っている。2015年を目途として，日本の従来の会計基準をグローバル・スタンダードである国際会計基準IAS／IFRSに統一化させる必要性が高まっている。今日の世界経済は，世界各国において国際分業体制が行きわたり，相互依存関係を一層強めているので，グローバル経営を展開せざるを得ない。各国会計基準の国際会計基準への統一化は避けて通れない。このような環境変化にあって，会計・財務会計と税務会計との関連性をどのように把握し位置づけるかは大きな課題となっている。この関係をどのように見ていくかを各種の視点より分析し検討を加えた。

第4章は，「グローバル化とコーポレート・ガバナンス」を論究した。グローバル化は連結経営が基本となっており，日本国内だけでなく海外各国での経営を視野に入れて考察しなければならない。その意味で，企業統治・コーポレート・ガバナンスも，日本だけでなく外国でのそれを検討する必要がある。アメリカ，イギリス，公的国際機関等のコーポレート・ガバナンスについても探りを入れることにした。

第2編では「少子高齢化と経営・会計」の課題を取り上げている。

その第1章では,「少子高齢化と地域包括ケアシステム」を掲げ,その構想と推進化方策を明らかにしている。21世紀の少子高齢化社会において,地域住民が健康で幸せな生活を送っていけるためには,各地域内において,より良質の保健・医療・福祉（介護）サービス,すなわち「必要な」包括ケアサービスを,「必要な時,必要な住民に,タイムリーに,そして効率的に」提供していくことが重要である。

　そのために,「シームレス（連続性）,セクトレス（総合性）,エンドレス（永続性）」の3条件に配慮した革新的な「地域保健・医療・福祉（介護）包括ケアシステム」の構築と円滑な運用が各地域に不可欠な条件となってくる。

　このような考え方に基づいて,地域包括ケアシステム構築およびその円滑な運営のためのシステム化手順,原則,基本理念,戦略,具体的推進方策等についてシステム・マネジメント論および地域包括医療システム論の立場から理論的考察を行ってきた。

　そして,地域包括ケアシステムは,地域特性や諸状況の変化に適応させつつ,各地域において実践していくことの必要性を説いた。特に,具体的には,青森県地域包括ケアシステム構想を推進している青森県との共同研究を行った。そして同県との3年間の共同研究を通じて,地域包括ケアシステムにおける検討課題を明らかにし,その実践的推進化方策・手順・評価等について多くの見識・方向性を獲得できた。

　さらに,地域包括ケアシステムを支える連携・協働システムの実態,問題点,システム化理念・推進化方策等を中心にして,システムマネジメント論の立場から考察を試み,提言を行っている。このような連携・協働システムの考察・研究は,少子高齢化の環境変化において極めて重要なものとしてアピールしているのである。

　第2章は,「企業経営とワークライフバランス」を取り上げ,少子高齢化社会の改善の方策を探っている。21世紀に突入してから社会の動きが極めて迅速で,激しい環境変化をもたらしてきた。少子高齢化も日本で急速に進展してきており,これを真剣に取り組んでいく必要がある。医療,介護,年金等の社会

保障の側面に難しい問題を突きつけていくからである。

　取り組むべき1つの重要要素が「ワークライフバランス（WLB）」の改善であることは明らかである。仕事と家庭の調和を向上させ，埋もれた女性労働も活用させることも可能にしていく。

　人口減少化が経済活力を低下させる実態を眺めた後，ワークライフバランスの向上が1つの有力な改善策となり得ることを指摘している。そして，個別の実際企業においてどのような対策が展開されているのかを窺っている。そのような実例から，ワークライフバランスの向上として，どのような項目が重視されているのか，どのような困難が横たわっているのかなどを分析している。

　ワークライフバランスの実現に係る企業の具体的取り組みにおいて，特に注目されている項目は，「在宅勤務（eワーク）」であり，「育児支援」である。それらについて実際の企業でどのように展開されているかを分析している。

　ワークライフバランスの向上には，企業における理解力の向上や，前向きな展開は不可欠であるが，しかし，企業のみに大きな期待をかけても限界がある。つまり「社会で支える」という意識や取り組みが必要である。この点に着目したところが注目するべきである。また日本だけでなく，ワークライフバランスに，すでに一周，二周早く取り組んできた海外諸国の実例に注目すべきであり，その長所に学ぶべき点を指摘している。とにかくワークライフバランスを向上させることは少子高齢化社会の進展に合わせて極めて重要であることを指摘している。

　第3編は，「IT化と経営・情報」を取り扱っている。その第1章では「IT化とデータ高機能処理」を取り上げ，k最近傍法の展開を中心に論究している。近時，IT化を背景とする情報技術の進展は目ざましい。その中で，個人，企業，行政機関および各種組織体などのすべての分野において，ネットワークを媒体とする情報活動は基幹的な業務となっており，さらに，新しい展開のための，情報収集，情報高機能化処理等が組織体での重要な活動になっている。したがって，ネットワークを代表する情報活動として，インターネットの積極的な

活動を取り上げるべきこととなる。

　最近になってインターネットなどの情報は質量ともに増大しており，毎日，Web 上では膨大な量の情報が飛び交っている。これらの情報の多くがテキストとして記述されており，そのテキストから個人や企業が関連するデータや，関心ある情報を拾い出すことが，新しく展開する知識の獲得・活用できるデータとして有用かつ重要となっている。

　これらテキストデータから，個人や各組織体に有用な知識やデータを発掘する技術として，テキストマイニング技術が注目され，各方面で積極的な研究が進められている。テキストマイニングの技術の中で，コンピュータによる，より精度の高い自動テキスト分類の技術の開発が関心が持たれてきた。

　インターネット上の各種の検索エンジンのソフトウェアでも，より高速で，より精度の高い分類手法の開発が期待されており，コンピュータ技術での優れた手法の開発は今後も続けられていく。従来の各種のパターン分類のための手法の中で，簡単な手法として k 最近傍法があり，その展開を行うことによって，IT 化とデータ高機能処理について考察しようとしたのである。

　第 2 章は，「IT 化と情報教育」を取り上げ，高校における「情報」教員に望む背景知識を中心として論究している。授業を行うのに必要とされるぎりぎりの知識，例えば教科書に書いてあるような知識だけでは，豊かな良い授業はできない。良い授業を行うには，授業に直接必要にならないようなバックグラウンド（背景）の知識をある程度理解していなければならない。それによって，教師は自信を持って教えることができ，また，そのような背景知識の多寡が生徒・学生の教育に良い影響を与える。

　具体的に，高校の普通教科「情報」を教える教師にとって，望ましい背景知識とは何か。この問題提起に対して一定の見解を述べることによって，IT 化と情報教育という課題の展開に接近しようとした。高校における「情報」教育の質的向上を狙って論究している。

　第 3 章は，「IT 化とファジィ論理の発展」を取り上げ，拡張ファジィ論理の周辺を深く掘り下げ検討した。元来，ファジィ理論の研究は数学の 1 分野とみ

なされ，理論的研究が中心であった。全体的な理論体系の構築というより，ファジィ集合（Fuzzy Set）の概念に触発された，曖昧さ研究の模索が続いてきた。そして，各種理論発展の結果，一定の研究分野が浮かび上がってきた。今日では，ファジィ理論を，ファジィ集合，ファジィ論理，ファジィ数学，ファジィ推論（ファジィ制御を含む），ファジィ測度（ファジィ積分を含む），の5分野に分けることが一般的となってきた。

本章では，ファジィ論理を中心として検討し，従来のファジィ論理とは範囲を異にする拡張ファジィ論理を重視し，具体的には5種の内容を提示し，それらを詳細に紹介し，一定の見解を明らかにした。

第4章は，「IT化と数理計画法」を取り上げ，正割条件から導くヘッセ行列の近似公式について展開している。数理計画法は，線形計画法，非線形計画法，整数計画法の3つの柱に大別できるが，本章では，非線形計画法の微分可能な無制約最適化問題について考察している。

基本となるのは，ニュートン法であり，ニュートン法で目的関数の2階偏微分係数を並べたヘッセ行列を中心に展開している。ヘッセ行列は，一般的に対称行列となっており，正割条件と呼ばれる条件を満たすように，変数ベクトルの偏差と勾配ベクトルの偏差からヘッセ行列の近似公式を導くことを追究していった。

第5章は，「IT化と会計情報」を取り上げ，企業の持続可能の観点から検討している。最近10年間，ITが会計・会計学に与えた影響は極めて多岐にわたっている。ITなくしては，企業は社会が求める適時・範囲・品質に即した会計情報を提供することはできない。社会が求める拡大した会計情報を提供することによって，企業の持続的な成長を可能にしている。

本来では，特に，様々な会計実務に対するIT化の展開現象を，「適時」，「範囲」，「品質」という3つの観点から分析を試み，社会が求める会計情報の方向を明らかにしている。会計情報が様々な次元に役立っていることを実例を示しながら，展開することを試みている。会計が経営・ビジネスにおいて説明能力（accountability）を有していることを広く周知させようと狙っている。

以上，環境が激しく変動する今日の状況にあって，大きく3つの編に分けて，愛知工業大学大学院経営情報科学研究科に所属する研究者の持ち味を発揮しつつ，知恵を絞って論述し展開してきた。これによって私達の研究成果の一端を広く伝達できれば，望外の喜びである。本研究の推進は，愛知工業大学創立50周年記念事業に関連して，行われたものであり，総長・後藤淳先生，学長・後藤泰之先生の御支援を得ることができた。また，出版に際しては，税務経理協会の社長大坪嘉春氏，編集長鈴木利美氏にお世話になった。記して深く感謝申し上げます。

　平成21年6月23日

　　　　　　　　　　　　　　　　　　　　　　　　　　編者
　　　　　　　　　　　　　　　　　　　　　　　　　　野村健太郎
　　　　　　　　　　　　　　　　　　　　　　　　　　山本　　勝
　　　　　　　　　　　　　　　　　　　　　　　　　　石井　直宏

目　次

序　文

第1編　グローバル化と経営・会計

第1章　グローバル化と企業経営の課題
―特に世界標準（グローバル・スタンダード）との関連に着眼して― ……………………………………………………………………… *3*

- Ⅰ　グローバル化と金融サミット …………………………………… *3*
- Ⅱ　グローバル化の要因 ……………………………………………… *4*
- Ⅲ　グローバル化と「日本版ビッグバン」構想表明 …………… *7*
- Ⅳ　IT・インターネットの普及・発展とグローバル化の促進 …… *10*
- Ⅴ　グローバル化の企業経営に対する効果・影響 ……………… *12*
- Ⅵ　グローバル化のマイナス面の克服 …………………………… *15*
- Ⅶ　将来への展望 …………………………………………………… *18*

第2章　グローバル化と日本的生産システム ………………… *21*

- Ⅰ　日本的生産システムの発展過程 ……………………………… *21*
- Ⅱ　日本的生産システムの基本的な考え方 ……………………… *24*
- Ⅲ　生産効率の基本的な考え方 …………………………………… *25*
- Ⅳ　実際的効果 ……………………………………………………… *33*
- Ⅴ　革新的生産システムの本質 …………………………………… *34*
- Ⅵ　革新的生産システムのグローバル化 ………………………… *36*
- Ⅶ　まとめ …………………………………………………………… *39*

第3章　グローバル化と財務会計・税務会計の課題 …………… 45
- I　グローバルな財務会計基準と国別税務会計基準との関係
  ―主要な検討課題― …………………………………………… 45
- II　アメリカにおける財務会計と税務会計の分離 ……………… 50
- III　経団連「会計基準の国際的な統一化へのわが国の対応」の論点 …… 53
- IV　減価償却に関する財務会計と税務会計の分離―申告調整方式の導入―
  …………………………………………………………………… 56
- V　むすび ………………………………………………………… 60

第4章　グローバル化とコーポレート・ガバナンス
　　　　―執行と監督の分離を中心として― ………………… 63
- I　コーポレート・ガバナンスの意義 …………………………… 63
- II　各国のコーポレート・ガバナンス論議 ……………………… 63
- III　我が国の法律整備 …………………………………………… 70
- IV　我が国企業の事例研究 ……………………………………… 73
- V　「委員会等設置会社」から「監査役設置会社」への再移行 …… 84
- VI　改善すべき課題 ……………………………………………… 87

第2編　少子高齢化と経営・会計

第1章　少子高齢化と地域包括ケアシステム
　　　　―その構想と推進化方策― ……………………………… 95
- I　連携・協働システムの役割と課題 …………………………… 95
- II　連携・協働システム構築における4つの重点課題 ………… 99
- III　連携・協働システムの実態と推進阻害要因 ……………… 103
- IV　連携・協働の促進条件と今後の課題 ……………………… 107

　　　　　　　　　　　　　　　　　　　　　　　　　　　目　次　*iii*

　Ⅴ　連携・協働のシステム化推進方策 ……………………………………… *110*
　Ⅵ　地域包括ケアシステムの推進方策と課題 ……………………………… *115*
　Ⅶ　おわりに …………………………………………………………………… *117*

第2章　企業経営とワークライフバランス
　　　　　―少子高齢化社会の改善に向けて― …………………………… *121*
　Ⅰ　環境激変と少子高齢化 …………………………………………………… *121*
　Ⅱ　人口減少と経済活力衰退 ………………………………………………… *122*
　Ⅲ　個別企業におけるワークライフバランスへの取り組みの分析 ……… *125*
　Ⅳ　在宅勤務（eワーク）と育児支援 ……………………………………… *129*
　Ⅴ　社会で支えるワークライフバランス …………………………………… *132*

第3編　IT化と経営・情報

第1章　IT化とデータ高機能処理
　　　　　―k最近傍法の展開を中心に― ……………………………………… *139*
　Ⅰ　テキスト分類の研究の背景 ……………………………………………… *141*
　Ⅱ　k最近傍法と距離関数 …………………………………………………… *142*
　Ⅲ　トレラントラフ集合 ……………………………………………………… *149*
　Ⅳ　遺伝的アルゴリズム ……………………………………………………… *150*
　Ⅴ　コンバインアンサンブル処理 …………………………………………… *155*
　Ⅵ　実験内容・結果 …………………………………………………………… *157*
　Ⅶ　従来の機械学習の分類手法と再学習処理法，コンバイン処理による分類
　　　精度の比較 ………………………………………………………………… *163*
　Ⅷ　まとめ ……………………………………………………………………… *164*

第2章　IT化と情報教育
―高校「情報」教員に望む背景知識― ……………………… 167
- Ⅰ　情報教育の目的は何か ………………………………………… 167
- Ⅱ　「情報の科学的理解」の理系部分 …………………………… 168
- Ⅲ　「情報の科学的理解」の文系部分 …………………………… 173
- Ⅳ　おわりに ………………………………………………………… 181

第3章　IT化とファジィ論理の発展
―拡張ファジィ論理とその周辺― ……………………………… 185
- Ⅰ　ファジィ理論の歴史と分野 …………………………………… 185
- Ⅱ　ファジィ論理の世界 …………………………………………… 186
- Ⅲ　紹介する拡張ファジィ論理 …………………………………… 195
- Ⅳ　拡張ファジィ論理モデルの共通点 …………………………… 206
- Ⅴ　拡張ファジィ理論の間の比較 ………………………………… 207

第4章　IT化と数理計画法
―正割条件から導くヘッセ行列の近似公式― ………………… 211
- Ⅰ　無制約最適化問題の最適性条件 ……………………………… 211
- Ⅱ　降下法の基本 …………………………………………………… 216
- Ⅲ　直線探索とステップ幅 ………………………………………… 217
- Ⅳ　最急降下法 ……………………………………………………… 221
- Ⅴ　ニュートン法 …………………………………………………… 221
- Ⅵ　準ニュートン法 ………………………………………………… 224

第5章　IT化と会計情報
―企業の持続可能性の観点― …………………………………… 241
- Ⅰ　IT化と複式簿記処理 …………………………………………… 241
- Ⅱ　適時・範囲・品質の観点による会計実務に対するIT化現象 ……… 242

Ⅲ	適時・範囲・品質の観点による会計実務に対する IT 化現象 ………	247
Ⅳ	まとめ …………………………………………………………………	267

第1編

グローバル化と経営・会計

第1章　グローバル化と企業経営の課題
――特に世界標準（グローバル・スタンダード）との関連に着眼して――

野村　健太郎

I　グローバル化と金融サミット

　周知のとおり，米国銀行リーマン・ブラザーズが2008年9月に経営破綻してから，それを引き金として世界の金融危機を招来・誘発し，2008年11月15日ワシントンで金融サミットが開催された。G6のほか新興開発国を含むG20から成る各国首脳を集めて，金融機関の情報開示を推進させることで合意され，国際会計基準・IAS／IFRS (IFRSs) の重要性を確認した。

　上記G20による金融サミットの開催は，金融・経済の活動分野がいかにグローバル化と深く関連しているかを認知せしめたのである。

　さて，「グローバル化」とは何かを見ておくと，ノーベル賞（経済学部門）受賞者スティグリッツ (Stiglits, J.E.) によると，グローバル化とは，「世界中の国と人間をより緊密に統合すること[注1]」である。

　グローバル化は，新しい現象でもないし，西洋化を意味するものでもない。世界史は，まさに，人的・物的資源のグローバルな交流・相互作用によって創られてきた。人，物財，サービス，資金，科学，技術，情報の自由な移転・移動をもたらし，あらゆる地域の発展に強い影響をもたらしてきた。

　2001年9月11日，アメリカで発生した同時多発テロ事件後，特にグローバル化に対する関心が高まってきたが，グローバル化はアメリカでのみ問題とされているものでもなければ，21世紀に入って特に問題とされてきたものでもない。しかし，最近になってIT化・情報化の進展もあって，グローバル化の速度が

早まってきた。

　グローバル化を推進する現実の具体的要因は，まさに「世界標準（グローバル・スタンダード）」の作成と機能にあると考えられる。アメリカがグローバル化の推進・発信源としばしば見られているのは，「世界標準」を次々と発想・発案して，実際に世界各国に拡め，実際に運用せしめてきたことと深く関連している。

　それに影響されたくないと思えば，他の各国が世界標準を創案して他国に影響を及ぼしていけばよい。しかし，この世界標準を創り上げることに関しては，アメリカは傑出しており他国がこれに追随している状態であった。しかし，そのことによって今回の世界金融危機で世界各国が大きな痛手を受けた。それに対して，各国が拱手傍観しているわけにはいかない。世界標準とは何か，その影響性や効果は何かについて深く洞察していくことが求められている。

Ⅱ　グローバル化の要因

1　国際的技術・組織

　グローバル化の促進要因として，国際的な技術や組織の生成・発展を見落としてはならない。国際的な技術としては，具体的重要事例として半導体装置の発明・開発によって触発されたITの急速な発展を指摘することができる。ITとグローバル化との関連は重要であり，これについては後に再論したい。ここでは，グローバル化と国際的な組織との関連を見ておく。

　まず，第二次世界大戦後に生誕した国連（UN）を挙げることができる。これは，世界的平和の維持を目的としていたが，それと相関連して，世界的な労働協調をめざす国際労働機構（ILO）や，世界的な保健増進を目的とする世界保

健機構 (WHO) を創設させた。「平和」，「労働」，「保健」という重要分野で国際的協調体制を確立させグローバルな発展をめざすものであった。

また，1944年7月に，国際通貨基金 (IMF) と世界銀行が誕生した。戦後の荒廃した欧州の再建に資金を提供し，将来の経済不況から世界を救うため協調した努力の一環として誕生した。この IMF と世界銀行とは，今日の世界経済への影響力の大きさという点で見逃すことはできない。しかし，両者間では，その貢献度合いが相違していたり，相互角逐が見られている[注2]。

2 EEC (EU の母胎) の設立

さらに，1958年に，欧州統合をめざす一環として，欧州経済共同体 (EEC) が設立された。加盟国内でのヒト，モノ，カネの自由な移動・流通を達成して，経済活動のグローバルな展開を促進しようとするものであった。EEC は1967年欧州共同体 (EC) 発足の基礎にもなり，さらに1993年 EU 創設 (マーストリヒト条約発効) へと導いていった。

1993年に EU が創設されたことにより，加盟国域内で，カネ (貨幣) の流通を活発化し，広い土俵での自由な経済活動を促進するため，1999年1月に，統一通貨「ユーロ」の発行へと結びついていった。加盟国で，単一通貨ユーロによる欧州通貨統合実現が図られた。すでに，ヒト，モノの自由な移動・流通は各種法制度の制定によって実現されていたが，最後に，ユーロ誕生によってカネの側面での統合が達成された。

このように，EU 域内での統一的なインフラ整備が図られることによって，企業活動は国境を越えたボーダレスな再展開が急速に展開されてきた。連結経営重視に軸足を置いたグローバルな経営展開が重視されてきたが，他面で，当時，EU の次元を離れてアメリカ，日本などの外国資本に打ち克つという目的も重視されていた。

③ 世界貿易機関・WTOの発足

　企業経営のグローバル展開を促進するものとして，1995年世界貿易機関・WTOも見落としてはならない。国際間での自由な貿易取引を阻害する障壁の撤廃をめざしたものであり，嫌でも外国資本との競争を意識しないわけにはいかなくなった。

　最近では，コピー製品の氾濫(はんらん)が続き，WTOの紛争処理小委員会（パネル）が知的財産権の保護が不十分との報告書を出すことにもなった（2009年1月26日）。

　WTOの発足・機能によって，国内企業同士の競争というより，むしろ外国企業との競争に晒(さら)されるようになってきた。設備投資や研究開発の側面で，巨額の資金，キャッシュ・フローが必要になってきたのであり，そのことは国境を越えたクロス・ボーダーな企業の再編成や構造改革を導いていった(注3)。特に，1990年代以降，金融・保険，情報通信，IT，自動車，化学，薬品，スーパー，小売業等の分野で国際的規模での企業の統廃合が活発に展開されるようになってきた。

　大規模企業（企業集団）であるからといって安閑としていられない。投資収益性・効率性の劣る企業が無残にも市場から敗退していったケースをいくつも見てきたからである。単に規模の大きな肥満体であっても十分機能しない。絶えず筋肉質の引き締まった経営体質に転換していかなければならない。トップ・マネジメントの優秀性，リーダーシップの意義が一層重要になってきた。「勝ち組」に属する企業では，極めて特色ある持ち味を発揮している経営者が見られるからである。

Ⅲ　グローバル化と「日本版ビッグバン」構想表明

1　日本版ビッグバン

　近年，グローバル化の速度が早まり，大規模化してきたが，日本では，特に，橋本龍太郎元首相が1996年11月に「日本版ビッグバン（金融大改革）」構想を表明してから，グローバル化が急進展してきた。

　この構想は，日本の証券市場をニューヨーク，ロンドン市場並みに活気ある取引を実現していくために，市場に，「フリー（自由）」，「フェアー（公正）」，「グローバル（地球規模）」の3原則を導入し，市場を活性化させるというものであった。

　その際，特に，企業集団に係る連結会計情報を重視し，その透明（transparency）で比較可能（comparability）な性質を満たしていくことが求められた。

2　グローバル化と「連結優位」

　この橋本構想を受けて，翌1997年6月に，大蔵省（現金融庁）企業会計審議会から，「連結財務諸表の見直しに関する意見書」，「連結財務諸表原則」などが公表された。これによって，「個別企業会計に対する連結会計の優位」，つまり「連結優位」が実現し，連結経営をより重視して，その向上を図っていく必要性が否応なく強調されることになった。そのことは我が国産業界に多大の衝撃を与えることになったし(注4)，さらに実態面での構造改革を引き起こすことになった。

　それ以降，連結経営の構造改革推進のため，我が国経済において，例えば，「M＆A」，「カンパニー制」，「執行役員制」，「役員給付に係るストックオプショ

ン制導入」,「純粋持ち株会社制採用」など各種組織の再編成を劇的に誘導していくことになった。

「連結優位」は,商法(現会社法),証券取引法(現金融商品取引法),税法等の法整備を要請するところとなり,1997年独占禁止法改正による純粋持ち株会社解禁,1999年商法改正による株式交換・株式移転制度の導入,2001年商法改正による会社分割制度の導入,同年金庫株取得の解禁,2002年税法上での連結納税制度の導入などの法整備を実現していった。

③ 「連結優位」と連結経営

これらの法整備の充実を受けて,経済界では積極的に連結経営の実態面での整備を続けてきた。証券市場を重視し,株式・社債発行による資金調達を行い,「直接金融方式」を推進している英米等アングロ・サクソン系諸国では,連結会計情報に基づく収益性判断を尊重した投資行動が展開されてきているから,我が国が「直接金融方式」重視に転換していかざるを得ないとすれば,企業集団について国際的に比較可能な連結情報を開示していかなければならない。

フランス,ドイツ等の欧州大陸諸国でも,従来,「間接金融方式」を重視した資金調達に依存してきたが,これら諸国でも1990年代に入り,我が国よりも早く,「直接金融方式」を重視し,連結経営の発展に務めてきたのである。

今日,連結情報によって,国際的な「格付け機関」からの評価が行われていくので,グローバル化時代にあって,低コストで有利な資金調達を試みたいときには,連結業績ひいては連結経営を改善していく必要に迫られているからである。

我が国経済界では,長らく個別企業経営中心で経営展開されてきたばかりでなく,収益性向上というより安全性志向で,メイン・バンクを機能させて,「間接金融方式」に大きく依存してきたので,例えば連結ベースでのROE(株主資本利益率)は,1990年代の好景気のときでも英米企業に対比して極めて低

い実績しか実現してこなかった。さらに1990年代に入り，バブル経済が崩壊したこともあり，連結ROEは大きく低下してきた。

4 連結経営と構造改革

1996年の橋本元首相「日本版ビッグバン」構想表明，1997年「連結優位」の宣言によって，連結経営の構造改革に追われることになり，痛みを伴う再編に没頭せざるを得なくなった。我が国の連結経営改善への対応が，国際的にあまりにも遅きにすぎたので，短期間で激痛を伴う経営体質改善に忙殺されてきた。

1990年代末期までの我が国の証券市場では，個別企業経営の，しかも，含み益重視の株価形成が優勢であった。1990年代に突入してからは，この状況は一変し，資産価値の下落に見舞われて，「含み益」は消滅してしまい，証券市場は実態開示の連結業績の良し悪しを基本として株価形成を行ってきた。従来とは様変わりの変化を招いてきた。

5 連結会計と時価評価

株主・投資者の立場を尊重した経営のすべてを時価で表明した連結ベースでの投資尺度に基づく投資決定が行われ，そのもとで株式・社債等の有価証券の市場価格が決められていく。非常に厳しいが，投資者にとって合理的な価格決定が展開されてきた。

連結ベースでの収益性判断を中心とするROE，ROI（投下資本利益率），EPS（1株当たり純利益），EBR（純資産倍率），1株当たりキャッシュ・フロー，配当性向などの業績の多寡が問われてきた。ファンダメンタルズ（基礎的諸条件）が重視されてきたのである。

グローバル化において，「連結優位」の連結ベースでの収益性判断を基礎として，証券市場で株価が決定され，さらに企業集団価値が決められていく。企業集団価値を低くしていくと，容易に海外資本からのM＆Aリスクにさらさ

れていく。M＆Aのリスクにさらされたくないと欲すれば，連結経営発展に努力していくことが何より肝要となる。

Ⅳ　IT・インターネットの普及・発展とグローバル化の促進

1　IT・インターネットとグローバル化

　1990年代に入ってからのIT・インターネットの普及・発展はグローバルベースでの輸送費と通信費の大幅な低下をもたらした。「インターネットには国境がない」時代に突入してきたのである。
　まさに，グローバル化は，ボーダレス化（国境の希薄化），シームレス化（縫い目なし化，継ぎ目なし化）を誘導させる。政治体制に係る国の意味を希薄化・共通化・共同化させ，経済体制に係る企業の意味を，逆に増大化させた。
　ビジネス分野で，目ざましい発展を見せてきたAOLやYahoo!などの企業はネットビジネスに特化し，消費者と頻繁に接触し，接触する度ごとに付加価値・利益を創出できる仕組みになっている。例えば，電気器具産業では，ある特定の電気製品を販売すると，それが壊れてから買替時に再び消費者に接するという方式になっている。再び消費者と接触するまでの時間が長いのである。そのため，例えば，ソニーでは「常時消費者と接する方式はないか」とか，「売ることによって稼ぐ」方式から，「売ってから稼ぐ」方式へというビジネス・チャンスの増大を図ろうとしてきた。グローバル化時代の経営戦略の転換として捉えることができる。
　また，グローバル次元での経営展開を図ってきたトヨタ自動車は，トヨタ生産システム・TPSを樹立してきたが，このTPSもグローバル化時代の経営方式として把握することができる。というのは，多種少量で安く作ることをめざ

すことは，世界の組立産業にとって経営の共通の関心事であり，コスト削減のために有効であるからである。TPS は自動車産業に対してだけでなく，多くの組立産業にとって模範となり，海外諸国でも参考とされたり，導入されてきた。海外では病院経営にもとり入れられたり，サービス産業でも注目されるようになってきた。

2　世界標準（グローバル・スタンダード）

　グローバル化との関連で見落とせないのは，世界標準（グローバル・スタンダード）の重要性ないし機能である。経営や会計の分野でいえば，国際会計基準 IAS／IFRS と国際環境基準（ISO 9000）とである。

　まず，1973年に各国会計専門家を集めて，国際会計基準委員会（IASC）を英国ロンドンに設立し，会計のグローバル・スタンダードとして国際会計基準の作成・設定に努力してきた。日本でも，グローバル次元で経営展開し，資金調達を行う企業にとっては，当該基準を尊重して会計を運営していくことが求められている。連結情報を重視して，透明性や比較可能性を達成するため，国際的次元で経営活動を追及していくことは，IAS／IFRS 準拠は不可欠の要請となっている。

　次に，国際環境基準にふれないわけにはいかない。炭酸ガス（CO_2）のみの問題だけでなく，ゴミ，排水，排煙，騒音など各種の環境問題の解決に取り組んでいかなければならない。CO_2 排出量の規制に係る京都議定書の重要性については，地球温暖化防止という世界共通の課題から各国でよく認識されてきた。環境問題への取り組みは，企業経営にとってみれば，製品の生産過程で生ずる環境への負荷，改善へのコスト負担などの課題があり，「環境会計」の重要課題となっている。

　環境負荷のかからない製品・サービスをどのように生産していくかは，1国のレベルを越えて重要であり，次世代にツケを残さないためにも，グローバル次元で解決していくべき課題となっている。グローバルな連結経営次元に係る

連結環境会計を整備していかなければならない。世界から受け入れられる企業（つまり，global corporate citizenship）をめざすためには，必須の経営対応といえる。

V　グローバル化の企業経営に対する効果・影響

1　空間的距離・時間的差異の概念の無意味化

グローバル化は，何より，「空間的・時間的差異の概念の無意味化」をもたらしている。このことは，膨大・高密度の情報産出，コミュニケーションの促進，経営・会計のディスクロージャーの発展（電子情報開示，米国 EDGAR，日本 EDINET，紙媒体から電子媒体へ）などと相互関連をもたらしている。

そして，空間的距離・時間的差異の概念の無意味化は，次の3点に影響すると見られる。

(1) グローバル次元での経営展開の促進（空間的距離・時間的差異の概念を無意味化することは，従来と比べものにならないほどグローバル次元で経営展開することを容易にする。例えば，原材料，資材の調達状況をネットによって比較分析したり，輸送上の問題を容易化したりして，瞬時に解決したりしていくことができる。このことは，企業経営の国際的展開を一層注目させることになる。）

(2) 多国籍企業の特徴と発展をより強調させることになる。企業活動がグローバル化していくと，海外現地国で，子会社，関連会社を設立したり，現地国の国内企業と提携したり，合弁方式を採用してジョイント・ベンチャー（共同事業体）を立ち上げたり，M＆A（合併・買収）を行ったりして，規模拡張が行われていく。つまり，多国籍企業（multinational enterprises）としての性格を強めていく。しかし，単なる規模拡大を追求することは大きな壁にぶち当たる。アメリカ・ビッグスリーの自動車企業を見ればよく

分かる。筋肉質の多国籍企業の連結経営において打ち克っていくことが重要となる。

(3) ネットビジネス，ｅコマース，SOHO などを活発化させていく。「インターネットは国境を越える」といわれ，グローバル化を促進する。そのことがさらにネットビジネスの展開を重視していく。

ネットビジネスは，「ｅコマース」，「接続サービス」，「HP 運営サービス」，「検索サービス」，「広告代理サービス」などから成り，その中で特に「ｅコマース」に注目されている。

「ｅコマース」は，「インターネットによるｅコマース」として注目され，具体的には，「B to e コマース」，「B to B コマース」，「C to B コマース（逆オークション）」，「C to e コマース（オークション）」とに区別される。

「インターネットによるｅコマース」は，2000年度に入り拡大成長し，IT 革命との関連で重要視されることになった（ネット売買は，百貨店等のネットショッピングに留まらず，証券業等サービス産業でも盛況となっている。）。

ネットビジネスの普及は，SOHO ビジネスの隆盛にも影響を与えている。グローバル次元での取引相手と，小さなオフィスを構えて容易にビジネスを行える環境になってきた。

② 市場メカニズム機能促進による経営の内容・体系の相違の縮小化

グローバル化は，市場メカニズムの機能促進を誘発しており，そのことが，国や地域における経営の内容・体系の相違性を縮小化させる。

例えば，「日本型経営」「米国型経営」などの差異・相違性の縮小化をもたらし，類型化の意義を縮小化させる。具体的には，日本型経営の特徴としての株式持ち合いの解消，メインバンク制の意義喪失，終身雇用・年功序列制のなし崩し的衰退，JIT システム・品質管理の世界的普及などがある。

一方で，米国型経営の特徴としてのレイ・オフ制度（一時解雇）の米国以外

の国での普及が見られたり，キャッシュ・フロー経営やEVA経営がグローバル次元で普及したり，活動別原価計算ABC会計が各国でとり入れられたりしてきた。

日本では，今日，1980年代末期までのように金融緩和期にあってマネーが市場にあふれるほど流入してきているわけではなく，選別融資も行われている。この状況下では，「直接金融」を重視して企業経営では自己金融を中心とした資金調達・運用を図っていくことが求められる。日本でも，自己金融に関連してキャッシュ・フロー経営が注目されている。

③ 資源配分の大規模な効率化・節約化（グローバル次元での最適立地）

グローバル化の伸展は，企業経営の土壌を狭隘な国内次元に押し止めることを求めない。材料，中間生産物，製品，サービスなどのコストや価格について，容易に比較分析ができる環境になってきている。また，その仕入，調達，配送，販売などについて短時間で完了させることが可能になってきた。

資材，製品などについて国際的調達が可能になってきたばかりでなく，現地国に進出している子会社，関連会社を含めて，連結経営としてSCM（サプライ・チェーン・マネジメント）が可能になってきた。連結経営に係る経営業績を良好に展開するため，財貨の国際的調達・販売を最適に行っていくことが必要となる。WTOなど国際機関によって，国際間の取引業務を円滑に行えるよう機能する役割にも注目していかなければならない。

しかし，現在においても，各国間に税制や税率の差異が存在しており，労務費やエネルギー・コスト，環境保全コストなどの相違と並んで，どのような経営行動を行っていくべきかについて適切な意思決定を下して，組織の最適立地を図っていくことが重要となっていく。

Ⅵ　グローバル化のマイナス面の克服

1　グローバル化の弊害

　グローバル化の長所ばかりでなく，マイナス面に対する考察も必要である。グローバル化は，例えば，ネットによるオンライン・ショッピングを普及させることになり，地域の中小零細小売業に価格競争の激化という環境変化をもたらす。Webサイトで消費者は，製品価格の相違を容易に検索でき，小売市場の透明性を高めるが，このことは地域の中小企業にとっては脅威となる。当該地域の消費者の購買力の一部分が，地域中小企業から抜けていくことが懸念される。

　地域経済を活性化させるため，ローカル・ビジネス，コミュニティー・ビジネスの掘り起こしを活発に図っていくことが重要となる。教育，保健，医療，介護等社会保障関連のサービス産業，バリア・フリー・ビジネス（段差等障害物除去ビジネス）の振興，ニッチ（隙間）産業の振興，ソーシャル・ワークやボランティア業務との相互協力が必要となる。

　グローバル化によって，地域の地場産業が空洞化したり倒産したりするのを防ぐため，経済特区，構造改革特区の機能発揮が重要となる。

2　地域の産業集積

　ある特定の地域で規制を撤廃・緩和して産業集積・開発を促進し，経済活性化の突破口にしようとするのが特区構想であり，従来の地域振興策の枠を超え，構造改革の起爆剤にする狙いがこめられていて，政府と地方自治体の双方に大胆な発想と実行力が必要となる。

特区構想が効果を上げるには，大企業であれ，地場企業であれ，ベンチャー企業であれ，その特区が魅力的な内容を具えていて，そこに進出したり，起業したいという欲求・ニーズが涌き上り，実際に立ち上ってくるか否かが重要である。かけ声倒れにならないように，自治体，地域住民，地域産業界等の関係者が熱意をもって支援・協力していく基盤整備が不可欠である。

③ 地域の企業誘致

地域で三重県，大分県等多くの県では税制優遇や補助金支給によって，地域への企業進出を奨励してきた。これらの企業進出が研究開発や新アイデアを創造して発展していくことが期待されている。それと密接に関連する方策が産学連携の推進である。

日本の各地域に潜在している研究内容・成果には国際的水準に達しているものが少なくないが，特許の出願や，最終製品に盛り込まれる技術には実績に結びつけていくことが必要で，そのためには，大学での基礎研究を充実化させ，産学連携への活発化が求められる。また，特許や，新アイデアが存在しても，それを製品・サービスに結びつけたり，マーケティングに関連づけたりして，ビジネス・モデルを適時・迅速に構想・実施していかなければならない。

このようなマーケティングや新ビジネス・モデルの立ち上げでは，米国などと比べて見劣りしていたり，先を越されたりしている。関係者の強力なリーダーシップの発揮と地域関係者の協力気運が必要である。

④ 産学協同事業の促進

各大学で研究が進んでいても，大学が縦割り行政・組織や学部相互間の非協力体制に阻まれていると，その研究がみのり豊かな実績を上げていくことが難しくなる。この状況を打破していかないとグローバル経済発展に結びつけていくことができない。

優れた技術や産業に寄与する特許が公私立を問わず全国の大学に埋もれている場合が多いと想定され，これを現存の企業活動と連携させたり，独自に起業させたり，ベンチャー企業を創造させたりする機会を創出させていくことが求められる。

大学や研究機関の知識資源 (knowledge resources) を最大限活用し，暗黙知 (implicit knowledge) を発掘・現実化して，知的インフラ整備を図り，地域の産業集積を図っていくことが，グローバル化進展のもとで重要となる。グローバル化が進んでいても，他方で，地域での基礎力のついた知識・産業を活性化させていくことが地域を元気づけるために何より必要となる。

大学にあっても，一方で，マネジメント力や，インキュベーション（ふ卵器）創出能力を高めていく基盤づくりを行っていかなければならない。技術や研究が各大学に潜在していても，それが産業力に直結していかなければ，付加価値を創造できないばかりか，国際的にも立ち遅れを招き，そのような技術・研究も陳腐化させていくからである。各大学での研究もグローバル化を睨んで迅速に産業力に直結できる瞬発力を生かせる環境整備が必要となっている。

日本では，1990年代以降バブル経済崩壊もあり，少子高齢化の伸展も作用して，産業界で活力を失いかけてきた。全国の工場立地は，1999年以降大幅に落ち込んでいる[注5]。全国土の元気づけが一層重要になっている。

5 ベンチャー企業育成

上記のごとき工場立地の落ち込みについては，景気低迷，設備投資停滞，工場の海外移転，海外立地の増加など各種の要因がある。しかし，この状況においても，事業承継力の維持は重要であり，さらに，一層，起業，創業，ベンチャー企業育成が強調される。ベンチャー企業育成は決して容易ではない。

日本では，創業時点の立ち上げ，マネジメント力，会計・財務知識，資金支援，ベンチャー・キャピタル，エンジェル制度，インキュベーシェン装置育成などの側面に米国等先進国に比べて立ち遅れてきた。これら基礎的な基盤整備

において，企業，政府，自治体，大学つまり「産官学」の総力を結集して対処していかなければ，グローバル化の伸展速度が早い今日の状況下では，国際的に立ち遅れていく。今日は，激動の時代であり，地方における足元を見据えた自力を養成していくことが結局着実な発展に結びつけていくことができるであろう。グローバル化による地域の産業空洞化を押し止めるためにも，「地域力」の向上こそ切望される。

　ニッチ（隙間）産業を振興することが特に重要であり，それは，大企業だけでなく，中小企業の活性化・持続が渇望され，元気づけが望まれる。日本の特徴は，各地に中小企業が国際的比較において数多く存在しており，これを成長・持続させていくことの必要性が痛感される。

Ⅶ　将来への展望

　以上，グローバル化と企業経営との関連を検討してきた。グローバル化の意義，その促進要因，世界標準（グローバル・スタンダード），グローバル化の特徴・弊害などである。

　特に，世界標準との関連は忘れてはならない。世界標準の運用・機能・リスクなどについて，とりわけ日頃から深い注目を払っておく必要がある。世界標準がいかに早く国際的に見て各国に及ぼす影響力が大きいかを，2008年秋の米国銀行リーマン・ブラザーズ破綻の事例から知ることができた。

　金融工学 (financial engineering) を駆使するサブプライム問題を生起させ，世界的に証券化商品や金融派生商品（デリバティブ）を普及させた。これら証券化商品や金融派生商品には，著名な格付け機関が高く格付けしたことにより，世界的に流通した。金融機関は十分なリスク管理を怠ってきたと批判されても仕方がない。

　住宅価格がいつまでも上昇し続けることがないことは，日本で1980年代末期まで続いた「土地神話」の崩壊から学んだはずである。数多くの経験から学習

して，将来の企業経営に対処していくことが重要である。

　グローバル化は，これを頭から否定し，それを忌避するにはどうしたらよいかという極端な議論もあるが，それによっては何も解決しない。グローバル化は，すでに見たように，ITを基盤とするインターネット社会においては，これを否定したり，忌避したりすることは困難となっているからである。

　グローバル化は，将来においても大きな潮流であるとすれば，グローバル化の特徴と弊害とをよく見極めて，その特徴・利点と見られるものは，これを積極的に評価して，発展させていくことが重要である。しかし，その反面において，弊害と見られるものは，それを取り除くにはどうしたらよいか，を考えていくのが建設的態度である。

　近年において，グローバル化の速度は一層早くなっており，その渦中にあっても，グローバル化の本質を見失わず，これに真正面から対峙し，積極的に対応していくことが重要である。企業経営の次元において，グローバル化の研究は極めて優先度の高いテーマとなっており，真剣に取り組んでいくべきであろう。

(注1) Stiglitz, J. E., Globalization and its Discontents, W. W. Norton and Company Inc. (鈴木主税訳『世界を不幸にしたグローバリズムの正体』徳間書店，2002年)。
(注2) この点については上掲スティグリッツ氏が詳細に検討している。
(注3) この点については，野村健太郎『連結経営と構造改革』税務経理協会，2002年で詳論している。
(注4) 野村健太郎『連結経営の衝撃』中央経済社，2000年を参照願いたい。
(注5) 経済産業省の立地動向調査によると，全国の工場立地は1999年以降大幅に激減し，最盛期の3分の1に落ち込んだ。例えば，1989年の4,157件・4,725 ha が2001年1,130件・1,387ha となっている。

(愛知工業大学教授)

第2章　グローバル化と日本的生産システム

野村　重信

I　日本的生産システムの発展過程

　産業革命以後，ヨーロッパにおいて産業社会の基盤が作られ，アメリカに渡って大量生産方式という生産システムが開花した。第二次大戦後，日本企業が欧米に追いつけ追い越せをモットーに先進諸国，特にアメリカ的生産システムを研究し，それを日本の生産システムに適応するように作り上げられてきた。そして高度成長の波に乗って日本産業は目覚ましく発展し，欧米先進国を圧倒し，品質，納期，価格などで優位性を保つまでに至った。しかし，1980年の後半に起こったバブル崩壊によって，多くの日本企業は経営危機に直面した。古い体質を持った大企業ほど変化に対応しきれず，経営基盤が弱体化した。そしていくつかの企業が倒産に追い込まれた。
　このような状況の中にあって，絶えず変化に対応し，強い経営基盤を築いていった企業群がある。それは革新的な生産システムを遂行し，顧客の要求に敏感に対応した生産システムを構築した企業である。これらの企業は低成長時代において劇的な成長を促す生産システムを作り出し，現在もさらに新しいシステムを生み出しながら発展してきている。ここでは，日本の土壌が生んだ2つの革新的生産システムを取り上げ，なぜグローバルな展開が可能になってきたのかについて考えてみよう。
　TPS (Toyota Production System)，TPM (Total Productive Maintenance) と呼ばれている2つの革新的な生産システムは，導入することによって物づくり環境

に大きな変化をもたらし,よいものを安く早く作るという企業の生産目的に貢献してきた。その状況を理解した経営者はシステムの導入を検討し,実際に導入していった。この2つの生産システムはまず特定の部門に導入し,次に活動の輪を広げるためにトップダウン的な展開で強力に進めると同時に,そこで働く人の変化が重要な問題であることを認識した。変化とは,つまりトップから一従業員に至るまで自ら挑戦し,常に自立的に行動する姿勢を持ち続けているということである。これを継続的物づくりの自立性と呼ぶことにする。

1 TPS

TPSは長い年月をかけて作り上げられた独特の考え方を持ったシステムである。このシステムの源流は豊田自働織機を設立した豊田佐吉に遡る。1つの流れは自働織機に不良を作らない仕組みをいれることを考え付いたことである。このシステムは豊田佐吉の発明した横切れ自働装置（1890年）であり,糸が切れたらすぐにラインが止まる構造になっている。これが「自働化」の原型となったのである[1]。もう1つの源流は佐吉の長男である豊田喜一郎が実践していた「効率的に物を作るということは供給部品を間に合わせるという意味だけではなく,余分なものを間に合わせても意味がない」（1936年）という主張である。そこでは豊田自動車（1933年）を立ち上げた豊田喜一郎の車をたくさん作るには,「複雑なる生産をできるだけ簡素化してこそ,この大事業が統制される」という考え方に基づいている[1]。これが「ジャストインタイム」（JIT）の原型となったのである。このようにTPSは必然的に生まれる背景を有しており,ここにTPSの2本柱の思想が,自動車のもの作りに情熱を捧げる大野耐一に受け継がれた。大野氏は「いるものを,いるときに,いるところが,いるだけとりに行く」[2]という革新的な仕組みを,生産現場の中にシステムとして実現し,カイゼンのループ（継続的カイゼン）によって定着させていったのである。TPSが脚光を浴びだしてきたのはオイルショック以後である。オイルショックは政府,企業,個人に大きな影響を及ぼした。51年,52年,53年の

時間の経過とともに、トヨタの利益が上がり、他社との格差が大きくなってきた。トヨタ生産方式は、多種少量で安く作ることのできる方法である。オイルショック以後の低成長時代に、いかに安く作るかをめぐってTPSがクローズアップされてきたシステムであるといえよう[3]。オイルショックがなければこれほどまでに脚光を浴びることはなかったといえる。

2 TPM

TPMの源はアメリカにあり、1950年代から60年代に設備が故障する前に整備する考え方のPM（予防保全）が導入された[4]。それまでは設備の保全に対して、故障をしてから修理する事後保全が主流をなしていた。いくつかの企業がPMの考え方を導入し、ある程度の成果を上げていたが、全員参加の小集団活動と結びつけて、大きな成果を出した企業が現れた。自動車部品の総合メーカーの日本電装（現デンソー）である。同社がPMを導入したのが1961年であったが、設備のオートメーション化によって全員参加のPM（TPM）を旗印に活動を行い、素晴らしい成果を上げ、1971年度PM優秀事業場賞を受賞した。日本プラントメンテナンス協会は1964年から優秀賞を続けているが、日本電装の活動は画期的であり、このTPM活動こそこれからの時代にふさわしいとして、普及推進に全面的に乗り出した。TPM活動は従業員の改善への意欲の向上、企業体質の強化に対してかなり有用な手法であることが導入企業より次第に明らかにされてきた。TPMの誕生がトヨタグループであったため、まず自動車産業に広まった。そして機械、半導体などの加工組み立て産業に普及し、1980年代になってさらに化学、食品、セメントなどの装置産業に普及していった。その間、課題解決のためのツールがいくつか開発されてきている。1980年代から海外へも普及活動を行い、企業の利益に直接貢献することが分かり、全世界に広がってきている。TPMは生産部門における改善活動が中心であったが、現在では生産部門以外の技術部門、開発部門、事務部門、営業部門にも広がり、まさに企業全体を対象とした全社的な様相を呈してきている。

Ⅱ　日本的生産システムの基本的な考え方

1　TPS

　TPSの根底に流れているものは，ムダの徹底的排除の思想に基づいて，作り方の合理性を追求し，生産全体をその思想で貫いてシステム化したものである。終戦後，日本の生産性はアメリカの8分の1であることを知らされ，『"同じ人間でありながら，体力的に8倍の力を発揮しているわけではないだろう。日本人は何かムダなことをやっているに違いない。そのムダをなくすだけで，生産性が10倍になるはずだ"と考えたのがTPSの出発点であった。』と大野氏はいっている。この根底にあるものは，人間である以上，懸命に努力すれば先進国と競争できるという確固たる信念であり，長い間にわたって試行錯誤を繰り返した末に到達したのである。ムダはある場合は在庫であり，ある場合は作業そのものであり，ある場合は不良であるが，それぞれのムダが複雑に絡み合い，ムダがムダを生み，やがては企業経営そのものを圧迫する。我々の稼ぎのもとは作り方の中にある。すなわち，いかに安いコストで製品として高い付加価値を付けるかということである。働きとは「付加価値を高める作業」であり，ムダとは「原価のみを高める作業」である[3]。生産の場でムダを省くということは生産に関連した余分にかかる費用をなくすことである。そうすれば必然的に原価が安くなる。すべての現場のムダを省き，生産性を挙げることを目的としているが，作業者一人一人，ライン一本一本の能率向上とともに，工場全体あるいは外注メーカーまで含めたトータルでの能率向上を重視し，現実的に具体的なかつ有用な手法を開発していることが大きな特徴となっている。

2 TPM

　TPMの根底に流れているものは,ロスの徹底的排除の思想に基づいて,重複小集団活動によって生産システムの総合的効率化を推進する全社的活動である。生産の効率化とは生産を行うのに必要な投入量(材料,設備,人,エネルギーなど)を最小にして,最大の産出量を得ることであり,付加価値をいかに上げ,製造原価をいかに下げるかである。企業活動の中には必ずロスが存在し,改善活動によってロスを発見し,ロスを省く活動を継続的に行うことによって大きな力が出せるという考え方である。いかにロスを見つけ出して改善によって原価を下げるかが大きな特徴となっている。それらのロスを削減するためには作業者一人一人が自分の設備の改善を行ってこそ「自分の設備は自分で守る」自主保全体制ができるという考え方で,全社的なロス削減活動を行ってきた。

III　生産効率の基本的な考え方

　TPS,TPMともムダやロスが生産効率を良くするきわめて有効な手段であると考えており,それらをなくすためのツールや方法論がいくつか開発され,それらを使った改善活動が行われてきている。ここではその基となるムダやロスの構造についてについて考えることにする。

1 TPS

　TPSはJITの考え方を基本ベースとした流れ化に対して,流れ化→同期化→後工程引っ張り方式→スパーマーケット方式→カンバン,といった一連の系列が成立する[5]。一方自働化に対しては,自働化→多台持→多工程持→標準作業の設定,といった一連の系列が成立する。カンバンの導入によって流れが

でき，現在の理想的な考え方である一個流し生産システムの基礎ができたことになる。自働化の思想によって設備の生産性，品質の向上に多大の貢献をしている。流れ化，自働化を繋ぐ道具として，目で見る管理（アンドン）が考案され，生産の進捗管理に役に立っている。

A　ムダの考え方

ムダとは役に立たないこと，益のないこととして定義されているが，生産工場ではこのムダがいたるところに発生してきている。ムダを取ることによって大きな利益を得ることができると，TPSでは考えられてきている。ムダを徹底的に排除することによって，作業能率を大幅に向上させることが可能となる。TPSでは(1)作りすぎのムダ，(2)手待ちのムダ，(3)運搬のムダ，(4)加工そのもののムダ，(5)在庫のムダ，(6)動作のムダ，(7)不良を作るムダ，の7つのムダを明確にし，TPSを導入する前提としてムダを徹底的に追及し，問題点を明確にしている。生産現場はダイナミックに活動しており，人，物，設備が管理者の考え方に基づいて運用されている。管理者が基本的なコンセプトもないままに，各自異なった方向で行っていては現場が混乱する。全員が同じコンセプトで管理・運用できるように7つのムダの考え方が全員で共有でき，実施できる環境を整えている。7つのムダはジャストインタイムの思想をベースにムダが見える環境を作っているといえよう。生産現場でのムダとは何か？　の問いにTPSの考え方が出現するまで誰も明確に答えることができなかった。なぜならば，顧客指向のもの作りの明確なコンセプトが存在しなかったからである。TPSによってどのようなもの作りが企業にとって最大の利益を生むか，が明確になったからである。顧客指向のもの作りの原点となったのである。テーラーから始まった問題解決技法としてのIE (IEとは：人・物・設備の総合されたシステムの設計・改善・確立に関するもので，そのシステムから得られる結果を明確にし，予測し，かつ評価するために，工学的な解析・設計の原理や方法とともに，数学，自然科学，社会科学の専門知識と技術を利用する。) が有効的に使われるようになり，日本が生んだカイゼンが活発に行われるようになってきた。すでに世界に広まっ

たカイゼンの考えかたはTPSの成功によってグローバル的な共有財産となったといえよう。今ではこのカイゼン活動によってもの作りの楽しさを世界の人々が味わい，モラールの向上にも貢献してきている。まさに継続的物づくりの自立性が根付いてきたといえる。

B　ムダ発生の構造

Aで7つのムダを挙げたがその各々について検討してみよう。

(1) 作りすぎのムダ

必要のないときに余分なものをつくるムダであり，大ロットの生産をしていたり，過剰人員や，過剰設備を有している場合に発生する。いくつ作るのかという計画が明確に決めてなかったり，日程計画管理が甘かったりすると余分なものをつくるとうい環境条件が整うため，必要以上のものを造ってしまう。これはジャストインタイムに関係しているムダである。

(2) 在庫のムダ

材料や部品などが停滞，貯蔵されているムダであり，大ロットの生産をしていたり，ラインのバランスが悪い場合に発生する。日常管理の悪さ加減から，先行生産や思惑生産をして工程を守る方向で考えると在庫を増やすことになる。ジャストインタイムに関係しているムダである。

(3) 運搬のムダ

モノの移動，積み替え，取扱い方法などのムダであり，レイアウトが悪かったり，過剰の在庫があったり，必要以上のスペースがあると発生する。運搬が何回発生してもムダとは認識せず，その時点で運搬が必要となるため行うことになる。ジャストインタイムに関係しているムダである。

(4) 不良を作るムダ

不良品の材料や労務費,消費したエネルギーなどのムダであり,設備の欠陥,材料の欠陥,人の標準作業の未熟があると発生する。不良が多くなると品切れの不安が生じ,不良が生じても安心できるだけの在庫を持つ思惑生産になる。自働化に関係しているムダである。

(5) 加工そのもののムダ

本来不要な工程や作業が,必要であるとして生産しているムダであり,工程手順,作業内容の検討不足や,治具・工具などの不備によって引き起こされる。管理者不足や,不十分な方法によって先行生産すると不要な作業を行うことになる。設備の生産性に関係しているムダである。

(6) 手待ちのムダ

材料,作業,運搬,検査等のあらゆる待ちや不必要な監視,作業などのムダであり,不十分な計画,能力の不均衡,大ロット生産などによって発生する。有効な作業設計をするための十分な検討を必要とする。手待ちのムダはどの工場でも発生しており,このムダをいかに有効活用するかによって大きな成果が得られる。人の生産性に関するムダである。

(7) 動作のムダ

不必要な動き,付加価値のない動き,遅速な動きなどのムダであり,教育訓練がなされていなかったり,標準化がなされていなかったりすると発生する。人の生産性に関するムダである。

TPSはこのようなムダを排除する設計システムが作られており,カイゼンの教育訓練をすることによって徹底してムダを取り除いていく。その繰り返しによって理想に向かった生産システムを作り上げていくことになる。この7つのムダは(1)から(3)まではジャストインタイムの考えを基盤としており,(4)は自働化を基盤としている。(5)から(7)はIEの考え方から生まれてきたムダである。

この中で作りすぎのムダが最も根本的なムダであり，顧客を考慮した需要状況から計画しなければいけないとTPSでは考えている。トヨタは右上がりの時代に，将来を見据えて，すでに顧客指向の考え方を導入していたのである。

C 作りすぎのムダの構造

TPSは作りすぎのムダが一番大きな問題であると指摘している。作りすぎるとどのようなムダが発生するのかについて考えてみることにする。まず第1段階のムダは過剰な生産能力であり，過剰な設備，多すぎる人，過剰な在庫であり，これらは余分な労務費，余分な償却費，余分な利子費を引き起こす。過剰な生産能力は最悪のムダつまり作りすぎのムダを引き起こす。作りすぎのムダは第2段階のムダである過剰な在庫のムダにつながり，利子費の増大を引き起こす。過剰な在庫のムダによって余分な倉庫，余分な運搬車，余分な運搬設備，余分な倉庫管理者など在庫を管理するために必要な第3段階のムダが発生することになる。その結果，製品原価の増大につながるわけである。この作りすぎのムダの構造は目に見えないため，どの企業でも発生しており，いかに作りすぎの在庫を減らすかが，企業を強くするもとになるといえる。したがってTPSでは売れる速度でモノを作るのが最も重要であるとしている。

2 TPM

TPMは自主保全，個別改善，計画保全，品質保全，初期管理の各々にいくつかのツールが用意されている。自主保全では7つのステップが明確にされ，WHY－WHY分析（なぜーなぜを追求することによって真の原因を把握する方法）によって設備故障の原因が追究される。計画保全では7つのステップが明確にされ，PM分析（原理原則に従って物理的に解析し，現象のメカニズムを明らかにする方法）によって構造の状況が追及される。品質保全ではQMマトリックスによって品質特性と設備の基準値との関係を体系的に示し，不具合の追求がなされている。また，QAマトリックスでは不良項目と材料，人，方法，設備，計

測との関係について不良を作らない仕組みの追求をすることができる。これらの手法はすべて，現場の可視化を狙った管理ツールということができる。

A　ロスの考え方

生産の効率化とは，生産を行うのに必要な投入量を最小にして，最大の産出量を得ることであり，製造原価を低減し，付加価値をいかにあげるかである。量的拡大を図るには設備の効率を高め，人の効率を高め，管理効率を高める活動をいかにするかである。また質的拡大を図るには品質の向上を高め，設備の質的効率を高めることにある。生産効率の最終的なねらいは，設備の固有能力を十分に発揮，維持し，人の能力を最高に発揮，維持することである。この状況を実現するためにTPMでは効率化を阻害する要因をロスとして定義し，(1)設備効率を阻害している7つのロス，(2)設備操業度を阻害する1つのロス，(3)人の効率を阻害している5つのロス，(4)原単位の効率を阻害する3つのロス，全部で16大ロスを提案している。これらのロスは設備をベースとして組み立てられており，売り上げが上昇して，右上がりの生産ができるときほど効果が著しい。ロスをカイゼン対象として全社的活動が行われるため，ロスの考え方が全員で共有でき，カイゼンに対する方向が明確になる。また，明確な目標が与えられるため，計画が作りやすく，実施がしやすい。

B　ロス発生の構造

生産効率を阻害するロスについて定義すると，次のようになる[4]。

（1）　設備を阻害する7大ロス

① 故障ロス

突発的・慢性的に発生している故障によるロスで，時間的なロス，不良・手直しロスを伴うものである。

② チョコ停・空転ロス

一時的なトラブルのために設備が停止，または空転している状態のロスで

ある。
③ 段取り・調整ロス
　現製品の生産終了時から次の製品の切り替え・調整を行い，完全な良品が出来るまでの時間的なロスをいう。
④ 速度低下ロス
　設備のスピードが遅いために発生するロスで，設計時のスピードと実際のスピードの差をいう。
⑤ 刃具ロス
　刃具の定期的交換，切損による一時的な交換に伴う時間的なロスと交換の前後に発生する不良・手直しロスである。
⑥ 不良・手直しロス
　不良・手直しによる廃棄不良と修正して良品とするための時間的なロスである。
⑦ 立ち上がりロス
　良品を生産できるまでの時間的なロスとその間に発生する不良・手直しロスをいう。

(2) 設備操業度を阻害するロス
⑧ シャットダウンロス
　設備の計画的な保全を行うために，設備を停止する時間的なロスと，その立ち上がりのために発生する不良・手直しロスをいう。

(3) 人の効率を阻害する5大ロス
⑨ 管理ロス
　材料待ち，指示待ち，故障修理待ちなどの管理上発生する手待ちロスである。
⑩ 動作ロス
　動作経済の原則に反する動作ロス，スキルの差によって発生するロスなど

である。

⑪ 編成ロス

多工程待ち,多台持ちにおける手待ちロス,コンベア作業のバランスロスなどである。

⑫ 自動化置換ロス

自動化に置き換えることによって省人化できるのに行わないために生じるロスである。

⑬ 測定調整ロス

品質不良の発生,流出防止のため,測定・調整を頻繁に実施するために生じるロス工数である。

(4) 原単位の効率化を阻害する3大ロス

⑭ 歩留りロス

素材重量と製品重量の差による物量ロスである。

⑮ エネルギーロス

電力,燃料,蒸気,エア,水などのエネルギーのロスをいう。

⑯ 型・治工具ロス

製品を作るために必要な型・治工具のロスの製作・補修に伴って発生する,いわゆる金銭的ロスである。

以上各ロスを定義したが,これらのロスは全社的な活動をする前提として,各部署でどのようなロスがあるのか,16のロス一つ一つについて詳しく検討し,実際に定義できるロスがあれば企業に適した言葉で定義する。定義したロスの具体的な内容が検討され,各部署とロスとの関係でロスツリーが作られる。ロスツリーより部門の体系化されたロスマトリックスが作られ,部門ごとに改善テーマが具体化される。そして目標が与えられた活動計画が作られ,プロジェクト改善,個別改善に具体化されて,組織的に実施される。この方法は極めてシステマティク的であり,計画通り着実に進めていけば,ほとんどよい結果が

期待できる。導入した企業で間違った方法を取っていなければ，着実に設定した目標値に近づくことができる。国内外を問わず，TPMを適用することによって生産効率の向上に役立っているといえる。TPMのロス構造分析はグローバル的に極めて適用率が良く，ポピュラーな管理手法として浸透してきている。16大ロスという考え方は，どの国であっても共通の問題認識として受け入れられている。ロス構造はTPMの中で中心的な改善活動であり，導入早期の時点から行われる。ロスの顕在化は無限であり，ロスの改善によって継続的物づくりの自立性が養われる。

Ⅳ 実際的効果

1 TPS

　TPSを導入することによって人，もの，設備の有効利用が達成でき，製造原価が低減され，経常利益の向上に繋がる。一個流し生産によってリードタイムが短くなり，工場のシンプル化が促進される。在庫が劇的に減少するため，物の取り扱いに関係している人，設備，スペース，倉庫などムダと思われていないムダが発見でき，原価低減に貢献する。このシステムは常に緊張感が伴うため，継続的改善が助長される。在庫はカンバン枚数で制限されているため，設備故障や品質不良などが起こるとすぐにラインが止まり，他工程に大きな影響を及ぼす。そのため，日常管理が非常に重要となり，製造ラインは常に律動的に動き，部品1個1個が組みつけられ，機能部品として製品化されていく。

2 TPM

　TPMを導入することによって，全社的な改善活動に発展し，設備，人，も

のなどの有効利用が進み，製造原価が低減され，経常利益の向上に繋がる[6]。ロス構造から導かれた改善テーマの可視化によって，目標が決まり，PDCAを回すことによりトップからオペレーターに至る全従業員の改善のスピードが上がっていく。オペレーターを巻き込んで行われる改善活動のため，小改善であっても数の論理で大きな効果が出る。また，新しいことを考え，実践して，効果が確認できるため，従業員のモラールの向上に極めて有効である。計画的な活動の推進によって企業体質が強くなっていく様子を数字によって把握することができるため，トップも安心して経営活動に専念できる。

V 革新的生産システムの本質

1 TPS

　TPSの考え方は豊田自動車が設立されたときからすでに，芽が出てきており，長年かかってトヨタ式の企業風土が出来上がったと考えられる。ジャストインタイムの考え方は理想であり，カイゼンによってその理想にいかに近づけるか，社員が強い問題意識を常に持っている。問題意識とは問題の核心を見抜き，積極的に追及しようとする考え方であり，TPSの問題の核心はジャストインタイムという考え方である。全社員がその考え方を共有し，現場の中でどのようにしたら実現できるのか，常に考え，その考えを実行し，失敗を繰り返しながら，徐々に実現していった。その間20年以上を有しており，従業員の心の中にカイゼンこそ仕事であるという心構えができ上がっていったのではないかと思われる。現場の中では，「問題がない現場こそ問題である」という言葉の中に問題を顕在化してカイゼンする仕組みが作られている。つまり，在庫を圧縮してどこが問題なのかを「可視化」しているのである。問題が発生すると各部門の人が集まり，その問題に対して解決する方法を考え，実行するのであ

る。カイゼンのみならず解決のスピードも問題としている。「いかに速いスピードで問題を解決するかが重要」と見ているのではないかと考える。

このように各部門の人たちがともすれば陥るセクショナリズムを拭い去り，協業によるカイゼンを行ってきたのである。そこには責任を追及されるのがいやだから隠すという風習は微塵も見られない。ここが他社との大きな差であると考える。TPSであるべき姿を共有し，常に足元の問題を発見し，実施し，また問題を発見し，実施するという繰り返しの中で，変化に対応できる強い企業体質ができ上がり，さらに進化してきている。大野耐一氏は一線を退いたあとカイゼンの精神として「かくすれば，かくなるものとわかりなば，やむにやまれぬカイゼン魂」と詠った。これこそTPSの真髄を表していると思う。

2 TPM

TPMの考え方は日本デンソーの全員参加によるTPM活動がその考え方の基礎を作った，と説明したが，全員の力を1つの目標に向かわせ，企業体質の改善に繋がったのが大きな飛躍を生んだ基であると考えられる。強い利益体質を作るために，絶えず目標を設定し，その目標にベクトルを合わせ，全員でカイゼン活動をする。そして継続的に目標を見直し，より高い目標設定を再設定するといった活動方法をとる。TPM活動自体を企業経営と直接結びつかせて，その中心に位置づけしている企業もある。これらの企業は経営者自らが先頭に立っており，強いリーダーシップを発揮して，強い企業体質に成長していった。TPMを導入した殆どの企業は企業のロスをカイゼンし，経営状態がよくなっていった。ロスをカイゼンするため固定費，変動費の低減に結びつくカイゼンがかなりあり，従業員のモラールも向上した。TPMは経営者にとっては「明日が見える」活動であり，管理者にとっては「いかに明日が見える企業にするか」という活動であると考えることができる。このように全社員にとって安心して働ける環境を整えてくれるため，益々活動が活性化されることになる。このシステムは人間が本来持っている創造的な面を形式知化された手続きによっ

て思考の活性化が促進され，成功体験できるシステムと考えることができる。低成長の時代に非常に適合したシステムであり，日本から，世界に幅広く広がった理由がここにある。

VI 革新的生産システムのグローバル化

1 TPS

1986年にGMと提携したNUMMIでTPSが導入され，数年先には米国企業が認めるシステムとして広まっていった。特にリーン生産システムとして紹介され，多くの企業でTPSが導入された[7]。特殊な環境で育ってきたTPSはそのすべてを導入することは困難であり，日本の企業の中でもトヨタと同レベルまでいっている企業はなく，その一部を導入しているに過ぎない。すでに思想面については述べたように，各企業に合った考え方を取り入れ，その企業流のシステムとして構築することが賢明であろう。モノに流れを作り，いかにリードタイムを短縮するかを考え，カイゼンを継続的に繰り返すことが要求される。このような観点に立って，適用と適応を繰り返し，その企業流の経営管理システムが作られていく。そこには国境を越えた日本的でもアメリカ的でもなく，各地域に根付いたローカル的経営管理システムが構築されていく。

2 TPM

1980年代前半にアジア地域，欧州，米国に導入され，トップダウン式の活動が各国の生産革新に適合し，広まっていった[8]。TPMは強いトップダウン的システムであり，日本よりもむしろ，海外で大きな成果が出る可能性がある。従業員のカイゼンに対する姿勢はカイゼンの質は別にして，日本のカイゼンに

対する姿勢を圧倒し，カイゼン自体を楽しんでいるかのようである。経営者はトップダウンで目標を決め，システマティク的に従業員の活動エネルギーの方向が明確になり，その結果，競合他社と差別化が出来るので，積極的に導入している。TPMはロスを徹底的に追求するため，今までほとんどロス活動をしていなかった企業にとって目から鱗であったと思われる。それほどまでに劇的に企業の経営を助け，改質改善ができる。TPMはほとんど日本と同じ導入方法で諸外国に導入され，適用されている。日本の土壌から生まれたシステムであるが，手順が明確になっており，今や世界標準となりつつある。このようにTPMはまさに手順や手法がパッケージ化されてきており，益々グローバルな広がりを見せてきている。TPMは始まった初期のころから啓蒙，普及活動を積極的に進めるために，PM優秀賞を設定し，企業体質強化に寄与する活動を推進してきている。日本企業TPM活動は大企業を中心として浸透し，中堅中小企業に広まり，1990年以降外国企業が急速に導入し，TPMのよさを認識してきた。今後ますますその傾向が強くなって行くと思われる。

③ 革新的生産システムのグローバル化について

グローバル環境になった現在，経営活動は国の保護は別としてどの国にも比較的自由に企業進出ができ，国の境界を越えた自由競争になった。需要と供給のバランスが崩れ，供給過剰になっている現在，いかに高品質を保ち，低価格の商品を顧客の要望に応じた時期に納入するのかが重要な経営課題となってきている。顧客を志向した革新的システムの構築に対して日本的生産システムは有効に機能し，特にTPSは欲しい時に欲しいものを欲しいだけつくる生産システムを志向しており，顧客の要求に合った望ましいシステムといえる。ムダを徹底的に排除したモノづくりの思想と顧客主体の考え方を取り入れた理想システムを追求しているわけである。一方TPMは企業のロスを減らし企業体質を強くする思想を持ち，企業目的に合わせた生産システムを追求する考え方をその根底に有する。つまり企業の理念に適合した全社的利益システムを構築す

ることが重要であるとされる。また設備の保全を基本ベースとしているため、設備の効率を上げることが企業体質を強くすることを強調している。これら2つのシステムは企業利潤の追求と継続を企業目的であるとしていることは一致しているが、モノづくりの中での思想が異なっている。TPSはあるべき姿からのモノづくりシステムの追求であるのに対してTPMはロスを徹底的に排除する全社的な活動をベースとしており、あるべきモノづくりシステムを追及しているわけではない。

　これら日本が生んだ革新的生産システムは海外でも導入され、大きな成果をあげてきている。この2つのシステムはどのような形で浸透してきているのかについて言及してみたい。その前に革新的システムの適用と適応についての考え方の説明をする。ここでいう適用とは革新的システムをそのまま導入して定着させることとする。一方適応とはその国独自の風習、習慣を取り入れて革新的システムを定着させることとする。適用と適応の面よりみると2つのシステムには大きな開きがある。TPSは欲しい時に欲しいものを欲しいだけつくるシステムであり、それを実現するための多くのツールが開発され、有効に使われているが、最低在庫での生産を目指すために現場は常に緊張感を強いられる。生産現場は1日の生産数量を計画通りに遂行することを目標として、日常起こる様々な問題を顕在化し、すぐに修復するモノづくりシステムを目指している。TPSは現場に対してかなり強いストレスがかかり、そのままの状態では導入がかなり困難となる。TPSの考え方を取り入れた適応型のシステムとして構築している企業が多い。TPSを導入するための阻害要因が多くあり、その国の企業に合ったシステムがつくられていった。現在ではリーン生産システムとして定着している。現在では各国の企業はTPSのよさを認識しており、その考え方を取り入れた独自のシステムを作っている。

　一方TPMはロスを徹底的に排除し、設備の効率を追求し、自主保全活動で全社的な活動にすることを狙いとしている。この考え方は一般にどの企業でも生産効率を上げるために重要な活動であり、特に成長している企業では歓迎されている。自主保全はカイゼンの考え方が全社的に浸透する有効な活動であり、

どの企業でも導入が容易にできることが強みである。このため各国にTPMが導入され，一定の成果を上げている。TPMシステムは8本柱の問題点，課題，対策に至る解決方法がパッケージ化されており，その手順に従えば成果が上がることが証明されているため，TPMをそのまま適用している企業が多い。この状況は日本国内，諸外国すべてにおいて問題解決型パッケージシステムの適用という形で説明することができよう。多くの企業がTPMの導入によってノウハウを蓄積し，蓄積した知識をパッケージシステムとして形式化し，より適用するのに容易なシステムとして改良していったのである。

このように見てくると適応から適用に変わるためのキーワードはパッケージシステムであり，暗黙知である問題を形式知化する技術であることが分かる。TPMは8本柱すべてにおいて形式知化つまり問題を解決するための手順が作られており，その手順に従って行えば，一定の成果を上げることができる。試行錯誤を繰り返さなくても解決するための労力が最小限になり，改善のスピードが速まることを各国の企業が十分に理解したと考えることができる。一方TPSは考え方の思想は誰でも知っているが，導入の方法がまだパッケージされておらず，導入方法にかなりばらつきがあるということである。阻害要因と導入方法のパッケージ化が進めば，かなりのスピードで適用されると考えられる。TPSの暗黙知の課題を整理して，問題解決の手順を作り，多くの成功事例を紹介することが必要であろう。

Ⅶ まとめ

以上説明してきた内容をまとめると，以下のようになる。

(1) TPSとTPMは長い年月をかけて作り上げられたシステムであり，企業体質改善に有効に働く。特に需要と供給のバランスが崩れ，競争がより激しくなったとき，その威力を十分に発揮する。また，競争がそれほど激しくなくとも活動を推進することによって企業の成長に寄与する。TPSを開発

したトヨタ自動車は，需要＞供給の時代であっても，原価低減をすることが現場の使命であると考え，常に顧客に安いものを提供しなければならないと言い続けている。「製造メーカーの利益は作り方の中にある」と考え，効率的なもの作りを追求してきている。この考え方は導入当初より変わることなく続けられ，考えることが仕事であるとしてきた，カイゼンの習慣が身についており，変化に対しても敏感に反応する心構えができていると考えることができる。一方TPMはカイゼンの習慣を身につかせるためにロス構造によって可視化した問題を，管理のサイクル（計画・実施・チェック・処置）によって明確にし，ボトムアップ方式ではなくてトップダウン方式で定着させている。したがって，管理のサイクルを一旦緩めるとたちまちもとに戻ってしまう。常に計画を立て，目標を決めて達成する仕組みができていなければならない。このように，カイゼンの習慣を身につかせることがいかに困難なことかが，認識できる。常に外的な刺激がないと我々はたとえ古いシステムであろうと，作り上げたシステムを維持する方向に進んで行く可能性が高い。これは人間が本来持つ「安定性」つまり明日が見える安堵感と関連があるのではないかと考える。

（2）　TPS，TPMの源は日本中部の自動車産業で生まれ育ち，この分野は裾野の広い産業であり，複雑な加工組み立て系を有している。またものづくりの形態からは親会社を頂点としたピラミッド型の構造をしており，全社的な活動を展開するには条件がととのっている。つまり条件が整っていなければ，導入初期には相当なエネルギーを要し，安定させるのに強力な指導力を必要とする。しかし成功すれば企業に大きな利益をもたらし，結果がある程度予測できるシステムなため，企業の経営者は強い興味を示す。TPS，TPM共現在は全産業に普及してきている。TPSは特定の企業が作り上げてシステムであり，本来のTPSを行っている企業はトヨタ系以外はないと考える。ただし，流し方の考え方や，在庫の考え方，原価の考え方など，TPS特有の見方はほとんどの企業に広がっており，生産効率を上げる手段として適用している。しかし，基本的な考え方を全社的に適用する場合は多くの制約条

件を超えなければならず,かなり困難を伴う。例えば,段取りの問題,平準化の問題,カンバン・システムの問題,ラインの柔軟性の問題,生産技術の問題など解決しなければならない多くの制約条件がある。TPM は各企業に応じた導入方法が準備されており,各部門のサブシステムのレベルが用意されており,ほとんどすべての活動はステップ方式で行うことができる。したがって,制約条件の水準が高くないため,容易に導入することが可能である。ツールとしての問題解決手順は容易に情報共有でき,一度覚えてしまえば,色々な問題に応用することができる。最初の数年間の活動は作られているが,基礎レベルから応用レベルに上がるためにはその企業独自の戦略が必要となり,他社の模倣をすることができない。このレベルにくると有能な人材が企業の中にいないと,より良い TPM 活動を推進することが困難となる。企業に利益をもたらす特徴のある内容は独創性が要求され,独創性に基づいた TPM 活動が大切となる。

(3) 企業のムダとロスをいかに見つけるか,つまり贅肉(リーン)を見つけ,全社でムダ,とロスを共有し,カイゼンを行って力をつけていく。この活動を通じて企業に力がつき,そこで働く人にも力がついていく。つまりこの活動を通じて人材が育ち,モラールが向上する。TPS のムダはもの作りの側面から定義されており,そのムダのカイゼンによって現場を強くしていくことができる。7つのムダが定義されているが,その他,多くのムダがあるが定義はされていない。したがって全社にあるムダの把握ができない。TPM はロスを把握するために,ロスツリーを定義し,しかも全社のロスを追及することに多くの労力を費やす。各部門の理想的な状態を定義し,その他の仕事はロスであると認識し,理想状態と現状との差をロスと考える。この考えに従うとロスの顕在化がしやすくなり,容易にロスの定義ができる。各企業のレベルによりロスの発掘の大きさが異なり,その企業のレベルに応じたカイゼンが可能となる。ある程度の段階まで行くと,次のロスを定義し,さらにレベルアップしたカイゼンに取り組むことができる。ロスは多く定義できるが,企業の利益に結びつくロスかどうかは分からず,企業に貢献しないロ

スカイゼンになる危険性がある。TPSの7つのムダは企業の利益と直接結びついているため,ムダを取ることによって効率的なもの作りとなる。

(4) 顧客とものづくりが接近し,ものづくりはますます複雑になってきた。TPS, TPMは顧客の接近に対して,適用できるシステムであり,特にTPSはリードタイム短縮を狙ったシステムであり,これからの要求に答えることができる。ジャストインタイムの実現によって顧客にタイムリーに供給することができる。TPSは基本的には企業の立場でいかに良いものを安く早く作るかにあったが,営業を包含することによって顧客を指向した全社的な展開になってきている。TPMも基本活動にリードタイムを目標に掲げて,全社展開すれば顧客指向のTPM活動になる。TPMは外的環境,内的環境を分析し,その中から何が必要なのかを分析するため,顧客に合ったシステムを作ることができる。このようにTPSは戦略的な面から顧客の立場を重視することもできる。

(5) TPS, TPMとも1980年代に他国で導入され,普及していった。TPSは長い年月の末一企業が作り上げたシステムであり,日本企業でさえもその企業と同レベルには至っていない。しかし,TPSの思想は学んでおり,形を変えて導入されていくと思われる。一方,TPMはある程度パッケージ化されており,どの企業でも導入するのに障害が少ないため,適用されていくと思われる。全社的活動として定着すれば企業体質の強い企業になる。しかし,活動を行っている段階はよいが,一度活動をやめると元に戻る危険性がある。絶えず目標を掲げて,活動することである。継続することが重要であるが,実は最も難しい。TPSは現場の中で,絶えず問題点を顕在化するシステムを作り上げており,カイゼンをしなければ次の段階に進めないという共通認識がトップからオペレーターに至るまで浸透している。

(6) システムの適用の範囲からはTPSは現場が中心であり,現場に関連が深い人がカイゼンを主に行うことになる。第一線監督者,現場監督者,生産技術,カイゼン班,管理者など。したがって限定的である。TPMは全社の人が対象となっており,生産から営業まですべての人がカイゼンを実施する

ことになる。真に全社的に行えば，すべての人の問題解決能力が向上し，モラルも向上し強い企業集団ができあがる。常に目標を掲げて実行するシステムである。

（7）　適用と適応の側面から2つのシステムを見ると，TPSは導入するのには阻害要因が多く，それらの阻害要因の解決なくしては困難であるため，各社に適合した導入をしなければならないため，システムの適応という形をとる。TPMは自主保全による全社的な活動の活性化を狙ったシステムであり，すでにパッケージシステムとしてある程度完成しており，各国の企業に容易に適用できるシステムであるといえる。

TPSとTPMは日本の企業が作り上げた画期的なシステムであり，そこに共通しているものは，人である。活動の主役は人であり，ある環境に置かれたとき人自身が本能的に持つ問題意識であり，問題の本質を見抜いて解決しようとする行動である。我々はチャレンジし創造するDNAが組み込まれており，そこが刺激されると新しいことを考え，ともに思考習慣を共有することによってさらに磨かれていく。まさに人の持つ本能的な行動を巧みに使ったシステムといえるのではないだろうか。このシステムはよいものを，安く，タイムリーに作る経営課題が存在する限り，方法論や手段は進化しても考え方自身は生き続け，さらに拡張した高度なシステムが作られていくのではないだろうか。グローバル的に展開してきているこれらのシステムは世界共通の財産としてさらに進化しながら，各地域に融合してその地域特有のシステムを作っていくと考えられる。

【参考文献】

［1］　小川英次『トヨタ生産方式の研究』日本経済新聞社，1994年。
［2］　トヨタ自動車工業株式会社『トヨタ生産システム―トヨタ方式―』トヨタ自動車株式会社，1973年。
［3］　大野耐一『トヨタ生産方式』ダイヤモンド社，1978年。

［4］　日本プラントメンテナンス協会『TPM 展開プログラム』日本プラントメンテナンス協会，1992年。
［5］　藤本隆宏『生産システムの進化論』有斐閣，1997年。
［6］　鈴木徳太郎『TPM の新展開』日本プラントメンテナンス協会，1989年。
［7］　佐武弘章『トヨタ生産方式の生成・発展・変容』東洋経済新報社，1998年。
［8］　日本プラントメンテナンス協会『TPM 新潮流』日本プラントメンテナンス協会，2002年。

（愛知工業大学教授）

第3章　グローバル化と財務会計・税務会計の課題

中田　信正

I　グローバルな財務会計基準と国別税務会計基準との関係—主要な検討課題—

　財務会計基準の国際的統一化が急速に進んでいる。このような中で，国内ベースである税法との関係が課題となっている。企業経営と証券市場のグローバル化が進み，国内および国外の株主・投資者への財務情報も，国際的に統一された財務会計基準に準拠して開示されることが不可欠になっている。他方，税務会計は，ナショナル（国内）またはローカル（地域）な税務当局に対する課税所得と税額の申告を行うため，国別税法基準となる。ここで問題となるのは，グローバルな財務会計基準とナショナルまたはローカルな税務会計基準との関係のあり方を，その調整の方法を含めて，如何に考えるかということである。これらについて，若干の検討を行いたい。

　会計はその目的により，複数の領域を持つ。株主・投資者およびその他のステークホルダーに対して財務情報の報告を行う財務会計は，その中心的な領域である。さらに，税法に基づき課税所得の算定を目的とする税務会計の領域も，企業の会計実践において重要な役割を果たしている。財務会計基準と税務会計基準との関係およびその調整のあり方については，従来において，各国財務会計基準と各国税務会計基準との課題として論議されてきた。今後は，グローバルに統一化した財務会計基準と，課税主権を反映した各国・各地域別（ナショナル・ローカル）な税法計算規定に基づく税務会計との間の関係と調整のあり方

を検討する段階に来ているといえよう。

以下，グローバル財務会計基準と国別税務会計基準との関係について，いくつかの課題を示したい。

1 目的適合性

アメリカ会計学会の『基礎的会計理論報告書』では，会計情報の基礎的基準の第一に，目的適合性 (Relevance) を挙げている。すなわち，目的適合性基準に見合う (meet) 情報については，促進するべく企てられた (designed) 行動または生み出すことが求められる結果をもたらすか，あるいは有用に結びつく (associate) ものでなければならないとしている[注1]。そこでは，会計情報の有用性を重視する機能的アプローチに基づき，各会計領域の目的適合性を中心に，基礎理論の検討を行っている。

財務会計の目的は，株主・投資者に対する投資意思決定に有用な財務情報の報告（開示）を行うことである。税務会計の目的は，課税当局に対し適法な課税所得と税額を申告することである。両者は，ともに計算構造として複式簿記を基盤とするとともに，多くの計算規定において共通するものを持っている。しかし，投資意思決定に有用な会計情報の提供を目的とする財務会計と，適法かつ公平な納税とともに租税政策を反映させる会計情報の性格を持つ税務会計との間には，多くの相違点が生じる。

2 一国ベースにおける財務会計基準と税務会計基準との調整のあり方

財務会計基準と税務会計基準の関係のあり方を考える場合，まず国内ベースにおける両者の関係を検討し，その上に，国際的に統一化される財務会計基準と各国税法との関係と調整のあり方を考察する必要がある。

各国における財務会計と税務会計との調整には，次の2つの方式がある。

（1） 全面申告調整方式　財務会計処理と税務会計処理を分離
（2） 損金経理要件による確定決算主義

　全面申告調整方式は，アメリカにおけるように，財務会計と税務会計では異なる会計処理—例えば，減価償却につき，財務会計では定額法，税務会計では加速償却法—が可能な仕組みである。この方式によるときは，財務会計と税務会計のそれぞれの目的に応じて，異なる会計処理がなされ，財務会計と税務会計との調整は容易に行われる。そのため，各国財務会計基準をIFRS（国際財務報告基準）に統一化するに当たって，税務会計との調整に困難な問題は生じない。

　他方，財務会計と税務会計との間の差異が拡大し，財務会計における税効果会計の必要性が高まる。さらに，アメリカ連邦法人税申告書スケジュールM-3に見られるように，財務会計情報と税務会計情報との間に生じる差異の詳細に関する申告が，税務調査において重要となる[注2]。

　損金経理要件による確定決算主義は，日本におけるように，財務会計における損金経理を要件として税務会計上の損金算入を認める方式—例えば，財務会計上の減価償却を定率法で損金経理することにより，税務会計上の定率法償却限度額が損金算入される仕組み—である。この方式では，確定決算に報告された財務会計処理と税務会計処理との間で差異の拡大を可能な範囲内で抑えようとするものであり，両者の関係が確認しやすい側面を持つ。他方，国際的な財務会計基準と国内ベースの税務会計基準との調整は，財務会計における損金経理を前提とすることにより，困難となる。

③ 財務会計基準におけるグローバル単一性と税務会計基準における各国別多様性

　グローバルな投資家に対する財務情報の開示を目的とする財務会計（Accounting for Global Investors）は，国際的に統一化される単一の財務会計基準により報告されるべき性格を持つ。それに対して，税務会計は各国の課税主

権を執行する各国税務当局に対して所得および税額に関する税務会計情報の申告 (Accounting for National Tax Authorities) を行う機能を持つ。多国籍企業の税務会計においては，各国・地域において制定された税法の計算規定に基づき各国別・各地域別に，それぞれの計算が行われる多様性を持っている。勿論国際税務も重要な役割を持つが，基本的には，税務会計はナショナル（ローカル）な性格を持つといえよう。この点から考えて，財務会計と税務会計との関係は，それぞれの目的を達成できるよう，機能的に分離されることが必要と考える。

④ 個別財務諸表と連結財務諸表に適用される財務会計基準と税務会計基準との関係のあり方

国際的に統一化する財務会計基準と国別税務会計基準との関係のあり方を検討する場合，関連して，IFRS（国際財務報告基準）の連結財務諸および個別財務諸表への適用に対する課題がある。これについては，次の2つの考え方が存在している。

（1） IFRS（国際財務報告基準）を連結財務諸表と個別財務諸表に適用する。

（2） IFRS（国際財務報告基準）を連結財務諸表に適用し，個別財務諸表は各国会計基準を適用する（連結先行論）。

IFRS（国際財務報告基準）を連結財務諸表と個別財務諸表に適用する考え方は，連結財務諸表の基礎となる個別財務諸表と連結財務諸表の双方に，IFRS（国際財務報告基準）を適用する方式である。この場合に参考になるのは，日本の連結財務諸表原則に示された「個別財務諸表基準性の原則」である。そこでは，「連結財務諸表は，企業集団に属する親会社および子会社が一般に公正妥当と認められる企業会計の基準に準拠して作成した個別財務諸表を基礎として作成しなければならない。」としている（第二 一般原則1）。

連結財務諸表と個別財務諸表はともに財務会計情報を内容とするものであるから，両者に共通の財務会計基準を適用するのが，本来のあり方といえよう。

それに対して，IFRS（国際財務報告基準）を連結財務諸表に適用し，個別財務

諸表に各国会計基準を適用する考え方は，各国における会社法，税法と個別財務諸表との調整の必要性から，個別財務諸表には各国の財務会計基準の適用の選択を認める方式である。この場合は，連結財務諸表の作成に当たり，個別財務諸表を IFRS（国際財務報告基準）に組み替えることを必要とする。財務会計情報として，本来は連結財務諸表と個別財務諸表に統一された IFRS（国際財務報告基準）を適用すべきであるが，各国の会社法，税法と財務会計基準との関係をグローバルな観点で検討するには準備期間が必要である。そのための現実的な対処として主張されているものであり，経過的な移行措置としての意味合いを持つと考える。

⑤ OECD『税法と財務報告との関係』報告書

1987年に OECD により報告された，『税法と財務報告との関係；法人税等の会計 (*The Relationship between Taxation and Financial Reporting; Income Tax Accounting*)』は，財務会計と税務会計との関係のあり方の検討に参考になるところが多い。本報告書の中で，企業の経営成績と財政状態の真実かつ公正な概観を提供するためには，財務諸表は税的配慮によって影響されるべきでないとしており，税務によって誘発される財務諸表のゆがみを除いて，財務報告の国際的比較に対する妨げを減らすことを提言している。

(1) 税法と財務報告との関係—3つの方式—(注3)

税法と財務報告との関係については，次の3つの方式があるとする。
① 会計実務が税法規定によって大きく影響を受ける方式　ノールウェー
② 税務申告と財務報告との分離方式　会計基準と税法規定の2セット独立適用方式　アメリカ　イギリス
③ 特定の税務目的のためのものを除いて，財務諸表の表示が会計原則・基準に基づかれる方式　フランス　ドイツ

（２）　OECD報告書における財務情報の比較可能性向上のための方策[注4]

本報告書では，税務申告と財務情報との調整方式として，次の２つを挙げている。

① 両者の差異を注記で開示することによって，税務申告と財務報告の一致を図る方式
② 税務申告と財務報告との分離

本報告書では，財務会計情報の国際的調和を進めることを容易にするとして，第２の税務・財務報告分離方式を支持している。それは，各国の税務当局という，財務情報利用者の１つに過ぎない特定分野の要件を満たす努力を必要としないからである。いかなる税法改正も財務諸表への影響を考慮することなしに行われ，また，財務会計基準の改正も税制への影響を考慮することなしに実施できることになる。このように財務報告に関する税務的制約を取り去ることによって，各国は財務会計基準調和の能力を高めることになるとしている。

Ⅱ　アメリカにおける財務会計と税務会計の分離

1　財務会計と税務会計の分離

アメリカ連邦法人所得税の課税所得計算は，原則として，財務会計とは別個に算定され，損金経理要件も必要としない。連邦法人所得税申告書の内容は，税務損益計算書の形式を持ち，税法上の益金から損金を控除して，所得金額を算定する方式になっている。財務会計上の利益と税務会計上の所得との差異は，連邦法人税申告書の「スケジュールM-1」において要約して示される。さらに，総資産１千万ドル以上の法人については，「スケジュールM-3」において，両者の差異の詳細が申告される。したがって，財務会計基準の新規設定あるいは改正に際しても，税務会計への影響を考慮する必要はない。いうなれば，財

務会計と税務会計は異なる目的を持つ以上,両者は独立した計算体系によって算定されることになる。

2 アメリカにおける税法と財務会計との一致の試み(注5)

アメリカでは,原則として,税法計算と財務報告が分離して行われている。このようなアメリカにおいても,1970年前後において,両者の一致を進めようという動きがあった。しかし,この試みは成功しなかったといわれる。

1970年12月に,財務省は,「企業課税に関する大統領諮問作業委員会報告 (The Report of the Presidential Task Force on Business Taxation)」を発表した。その中で,課税所得と財務会計利益との一致 (conformity of taxable with financial income) を勧告した。本報告書では,両者の差異が増加する傾向があり,この結果,不必要な複雑化と論議をもたらしていると指摘している。そして,課税所得の決定を一般に認められた会計原則 (GAAP) により近づけることによって,税法遵守が促進され,課税の公平と完全さを高めることができると主張している。

この勧告を受け,財務省は1971年に長期工事契約や製造間接費に関するレギュレーション案を発表して,税法と財務会計における一致した会計処理を提案したが,いずれも反対が多く,最終的に撤回されている。

アメリカ公認会計士協会 (AICPA) も,1971年のステートメントにおいて税務会計と GAAP をより近く一致させることに賛成したが,1973年の改訂ステートメントでは,GAAP の改善やその適用に反するような税法と財務会計基準との一致要件には賛成できないとしている。

両者を一致させようとする試みの後,税務会計と財務会計との基本的な相違からして,両者の一致は不可能であることが認識されたといわれている。

3 Raby & Richter の税務会計・財務会計分離論(注6)

公認会計士の Raby と Richter の両氏は,税務会計と財務会計の基本的な相

違からして，両者の一致は望ましくないという見解を示している。すなわち，税務上の所得決定目的は，財務諸表の情報伝達目的と，いまだかって同じであったことはない。長期的に見れば，財務報告領域外のニーズや目的から完全に独立した基礎において財務会計が発展することが，最も有用であるとしている。

さらに，税務当局は，一般目的の会計資料を変形することによって修正と分析を行う，会計情報のその他の利用者に過ぎないのである。財務会計と税務会計との差異については，法人税申告書フォーム1120の明細書M-1「帳簿利益と課税所得の調整」において，その内容が報告されており，一般目的会計情報を税務上のニーズに変換するプロセスは容易であり，財務会計との分離計算は税務会計に支障とはならないとしている。

④ 財務会計目的と税務会計目的との相違に関する最高裁判決

連邦最高裁判所は，1979年の Thor Power Tool Co. の判決において，財務会計と税務会計が持つ，非常に大きく異なる目的を根拠に (vastly different objectives that financial and tax accounting have)，財務会計利益と課税所得の算定における，両者の相違を正当化している。その要点は次のとおりである。

財務会計の第一の目標 (primary goal) は，経営者，株主，債権者およびその他の利害関係者 (others properly interested) に有用な情報 (useful information) を提供することにある。対照的に，所得税制 (income tax system) の第一の目標は，税収 (revenue) の公平な徴収 (equitable collection) にある。

その目的の相違，むしろ対立的でさえあること，を考えれば，税務会計と財務会計との間における同一性を仮定することは，容認しがたいとしている (Given this diversity, even contrariety, of objective, any presumptive equivalency between tax and financial accounting would be unacceptable.)(注7)

III　経団連「会計基準の国際的な統一化へのわが国の対応」の論点

日本経済団体連合会（以下，経団連という）は会計基準の国際的統一化に関連して，2つの報告書を発表した。これらの報告書は，日本における会計基準の国際的な統一化を考える場合において，重要な論点を含んでいる。以下，これらの報告書で取り上げられた税務会計と関連する主要な問題について，その要点を紹介したい。

1　調査報告「今後のわが国会計基準のあり方に関する調査結果概要」　　　　　　　　　　　　　　　　　　　2008年5月20日[注8]

本調査は，経団連の委員企業等（66社）にアンケートを行い，「39社」から回答（回答率59％）を得たものとされている。

結果概要の最初に，日本でIFRSの使用を認めることについて多くの会社が肯定的な意見を示していることが述べられている（原文3ページ〈以下ページ数のみ表示〉）。

(1)　個別財務諸表に適用する会計基準

IFRSとの選択適用を含め，69％（27社）の会社が日本基準の適用を継続すべきと解答している。なお，IFRSを個別財務諸表に適用する場合は，会社法，税法等の法改正が必要との会社が多数である（3ページ）。

(2)　連結・個別財務諸表で差異のある会計基準を適用する件

原則的には，連結と個別で同一の会計基準を用いるべきとしながら，23社が連結・個別で異なる会計基準の使用を認めるべきと回答している。

連結で IFRS を採用した場合，個別財務諸表の会計基準にも IFRS を採用すべきと回答した会社は12社にとどまっている（3ページ）。

(3) 個別財務諸表の開示

IFRS の採用に当たっては，多くの企業が，個別財務諸表の開示を廃止し，連結財務諸表のみの開示へ一本化すべき（33社）としている（3ページ）。

(4) 損金経理要件・確定決算主義

コンバージェンスが益々進展する中で，損金経理要件の緩和等，税務計算の取扱いの見直しを求める会社（30社）が多数あった（3ページ）。

損金経理要件については，次のとおり，損金経理要件の不都合性を回答している。

　　不都合である　　　30社
　　不都合でない　　　 6社
　　　（注）　損金経理要件とは，法人税の課税所得計算上，損金の額に算入するために，企業会計において費用または損失として経理することを要件としているもの。

「不都合である」の補足事項（回答の一部）として，次の意見が紹介されている。
　　・急激に変化する会計に税法が追いついていないために様々な問題が既に起こっており，財務会計と税務会計の早期分離が必要である（13ページ）。

さらに，IFRS の適用に伴い法人税法で見直すべき事項のうち，次の2つの意見が含まれている。
　　・現在の確定決算主義では，日本国内の事情と関係なく変更される IFRS 基準に対応できないので，財務会計と税務会計の分離が不可欠となる。
　　・損金経理要件の緩和・廃止（14ページ）

(5) 中小企業向けの会計基準

IFRS の適用に関連して，中小企業向け会計基準のあり方が重要課題となる。

この点については，上場企業と同様の会計基準をベースとしつつ，中小企業向けに簡素化した基準を作成すべき（33社，85％）との意見が大多数を占めている（19ページ）。

2 意見書「会計基準の国際的な統一化へのわが国の対応」

2008年10月14日(注9)

意見書では，世界における会計基準の流れは大きな転換期を迎えており，日本においても，IFRSの採用を含め，中長期的観点から今後の日本における会計基準の方向性を示すべきとしている（1ページ）。

IFRSの採用に当たって経済界の考え方として，次のように述べている。

（1） IFRSの連結財務諸表への適用

IFRSは，投資・資金調達活動のグローバル化を背景とした，国際的な財務諸表の比較可能性の向上を主眼とする会計基準であることを強調する。その目的を踏まえれば，諸外国で必ずしも開示が求められていない個別財務諸表にまでIFRSを適用する必要はなく，適用は連結財務諸表に限定すべきであるとして，連結先行論を示している。その一方で，上場企業の連結財務諸表作成実務の簡素化，効率化を図る観点から，個別財務諸表へIFRSを選択適用することも検討すべきであるとも述べている。（3ページ）

（2） 連結財務諸表のコンバージェンスと個別会計基準の整備

個別会計基準は，約250万社に及ぶ非上場会社や中小企業にも適用する基準であり，法人税法上の所得計算や会社法上の分配可能額算定の基礎になるものである。これらに対してIFRS並みの水準を求めることは社会的コストの観点から非効率である。連結財務諸表の統一基準としてIFRSを採用した欧州においても，個別会計基準は，各国で異なる法人税法や会社法を考慮した調整が行われていることを強調している。

国際的な整合性が強く求められる連結会計基準(約3900社)にIFRSを先行して適用すること(連結先行論)により,会社法,税法での目的が中心となる個別会計基準(約250万社が対象)との間で差異が生じることは,当然の流れとしている。

今後の課題として,日本の個別会計基準においては,企業会計,法人税法の各々の目的に合致した調整が可能となるよう,法人税法上では損金経理要件をより緩和して,申告調整の幅を広げていくことが必要とされるとしている(3,4ページ)。

Ⅳ 減価償却に関する財務会計と税務会計の分離―申告調整方式の導入―

財務会計と税務会計との調整に関する重要な個別問題として,減価償却を取り上げる。

1 財務会計における減価償却基準の国際的統一

日本の財務会計上の減価償却費は,実質的には税法基準よることが多く,2006年(平成18年)度における法人企業の減価償却費の損金算入割合は,損金算入限度額の93.1%となっている[注10]。このことは,減価償却について国内における税法と財務会計との調和が図れていることを意味する。しかし,財務会計における日本の減価償却は外国に比べて多額であるとの意見が,以前に示されたことがある[注11]。今後,減価償却につき,国際的統一化される財務会計基準と,国別の税法基準との調和は困難である。将来的には,財務会計における国際的に統一された具体的な減価償却会計基準の形成が課題になるものと考える。

2 アメリカにおける減価償却に関する財務会計と税務会計の分離

アメリカにおいては,財務会計と税務会計につき減価償却は分離されており,財務会計では定額法,税務会計では加速償却法が用いられることが多い。また,両者の耐用年数を異にすることも見受けられる。

この点につき Kieso, Weygandt & Warfield[注12] は,「税務償却対会計償却 (tax versus book depreciation)」の説明において,まず,税法と財務報告は異なる目的を持つことを強調する。税制の目的は公平な方法で国・地域の構成員 (constituents) からの税収 (revenue) を徴収する (raise) ことにある。それに対し,財務報告の目的は,取引の経済的実態をできるだけ綿密に反映させ,さらに,将来キャッシュ・フローの額,時期,不確実性に関する予測を助けることにある。これらの目的を異にするため,すべてのケースにおいて,税務と会計 (tax and book) の双方で1つの方法を採用することは,不適当である (unfortunate) としている。

「修正加速原価回収システム」である MACRS (Modified Accelerated Cost Recovery System) による税務減価償却計算は,GAAP(一般に認められた会計原則)に基づく財務会計減価償却計算に比べ,次の3点が相違するとしている。

① 税法に定められた耐用年数 (mandated tax life) は,一般的に財務会計上の経済的耐用年数 (economic life) より短い。
② MACRS による税務償却は,加速ベースに基づく資本回収である。
③ MACRS による税務償却はでは,残存価額が0である。

③ 日本の減価償却における財務会計と税務会計の分離に向けた課題

（1） 250％定率法税務償却の財務会計への適用の妥当性―減価償却の財務会計・税務会計分離の課題―

2007年（平成19年）度税制改正において，国際競争条件の整備という租税政策を反映して，新定率法が導入された。新定率法（平成19年4月1日以降取得資産に適用）は，定額法償却率の250％を償却率とする，加速性の高い減価償却法である。したがって，その加速された税務減価償却額を，財務会計にそのまま用いることは，両者の目的の異なることからして問題が残る。すなわち，適正な費用の期間配分を行う財務会計における減価償却と，設備投資の促進という租税政策を反映する税務減価償却との間には，目的による差異が生じる。このような状況において，日本における減価償却費の損金経理方式を前提とする損金算入方式では，両者の調整はできない。両者の目的に適合するためには，アメリカにおけるように，財務会計と税務会計における減価償却費の算定を分離し，申告調整を可能にすることが必要と考える。

（2） 経団連「調査結果概要」の補足事項（回答）における減価償却調整の意見

税務減価償却の損金経理方式から申告調整方式への移行に関する見解は，実務界からの要望に見出すことができる。先に取り上げた経団連の調査報告概要における補足事項（回答）に示された意見の1つに，次のものがある。

「減価償却費は税務上，償却方法や償却期間が資産の種類毎に法定されており，かつ減価償却費など特定の科目で損金経理されていることが要件とされる。一方で税法償却は会計上も常に容認されるとは限らない。会計の要件を満たし，税務メリットを受けるためには，申告書での減価償却費の調整も可能とするなど，損金経理要件の見直しが必要。」(注13)

(3) 日経ビジネス（2008年12月22日・29日合併号）における減価償却制度への問題提起等

日経ビジネス（2008年12月22—29日合併号）は，新税務減価償却につき，企業側から見た問題点を取り上げており，その要点を以下に示したい。

2007年4月から抜本的に見直された税務減価償却制度に，産業界から不満がくすぶっている。2007年度税制改正では設備などの減価償却について新定率法を設け，定額法の償却率の2.5倍に増やすという大きな改革を行った。そこでは，償却を早く多額にできるようにすることで，企業にとって設備投資の実施直後から法人税額を減少できる効果はあるが，結局，これも使い勝手が悪いといわれる。すなわち，日本の税制では，会計上費用として減価償却費を計上していなければ，税制での恩典は取れないという問題があるからとしている。

米ニューヨーク証券取引所に上場している日本の大企業は，決算も米国会計基準を採用している。ところが，米国基準では，「税法上の基準が変わったからと決算に反映しても認められない」〈村瀬悦男・日立タックスアカウンティングセンター長〉。

この点，アメリカのように減価償却の申告調整が可能であれば，「米国基準の会計上は，制度改正による減価償却費の増加分計上できなくても，税務申告の際の申告調整でそれができればこの問題はなくなる」（村瀬センター長）という発言のとおり，問題解決が可能となる。そこに，硬直的な日本型税制の問題点があると指摘している[注14]。

このような状況の中で，米国基準日本企業では，財務報告において250％定率法への変更が事業実態を反映して適切である旨を強調した対処が行われている。その1例を示せば，次のとおりである。

「2007年4月1日より，（株)東芝及び国内子会社は，機械装置及び備品等の減価償却の方法を見積残存価額を備忘価額とする250％定率法に変更しました。当社は，（株)東芝及び国内子会社の機械装置及び備品等の使用実態と見積残存価額について分析した結果，機械装置及び備品等の原価配分と当社製品からの収益をより適切に対応させる250％定率法は望ましい方法と考えています。」

(東芝2008年3月期　有価証券報告書　連結財務諸表に対する注記2．8）有形固定資産）

　アメリカの主要600社の調査によれば，2007年の財務報告における減価償却方法は定額法（straight-line）が大部分（594社）を占めており[注15]，税務では加速償却への申告調整が可能である。日本大企業の財務報告情報のグローバル化を進めるためにも，減価償却費の税務申告調整方式が検討されるべきと考える。

V　むすび

　日本企業の経営活動も海外での割合が増加し，企業の資金調達もグローバルに展開されている。グローバルな投資者の投資意思決定に役立つ財務情報の開示を目的とする財務会計は，各国会計基準ではなく，グローバルに統一された財務会計基準に基づかれることが不可欠となる。他方，国別，地域別の税法に準拠する税務会計は，各国・地域別の税務当局に対する所得，税額の申告を目的とする。

　両者は，複式簿記を共通基盤としながらも，それぞれの目的に適合した会計情報を取り扱うものである。財務会計と税務会計との調整も，適正な財務会計情報の開示と，租税政策を反映した適法な課税所得・税額の申告という，2つの目的が達成できる仕組みが構築される必要がある。そのためには，財務会計と税務会計を分離して，損金経理要件を解消して，全面的な申告調整方式をとることが望ましいといえよう。特に，税制改正による新定率法償却に関連して，減価償却の申告調整による財務会計と税務会計の分離が検討されるべきと考える。

　財務会計と税務会計の目的適合性の観点からは，財務会計における連結財務諸表と個別財務諸表が統一化された会計基準が適用されるべきといえよう。ただし，個別財務諸表と税法との調整が今後の課題とされている現状においては，連結財務諸表にIFRS（国際財務報告基準）を先行させ，個別財務諸表には国内

会計基準の適用を継続する方式が提言されている。連結，個別分離論は，財務会計の国際的統一化の過程における現実的移行措置の性格を持っており，将来的にあるべき形としては，税法等との関係を調整した後，連結財務諸表と個別財務諸表ともに，IFRS が適用されるべきと考える。

なお，中小企業については，財務諸表が税務申告目的で作成されることが多く，財務会計においては国内金融機関への融資審査等の信用目的が中心であるため，より簡易な財務会計基準が必要とされよう。これらの課題については，今後に検討が進められることが必要と考える。

(注1) American Accounting Association, *A Statement of Basic Accounting Theory*, 1966, p. 9.

(注2) スケジュール M-3 は2004年に制定され，そのタイトルは，次のとおりである。「総資産1千万ドル以上の法人に対する純利益（損失）の調整」〈Schedule-M-3 (Form 1120) Net Income (Loss) Reconciliation for Corporations With Total Assets of $10 Million or More〉

(注3) OECD, Accounting Standards Harmonization No. 3, *The Relationship between Taxation and Financial Reporting; Income Tax Accounting*, OECD, 1987, pp. 9-11, 中田信正『財務会計・税法関係論―国内的調整から国際的調和へ―』同文舘，2000年，192ページ。

(注4) Ibid., pp. 19-22, 同上書193ページ。

(注5) Alkire, Durwood L., *Tax Accounting*, Mathew Bender, 1991, pp. 2-12.1, 2-13-2-16, Simonetti, Gilbert, "Nixon Task Force Report on Business Tax Policy," *Journal of Accountancy*, January 1971, pp. 84-86, 同上書194, 195ページ。

(注6) Raby, William L. and Richter, Robert F., "Conformity of Tax and Financial Accounting," *Journal of Accountancy*, March 1975, pp. 42-48. 同上書195ページ。なお，本論文は，（注7）に示した Thor Power Tool Co. の判決の中で，引用(19)されている。

(注7) Thor Power Tool Co. v. Commissioner of Internal Revenue, Supreme Court of

The United States, 439 U.S. 522, January 16, 1979, Decided, LEXSEE 439 U.S. 522, p. 14. 永田守男『会計利益と課税所得』森山書店, 2008年, 6, 7ページ.

(注8) http://www.keidanren.or.jp/japanese/policy/2008/031.pdf

(注9) http://www.keidanren.or.jp/japanese/policy/2008/071/honbun.html

(注10) 国税庁「平成18年分税務統計から見た法人企業の実態」平成20年6月, 9, 20ページ.

(注11) Paul, Aron, "Japanese P/E Ratios in an Environment of Increasing Uncertainty," in Choi. Frederick D.S.ed., *Handbook of International Accounting*, John Wiley & Sons, 1991, pp. 8, 9. 中田信正　前掲書, 199ページ.

(注12) Kieso, Weygandt & Warfield, *Intermediate Accounting* 20th. Ed., John Wiley & Sons, 2007, p. 550.

(注13) 経団連　調査報告「今後のわが国会計基準のあり方に関する調査結果概要」, 2008年5月20日, 損金経理要件「不都合である」の補足事項（回答の一部), 13ページ.（注8）参照

(注14) 「特集　こんな税制いらない　先送りの罪, 日本が沈む」『日経ビジネス』, 2008年12月22日―29日合併号, 33ページ.

(注15) AICPA, *Accounting Trends & Techniques*-2008, p. 386.

（愛知工業大学大学院客員教授）

第4章　グローバル化とコーポレート・ガバナンス
―― 執行と監督の分離を中心として ――

小森　清久

I　コーポレート・ガバナンスの意義

　1990年代において，先進諸国を中心にコーポレート・ガバナンスを巡る議論が活発に行われるようになった。コーポレート・ガバナンスの意義についても様々な見解が発表されている。それらを整理すれば，大きく2つに分類できる。1つは，「企業は誰のもので，誰のために経営されるべきか」という観点からのもので，もう1つは「企業の健全な発展・存続のためには経営に対する監視・監督の仕組みをいかに構築すべきか」という観点からのものである。本稿ではコーポレート・ガバナンス問題を，後者に限定して論述していきたい。コーポレート・ガバナンス問題には，企業経営の監視・牽制の仕組みを構築し企業不祥事を防止する役割と，企業経営の意思決定システムを確立し企業競争力の強化に役立たせる役割が期待される。

II　各国のコーポレート・ガバナンス論議

1　アメリカ

　1974年，証券取引委員会 (Securities and Exchange Commission―SEC) は会計

連続通牒165号において，監査委員会に関するディスクロージャー面での規制を行い，1977年にニューヨーク証券取引所 (the New York Stock Exchange—NYSE) が，上場申請時の要件として監査委員会の設置を規定し，1978年にSECがすべての登録会社に対し，監査委員会，推薦委員会，報酬委員会が設置されているかどうかを開示させることにした。

アメリカ法律協会 (American Law Institute—ALI) は，1992年に採択した『コーポレート・ガバナンスの原理：分析と勧告—以下「分析と勧告」』の中で，会社運営に関する法及び会社実務のあるべき姿について提案を行っている。

『分析と勧告』では，公開会社の業務執行については取締役会がこれを担当するのではなく，直接的には上級執行役員がこれを担当するものとしている。すなわち『分析と勧告』第3.01条は，会社の業務執行については，取締役会により指名された主要上級執行役員により執行されるか，または，その主要上級執行役員の監督の下に他の役員等によって執行されるべき旨を定めている[注1]。つまり取締役会は，役員による業務執行を監視・監督する機関と位置付けられている訳である。また，取締役会の監督機能を確保するために，取締役会内部にいくつかの委員会を設置することを勧告している。そのような委員会としては，「監査委員会」(第3.05条)，「指名委員会」(第3A.04条)，「報酬委員会」(第3A.05条) の3つが挙げられている。「監査委員会」委員は，取締役会の監督機能を補充かつ補助するため設置され，少なくとも3人の構成員を必要とし，これらの構成員は会社と雇用関係を有せず，かつ直近の過去2年内においても会社との雇用関係を有しなかった取締役でなければならず，さらに構成員の過半数は会社の上級執行役員と重要な関係を有しない者でなければならない。「指名委員会」委員は，役員または従業員を兼任していない取締役によってのみ構成され，かつ構成員の過半数は会社の上級執行役員と重要な関係を有しない者でなければならない。「報酬委員会」委員も，役員または従業員を兼任していない取締役によってのみ構成され，かつ構成員の過半数は会社の上級執行役員と重要な関係を有しない者でなければならない。もっとも『分析と勧告』第Ⅲ編が州会社法の立法提案の対象として示しているのは監査委員会のみ

であり，しかもその設置が要求される会社のタイプとしては，大公開会社に限定している。そして指名，報酬委員会については，第ⅢA編において前者は公開会社一般に対して，後者は大公開会社のみに対し設置を提案している。以上見てきたとおり，『分析と勧告』は，取締役会の独立性強化と，執行と監督の権限分離を図っていることが分かる。

世界的な機関投資家である，カリフォルニア州公務員対象年金基金(CalPERS)のコーポレート・ガバナンス原則でも，「取締役会の大多数は独立した取締役から構成されるべきである。」，「独立取締役は最高経営責任者(Chief Executive Officer—CEO)や非独立取締役を除いて定期的に会議を開くべきである。」，「取締役会会長がCEOを兼務する場合，取締役会はリーダーシップ能力のある独立した取締役を任命すべきである。」，「監査，指名，取締役評価，CEO評価，報酬，コンプライアンスの各委員会は独立した取締役のみで構成されるべきである。」，「CEOを選任するとき，取締役会は，取締役会会長とCEOの位置付けを再検討すべきである。」などと規定されており[注2]，やはり取締役会の独立性強化と，執行と監督の権限分離を図られていることが分かる。

2 イギリス

イギリスにおいては，経営者による従業員年金の不正流用がなされたマックスウェル事件などを契機に，1991年にキャドベリー委員会が設置され，1992年に『キャドベリー報告書』が，1995年には取締役報酬規制の問題を主に扱う『グリーンベリー報告書』が，1998年1月にはそれらの成果をふまえた『ハンペル報告書』が公表され，さらに上記3報告書の集大成として同年6月における『統合規定 (the Combined Code on Corporate Governance)』の公表へと発展していった。その遵守がロンドン証券取引所の上場規則を通じて上場会社に求められるようになったことで，イギリスにおける大規模公開会社の管理運営機構の見直しが進められた。

『統合規定』の遵守状況を調査したPIRC[注3]報告書 (1999年版) によれば，

1996年には83％であった取締役会会長職と最高経営責任者 (CEO) との権限分離については，90％以上の会社がこれを遵守していたことが報告されている。ただし，会長職と CEO 職を兼任している場合にはその理由を明らかにしなければならないにもかかわらず，会長職と CEO 職を兼任している会社の10％は，年次報告書及び計算書類上に「その理由」を明記していないという問題点も指摘されている。また，ロンドン証券取引所が要求する「取締役会は最低3名の非業務執行取締役を選任すべし」という要求を，92％の会社が満たしていた。さらに，取締役会の3分の1は非業務執行取締役から構成され，その過半数は完全に当該会社とは利害関係のない，いわゆる独立した取締役であるべし，という要求を全体の81％の会社が満たしていた。そして97.6％にあたる会社が「取締役指名委員会」を設置していたが，設置比率が72％に過ぎなかった96年当時に比べると大きな進歩であることも報告されている。また，ほぼすべての会社 (98.8％) が「報酬委員会」を設置していたが，完全に会社から独立した取締役から構成されているのは76.9％に留まっていたことも報告されている。「監査委員会」の設置とその運営に関しては，全体の74.7％の会社が「統合規範」に盛られている内容，すなわち委員会は少なくとも3名の非執行取締役で構成すること，委員の過半数は独立性を有する非執行取締役とすること，といった要求を満たしていた(注4)。

2003年に，ヒッグス報告書『非業務執行取締役の役割と効率に関する検証』と CGAA (the Co-ordinating Group on Audit and Accounting Issues.) の最終報告書が相次いで公表され，『統合規定』見直しに関するスミス報告書も公表された。これらの報告書の勧告及び報告書に対する意見紹介の結果をふまえて，『統合規定』は，2003年7月に改正された。改正『統合規定』では，改正前『統合規定』を踏襲した部分も多いが，①取締役会会長職と最高経営責任者とを同一人物が兼ねるべきではないこと，②取締役会会長の独立性を確保するため最高経営責任者は同一会社の取締役会会長に引き続き就任すべきではないこと，③取締役会のモニタリング機能を強化する方策の1つとして，会長を含め取締役会構成員の少なくとも半数は独立の非業務執行取締役によって構成されること，

そして④「指名委員会」,「報酬委員会」,「監査委員会」たる3つの委員会を設置し,⑤「指名委員会」委員の過半数は,独立の非執行取締役によって構成され,委員長は独立の非業務執行取締役とすること,⑥「報酬委員会」委員は,全員独立性を有する非業務執行取締役によって構成され,⑦「監査委員会」委員は,少なくとも3名の独立性を有する非執行取締役で構成され,そのうち少なくとも1名は,最近における適切な財務上の経験を有する必要があることなどが規定された(注5)。

③ 日 本

(1) 経済同友会『第12回企業白書』の見解

経済同友会が1996年に公表した『第12回企業白書』では,我が国企業の意思決定とチェックシステムの問題点として,次のような指摘を行っている。

① 取締役会は,取締役の人数が数十名に増大し,実質的な議論ができない,取締役の大部分は社内昇格組であり,社長等上級役員からの独立性を期待しにくい,取締役のほとんどが執行役員であり,担当部門の利益・保身を優先しがちである,株主の意向を代表して経営方針を決定し,執行状況を監督するという色彩が弱い,常務会等,取締役会以外の経営トップ層の会議で一定の結論を得ている,といったことを背景に,単なる決済(追認)機関としてしか機能していない。また,商法上定められた「(代表)取締役の職務の執行を監督する」というチェック機能も期待しにくい状況である。

② 監査役は,経営にとって取締役と両輪をなすものであるという認識が一般的には希薄であり,その地位・機能が尊重されているとは言い難い。また,監査役は株主総会で選任されるが,実質的には監査される対象である社長あるいは取締役によって選定が行われているケースが多く,独立性が十分確保されていない。

③ 過去の成功体験や従来の延長線上の発想にとらわれた意思決定のみでは危険である。その意味から取締役会の中で,経営戦略と業務執行に関する

協議を明確に分離させ，双方の機能を高めていくべきである。
④　あるべき姿に向けて常に自律的，他律的に牽制していくのがガバナンスである。当面，取締役総数の少なくとも1割以上をめどに社外取締役を導入し，社員出身の取締役とは異なる経験と知見を活かすことによって，自立的ガバナンス機能を高めていくことが必要である。
⑤　監査役が，十分に機能が発揮できるよう，環境を整備するとともに，社内での監査役に対する理解を深めることが重要である。そのためには，例えば，取締役の業務，企業の重要な会合に自由にアクセスできるようにする，トップに対していつでも一対一の話し合いができるようにする，監査役室スタッフを充実させる，といったことが必要である。

(2)　経団連の基本的見解

日本経済団体連合会（経団連）は，2006年6月に「我が国におけるコーポレート・ガバナンス制度のあり方について」を公表した。その中の「2．我が国のコーポレート・ガバナンス制度のあり方についての基本的考え方」において，社外取締役の導入義務化や社外役員の独立性強化に反対している。その理由は，独立取締役の存在と企業のパフォーマンスとの関係は立証されていないこと，アメリカには我が国のような監査役制度がないこと，さらに社外取締役には経営者の友人・知人が就任している場合が少なくないことなどが挙げられている。

また，社外監査役や社外取締役の適格性は，「社外者であるか」や「独立性があるか」といった属性に関する形式的な要件ではなく，人格，識見，能力等を総合的，実質的に判断すべきである。必要以上の制約は，むしろ有為な人材の選任に支障を来たす，としている。

４　公的国際機関

一方，コーポレート・ガバナンス原則の世界標準化の動きを決定的にしたのが，経済協力開発機構（OECD）が策定した1999年の『OECD原則』であった。

この原則は,国や社会ごとに異なるモデルの中から比較的共通の要素をまとめたもので,各国政府や民間企業などに重要な指針を提供するものとなった。この内「取締役会の責任」についての原則では,「コーポレート・ガバナンスの枠組みは,企業の戦略指導や経営の監視とともに,企業や株主に対する取締役会のアカウンタビリティが確保されるようになっていなければならない。」と規定している。また「ガバナンスの実践効果を監視し,必要に応じて変更すること」,「取締役会は,特に経営陣から独立して,企業の業務に関して客観的判断を下すことができなければならない。」,「取締役会は,利害の対立の可能性がある業務については,独立的判断を下し得る十分な数の社外取締役の選任を考慮すべきである。例えば,財務報告,取締役候補者指名,執行役員と取締役の報酬の決定などの重要な職責がそれに該当する。」とも規定している[注6]。また,「コーポレート・ガバナンス原則への注釈」では,「取締役会では,最高経営責任者と取締役会議長の役割を分離することが,両者間の力関係の適切なバランスの確保,アカウンタビリティの向上,独立した意思決定のために必要な取締役会権限の増大の手段として,しばしば提案されている。」としている。また取締役会メンバーは社外取締役が正確で,適切な情報をタイムリーに得られることが保障されるよう手段を講ずべきである,とも述べている[注7]。その後,アメリカにおけるエンロン,ワールドコム不正会計事件等を踏まえて,2004年5月に原則が改訂された。

5　SOX法

アメリカの大企業,エンロン社,ワールドコム社等の不正会計事件による経営破綻を契機に,SOX法 (Sarbanes Oxley Act of 2002—「企業改革法」) が誕生した。同法は監査人に対して,非監査業務の提供を禁止することを規定した (同法201条)。そして,監査委員会の委員は全員,独立の取締役でなければならないことを規定した (同法301条)。ここに「独立の」とは,当該会社からコンサルティング報酬またはその他の報酬を受け取っておらず当該会社及びその関連

会社の関係者ではないことを意味する。そして，SECは2003年2月までに監査委員会のメンバーに1人以上の財務専門家が含まれているか否かを開示することを要求する規則を制定しなければならない，とした（同法407条）。

またSOX法は301条において，従業員等による監査委員会等への情報の提供（内部通報）手続の整備を義務付けた。監査委員会は，会社が会計，内部統制または監査上の問題に関して受理した苦情の取り扱い，ならびに会計および監査上の問題点に関する従業員の内部通報制度に関する手続を定めなければならないことを規定したのである。これによって不正行為の早期発見が可能となるため，適切な内部通報制度の整備は，経営者・従業員の監視において重要な効果的手段であると考えられる。この内部通報制度の手続が有効に機能するためには，従業員等が委縮することなく内部通報を行なえることが不可欠であり，そのため同法は，適法な情報の提供，その他一定の不正行為の調査等に協力するための適法な行為を理由として従業員を解雇したり，雇用条件に関して差別的に取り扱うことはできないとしたのである（同法806条）。

以上，経団連を除き各国のコーポレート・ガバナンス原則に共通するのは，取締役会には独立取締役を入れること，取締役会内には独立取締役から構成される「監査」，「指名」，「報酬」の各委員会を設置すべきであること，取締役会は経営陣に対して指揮監督責任を有し，経営陣は取締役会に対し説明責任を負うべきであること，すなわち，取締役会の独立性強化と，執行と監督の権限分離であることが明らかになった。

Ⅲ　我が国の法律整備

　従来の我が国におけるガバナンスシステムにおいては，経営者として企業経営を指揮するのは「社長」を兼ねた代表取締役であった。この社長に業務執行取締役を加えて取締役会が構成され，取締役会が経営意思決定から業務執行，経営監督までを担当するものとされてきた。ここで経営者を監視するのは，法

第4章 グローバル化とコーポレート・ガバナンス

的には取締役会であり監査役であり、株主総会なのであるが、社長に選任してもらった恩義のある取締役や監査役には社長の監視はできるわけもなく、株主総会も形骸化が叫ばれて久しい。つまり社長が企業経営の全権を掌握していると言っても過言ではない。そのような状況の中で、企業の不祥事が頻発するにつれ、誰が経営者を監視するのかという問題が浮かび上がってきた。

　我が国では、平成9年に執行役員制を導入するなどの取締役会改革を行ったソニー株式会社を嚆矢として、平成10年頃から執行役員制を導入する企業が出現してきた。この制度は、業務執行を執行役員に担当させ、取締役会は執行役員の監督に専念するという、いわゆる業務執行機能と経営監督機能の分離によって自己監督の弊害を是正することにより、有効なコーポレート・ガバナンスを実現しようとするものであった。しかし、執行役員は法律上の機関ではなく、執行役員は代表取締役の指揮命令に従う者に過ぎず、執行役員にコーポレート・ガバナンス上の役割を期待するのは構造的に困難であった。そこで、従来の我が国の経営監督制度を改善するとすれば、(1)監査役の機能を強化させるか、(2)業務執行機能と経営監督機能の分離を法制化する、という2つの方法が考えられた。(1)については、平成13年の商法改正において、監査役の半数以上を社外監査役とすることによって監査役の独立性を強化した。平成17年に成立した会社法においても、監査役会設置会社においては監査役の半数以上を社外監査役とすることが規定された（会社法335条3項）。(2)については、平成14年の商法改正で、大会社に対して委員会等設置会社制度が、平成17年の会社法では同制度を改正した委員会設置会社制度が創設された。この制度は「執行役（執行役員とは異なる）」に業務執行を担当させ、取締役会はそれを監督するという、いわゆる業務執行機能と経営監督機能の分離を実現させるものであった。さらに、取締役会の中に過半数が社外取締役から構成される「監査委員会」、「指名委員会」、「報酬委員会」たる3委員会を設置し、経営監督の強化を図ったのである（同法400条、404条）。

　そこで我が国の上場企業は、従来型の「監査役会設置会社」または「委員会設置会社」の形態のいずれかを選択して採用することになった。すなわち、我

が国の伝統的な機関形態である「監査役会設置会社」を採用して，経営意思決定と業務執行取締役の監督を取締役会が行い，監査役会による監査を実施するのか，それとも委員会設置会社として，取締役会とその中に設置される監査委員会が監査をするのか，を選択できるようになったのである。「監査役会設置会社」では，常勤監査役が選任されるため監査役自らが社内情報を入手しやすく，適法性監査のみならず妥当性監査にも踏み込んでいくことが期待される。その反面，「監査役会設置会社」では，業務執行機能と経営監督機能がいずれも取締役（会）によって行われるため自己監督・自己監査に陥る可能性もある。これに対して「委員会設置会社」では，執行役による業務執行機能と取締役会による経営監督機能，監査委員会による監査機能が法的には明確に分離独立している。ただし，現実には取締役と執行役の兼任が広く行われているという大きな課題も抱えている。

　取締役会設置会社の場合，個々の取締役がそのまま会社の機関となるわけではない。すべての取締役で取締役会は組織され，取締役会が，会社の業務執行の決定，取締役の職務の執行の監督，代表取締役の選定と解職，という職務を行う（会社法362条）。したがって，取締役は取締役会のメンバーに過ぎない。そして取締役会は取締役の中から代表取締役を選定し（同法362条2項，3項），代表取締役が業務の執行をなし，対外的に会社を代表する。法的には，代表取締役は取締役会の下部機関であり，取締役会の指揮・監督に服する。なお，日常的な業務執行については，その意思決定も取締役会から代表取締役に委ねることができる。また，一般の取締役に業務執行を委ねることもできるが，その業務執行権限はあくまで対内的な関係で付与されるに過ぎない。

　前述のとおり，近年は業務執行と経営監督の分離を目指して執行役員という職位の者を置き，取締役会の規模を縮小し，具体的な業務執行を執行役員に委譲する会社が増えつつある。ただし，執行役員は法律上の機関ではないため，対外的には執行役員は，代表取締役の権限を会社の内部で制約するに過ぎないと考えられ，したがって対外的にはこれに反した行為も善意者には対抗できない。執行役員に付与された業務執行権は取締役会または代表取締役から内部的

に委譲されていると考えることになる^(注8)。

委員会設置会社では、業務執行と経営監督が制度的に分離され、取締役会の機能は監督が中心になる。業務執行と経営監督を制度的に分離する趣旨のため、業務執行は執行役が担当し、取締役は原則として業務執行はできない（会社法415条）が、取締役が執行役を兼任することは認められる（同法402条6号）。業務の意思決定も大幅に執行役に委ねられる（同法416条）。したがって、取締役会の機能は監督が中心となるため、取締役会の権限も原則として、基本事項の決定、委員会メンバーの選定・監督、執行役の選任・監督等に限定され、業務決定の権限は執行役に委譲することができる。すなわち、取締役会は基本事項の決定と業務執行の監督を行い、執行役が業務を執行し、代表執行役が会社を代表することになる。

Ⅳ　我が国企業の事例研究

さて、我が国の企業において、「監査役(会)設置会社」と「委員会設置会社」では、いずれの形態がコーポレート・ガバナンス上望ましいか、有価証券報告書（EDINET）に記載してある「取締役の状況」と「コーポレート・ガバナンスの状況」をチェックすることによって実際の姿を比較検討してみることにする。

1　「監査役(会)設置会社」の事例

まず、「監査役(会)設置会社」の代表例として、コーポレート・ガバナンスに関する偏差値^(注9)最高位の栄誉を獲得したダイキン工業株式会社における取締役の状況はいかなるものかを、平成19年度の有価証券報告書で調査してみた。

役　名	職　名	氏　名 (個人名は省略した)	略　歴
代表取締役	会長兼CEO	A氏	当社入社 人事部長 取締役 常務取締役 専務取締役 代表取締役社長 代表取締役会長兼社長
代表取締役	社長兼COO	B氏	当社入社 管理部長 取締役 常務取締役 専務取締役 代表取締役副社長
取締役	人事・報酬諮問委員会委員長	C氏	社外取締役
取締役	人事・報酬諮問委員会委員	D氏	社外取締役
取締役	化学事業担当，淀川製作所長	E氏	当社入社 人事部長 取締役 常務取締役 専務取締役 淀川製作所長 取締役兼副社長執行役員（現）

取締役	国内空調事業担当,堺製作所長	F氏	当社入社 取締役 常務取締役 専務取締役 淀川製作所長 取締役兼副社長執行役員（現）
取締役	秘書室長，人事本部長	G氏	当社入社 秘書室長（現）兼総務部長 取締役兼常務執行役員 取締役兼専務執行役員（現）
取締役	空調生産本部長	H氏	当社入社 執行役員 取締役兼執行役員 取締役兼常務執行役員（現）
取締役	経営企画室長	I氏	当社入社 執行役員 取締役兼執行役員 取締役兼常務執行役員（現）
取締役	空調生産本部副本部長	J氏	当社入社 執行役員 取締役兼常務執行役員（現）
常任監査役	常勤	K氏	当社入社 人事・総務本部副本部長兼人事部長 監査役

監 査 役	常　　　勤	L氏	当社入社 監査役室長
監 査 役		M氏	外部監査役
監 査 役		N氏	外部監査役

(ダイキン工業株式会社平成19年度有価証券報告書より一部修正して筆者作成)

同社の取締役会メンバー10名中，社内昇進組が8名，そしてその8名全員が取締役と執行役員を兼務している。代表取締役会長A氏は最高経営責任者（CEO）を兼務，代表取締役社長B氏は最高執行責任者（COO）を兼務，取締役E氏，F氏は副社長執行役員を兼務，取締役G氏は専務執行役員を兼務，H，I，J氏は常務執行役員を兼務という状況で，業務執行機能と経営監督機能は分離していないことが確認できる。また常勤監査役2名も社内出身組でそれぞれ人事畑，監査役室出身であり各業務分野に精通している人材かどうか不明である。

同社の「コーポレート・ガバナンスの状況」に書かれている「主要なポイント」から経営監督関係のポイントを抜粋すると，次のとおりである。

① 幅と深みを増す経営諸課題やグループ重要課題に対し，取締役が連帯しての経営責任と業務執行責任の両面を担う「一体型運営」の中で，グループを含めた経営全般の，主として意思決定に責任を担うCEOと，主として業務執行責任を担うCOOとを設け，意思決定と執行の両方を意識しながら，その両面のスピードアップを図っている。

② それぞれの事業・地域・機能において自立的な判断・決断による執行のスピードアップを狙いとした「執行役員制」を導入している。同時にその中で，取締役は，グループ全体のスピーディで戦略的な意思決定，健全な監督を担い，取締役数は健全な議論が可能な人員で構成し，そのうち，社外取締役は常時2名以上在籍するように努めている。

③ 社外取締役を委員長とする「人事・報酬諮問委員会」により，役員人事・

処遇に関わる運営の透明性の一層の高度化をめざしている。

「重要課題に対し，取締役が連帯しての経営責任と業務執行責任の両面を担う一体型運営」を標榜するなら，何も取締役とは別に執行役員制度を導入する必要はなく，従来どおり取締役が業務執行も担当し，自分達の行為の監督を自分達で行っておればそれでよかったのではないかと思ったりする。

このようにコーポレート・ガバナンス評価において最高位の栄誉を獲得した同社においてさえ，業務執行機能と経営監督機能は分離していない。そして取締役と執行役員の兼務は，残念ながら同社のみならず，監査役会設置会社において一般的に行われている。東京弁護士会会社法部が平成12年2月に実施したアンケート調査[注10]によれば，執行役員と取締役が兼務していないとの回答は，117社中60社（51.3％）となっており，半数程度の会社で意思決定と業務執行の分離が意識されているものと思われる。しかしその一方で，半数近くの会社において執行役員を兼務する取締役が存在するということであり，意思決定と業務執行の分離が徹底していない。また，取締役全体の中の執行役員兼務者の割合が半数を超える会社は121社中41社にも上っており，業務執行機能と経営監督機能の分離という観点からは大きな問題である。

日本取締役協会会長宮内義彦氏は，日本の監査役設置会社の取締役会は，代表取締役会長，社長，専務，常務，平取締役と全員が取締役兼執行役で，業務執行機能と経営監督機能分離していないと主張している[注11]が，まさしくそのとおりである。

日本取締役協会は，2007年7月に公表した『ベストガバナンス報告書』（13-14頁）において，我が国の現行監査役制度を批判的に考察しながら，改善のための提言を行っている。

「内部ガバナンスとして，日本の制度に最もなじんでいるのは，監査役制度である。監査役の権限と責任は法律上すでに非常に重いものになっているにもかかわらず，それらが認識され，適切に使われているとは言いがたい。仏を作ったからには魂を入れる必要があるが，努力の余地は大きい。

例えば，任免権を実質的に社長が独占している場合や監査役が「取締役2軍」（取締役になれなかった場合の処遇ポジション）のように扱われている場合が現実には多い。こうしたケースではガバナンス機能が有効に機能することは期待しえない。「社長の部下」という心理構造のもとでは本来の牽制・監視機能として機能しがたいが，企業組織である以上，ハイアラキー構造は解消できないところにジレンマがある。社長が「良薬口に苦し」を実践し，率直な助言する独立心ある人物を監査役に任命することを期待するとともに，内部的にではあれ監査役については特別の任命手続を設けたりする工夫もありうるのではないか。監査役には経営陣を直接的に任免・監視する取締役会における議決権が与えられていない。制度的な面で監査役だけに頼っていては牽制機能に限界があることが指摘されていた。これを解決する手立ての一つが，委員会設置会社による外部ガバナンスの強化である。経営陣任免権を有する取締役が指名・監査・報酬委員会を通して，経営陣を監視・牽制する。しかも，過半数を社外取締役とすることで，経営陣による各委員会の支配を排除しようとしている。」

以上の引用から同協会は，「委員会設置会社」が「監査役(会)設置会社」よりガバナンス的に優れていると考えていることがうかがえる。

② 「委員会設置会社」の事例（その1）

前出の日本取締役協会会長宮内氏は，我が国の従来型コーポレート・ガバナンスを批判して，コーポレート・ガバナンス上，社外取締役が多数を占める取締役会が望ましいと述べている[注12]。そこで，同氏が取締役CEOを務めるオリックス株式会社の平成19年度有価証券報告書から「取締役の状況」を調べてみた。

役　名	職　名	氏　名 (個人名は 省略した)	経　歴
取　締　役	代表執行役会長 オリックスグループ CEO	O氏	当社入社 社長室長 常務取締役 専務取締役 代表取締役専務取締役 代表取締役社長 代表取締役会長兼社長
取　締　役	執行役副会長 オリックスグループ CFO	P氏	当社入社 総務部長 取締役 取締役兼常務執行役員 代表取締役社長 取締役兼代表執行役社長
取　締　役	代表執行役社長 オリックスグループ COO	Q氏	○○銀行入行 ○○銀行頭取 当社常任顧問 当社専務執行役 当社取締役兼執行役副社長
取　締　役	執行役副社長 不動産事業本部長	R氏	当社入社 東京営業第1部長 取締役兼執行役員 取締役兼常務執行役員 取締役兼専務執行役員 取締役兼専務執行役

取締役	執行役副社長	S氏	当社入社 リスク管理本部副本部長 執行役 常務執行役
取締役	専務執行役	T氏	当社入社 不動産ファイナンス本部副本部長 執行役 常務執行役
取締役		U氏	社外取締役
取締役		V氏	社外取締役
取締役		W氏	社外取締役
取締役		X氏	社外取締役
取締役		Y氏	社外取締役

(オリックス株式会社平成19年度有価証券報告書より一部修正して筆者作成)

　上記の表を見ると，社外取締役は5名，社内取締役は6名であり，取締役会の議決において社内取締役で過半数を占めることができ，同氏が前述記念講演において主張していたこととは一致していない。さらに社内取締役6名は全員執行役であり，O氏は代表執行役会長，P氏は執行役副会長，Q氏は代表執行役社長，R氏およびS氏は執行役副社長，T氏は専務執行役という具合に全員役付執行役である。

　同社の有価証券報告書の「コーポレート・ガバナンス体制の状況」には，

　　「当社は，平成9年6月に外部の有識者と経営の専門家を迎えて諮問委員会を設置して以降，事業活動が株主価値を重視したものになっているかを客観的にチェックするためにコーポレート・ガバナンスの仕組みを強化

してきました。平成10年6月には，執行役員制度を導入し，経営戦略・意思決定機能と業務執行機能の分離を図りました。また平成11年6月には，取締役数を絞り，3名の諮問委員を社外取締役及び顧問として迎えることによって，諮問委員会を発展的に解消しました。さらに取締役会のサポート機関となる指名・報酬委員会を設置しました。そして，経営の意思決定と業務執行の迅速化をさらに図るとともに，経営と業務執行の監督機能を強化するため，平成15年4月の改正旧商法の施行に伴い，同年6月から『委員会等設置会社』へ移行し，『指名』『監査』『報酬』の3つの委員会を設置しました。なお，平成18年5月1日の会社法施行に伴い，現在は『委員会設置会社』となっています。」

とあるが，業務執行と経営監督の機能分離のためには，取締役と執行役は兼務すべきではないというべきところ，社内取締役6名が全員執行役でありながら，経営監督機能と業務執行機能の分離を図ったとはどういうことなのか分かりにくい。

ただし有価証券報告書によれば，指名委員会メンバー5名，監査委員会メンバー4名，報酬委員会メンバー4名は全員社外取締役から構成されており，当然のことながら各委員会の議長も社外取締役であることは，経営の透明性と客観性の向上に資すると評価できる。

③ 「委員会設置会社」の事例（その2）

日本監査役協会の調査によれば[注13]，委員会設置会社は平成20年12月3日現在109社で，このうち一部上場企業は53社である。この53社のうちの15社が日立グループであることから，同グループの中核である株式会社日立製作所の役員の状況を，委員会設置会社の代表例として調べてみた。

役　　名	職　　名	氏　名	略　　歴
取締役会長	指名委員長 報酬委員長	SE氏	当 社 入 社 AV機器事業部長 取　締　役 常務取締役 専務取締役 代表取締役副社長 代表取締役社長 代表執行役社長兼取締役 代表執行役会長兼取締役
取　締　役	指名委員 報酬委員 代表執行役 執行役社長	FK氏	当 社 入 社 情報・通信グループ長＆CEO 執行役常務 執行役専務 代表執行役副社長
取　締　役	監査委員長（常勤）	SC氏	当 社 入 社 監 査 室 長 子会社取締役 子会社代表取締役執行役副社長 兼取締役 当社取締役
取　締　役	監査委員（常勤）	NM氏	当 社 入 社 研究開発本部長 執行役専務 代表執行役副社長 取　締　役
取　締　役	代表執行役 執行役専務	NT氏	当 社 入 社 財務一部長 代表執行役専務

			代表執行役専務兼取締役
取締役	指名委員 監査委員	OF氏	社外取締役
取締役	指名委員	OM氏	社外取締役
取締役	監査委員 報酬委員	NA氏	社外取締役
取締役	監査委員 報酬委員	MK氏	社外取締役
取締役	指名委員 報酬委員	MT氏	社外取締役
取締役		UK氏	当社入社 子会社代表取締役社長 同社顧問（現職）
取締役		DT氏	子会社代表取締役社長 同社取締役会長（現職）
取締役		HY氏	子会社代表取締役社長 同社取締役会長（現職）

（株式会社日立製作所平成19年度有価証券報告書より一部修正して筆者作成）

　有価証券報告書の「役員の状況」における「執行役」欄を見れば，代表執行役社長1名，代表執行役副社長5名，代表執行役執行役専務1名，執行役専務6名，執行役常務15名という具合に合計28名の執行役がいる。その中で取締役に就任しているのは，代表執行役社長（FK氏）1名と代表執行役専務（NT氏）1名の2名のみという体制は，業務執行機能と経営監督機能の分離という点からは評価されるべきである。また，取締役会長が執行役を兼務していないことも同様の点から評価できる。

　しかし，前代表執行役会長兼取締役である取締役会長SE氏が指名委員長と

報酬委員長を担当していることについては，両職とも社外取締役に担当させるのが経営の透明性と客観性の向上の点から好ましいのではないかと考える。指名委員会は株主総会に提出する取締役の選任・解任に関する議案の内容を決定する委員会であり，報酬委員会は執行役等の個人別の報酬等の内容の決定をする委員会である。前代表執行役社長を取締役会長にし，指名委員長と報酬委員長を担当させ，現代表執行役社長FK氏にも指名委員と報酬委員を担当させることは，業務執行と経営監督の分離という点からは大いに問題があろう。

さらに，常勤の監査委員長および監査委員が2名とも社内出身者であるが，独立性の強化を目指して少なくとも1名は社外取締役に担当させるべきであろう。また，子会社代表執行役副社長SC氏に監査委員長を担当させるのは，親会社・子会社間の力関係により厳正な監査が実施できないおそれがあるため，監査委員長は社外取締役とすべきである。ちなみにSC氏は，過去にその子会社の業務執行取締役となっていたため社外取締役の要件を満たさない（会社法2条15号）。

取締役と執行役の兼務は委員会設置会社において，一般的に行われているが，コーポレート・ガバナンス上，根本的な問題であるため早急に是正していくべきである。

V 「委員会等設置会社」から「監査役設置会社」への再移行

日本監査役協会の調査[注14]によれば，委員会等設置会社から監査役設置会社に再移行した会社は，平成20年12月3日現在，19社ある。委員会等設置会社より監査役設置会社の形態を再度選択したということは，どのような理由によるのか興味深いので調査してみた。EDINETで調査できるのは，19社のうち上場企業5社であったが，㈱ファルテックは2007年，上場廃止となったため調査不能であった。したがって，㈱メガチップスシステムソリューションズ，ニイ

ウスコー㈱,サンスター㈱,日本電産サーボ㈱の4社を調査した。

㈱メガチップスシステムソリューションズは,調査の結果,委員会等設置会社に移行した事実が確認できず,一貫して監査役設置会社であったようである。

日本電産サーボ㈱は,親会社に合わせる形で変更したことが分かった。

ニイウスコー㈱は,ほんの1年で再移行したわけであるが,同社平成18年度有価証券報告書の「コーポレート・ガバナンスの状況」には,次のように説明されている。

> 「4年前の平成15年9月に委員会等設置会社に移行し,経営と執行を分離しました。経営の基本方針と監督を担う取締役会の補助機関として,法定の監査委員会,指名委員会,報酬委員会の三委員会に加えて,法務委員会,人事組織委員会を設置しました。また,業務の執行を担う執行役が経営執行に関する重要事項を合議決定する機関として執行役会を設置するとともに執行役会の補助機関として企画委員会等,7委員会を設置いたしました。
>
> 3年前の平成16年9月の定時株主総会の決議を経て委員会等設置会社から発展的に進化させた監査役制度採用会社といたしました。新たなガバナンス体制においては,取締役会の補助機関としての委員会と,執行役員会の補助機関としての委員会とにミッションを明確に分け,委員会の機動的,有機的な活用とコンテンションを生かした意思決定による健全性の確保を行い,更なるコーポレート・ガバナンスの強化を図ることといたしました。」

とあるが,委員会の再編・活用は委員会設置会社の体制においても実行可能であると考えられ,「委員会等設置会社から発展的に進化させた」と言うに足る再移行の明確な理由は示されていない。「更なるコーポレート・ガバナンスの強化を図ること」がいかにすれば可能になるのか説得力に欠ける。

サンスター㈱の場合は,委員会等設置会社に移行するに当たって平成15年度有価証券報告書において次のように述べている。

> 「当社のコーポレート・ガバナンスは,経営監視の強化と業務執行の迅

速化を基本としており，社外取締役及び社外監査役の登用や執行役員制度の導入を進めてまいりましたが，さらにコーポレート・ガバナンス体制の強化を図るため本年6月開催の定時株主総会にて委員会等設置会社に移行しました。」

というように，「経営監視の強化」と「業務執行の迅速化」を基本としていることが示されており，今まで採用してきた「社外取締役」および「社外監査役」の登用や「執行役員」制度の導入ではコーポレート・ガバナンス上，十分でないということで委員会等設置会社に移行したわけである。

それにもかかわらず，平成17年度有価証券報告書において，再移行の経緯を次のように説明している。

「当社は，経営監視の強化と業務執行の迅速化をコーポレート・ガバナンスの基本方針としており，平成16年6月に移行した委員会等設置会社の形態のもとで，コーポレート・ガバナンス体制を進めてまいりました。具体的には，社外取締役3名を含む6名の取締役で構成される取締役会が経営の基本方針を決定し，その監督のもと，取締役会により選任された執行役4名により業務執行が行われておりました。同時に過半数が社外取締役により構成される指名委員会，監査委員会，及び報酬委員会の3委員会が外部の視点による経営監視機能を果たしてまいりました。

今般，より経営効率を高めるため，本年（平成18年）6月26日開催の定時株主総会にて，本年5月に施行された会社法のもとでの監査役会設置会社として，コーポレート・ガバナンス体制を推進していくこととしました。この体制により，取締役8名（社外取締役は選任しておりません）からなる取締役会により経営の迅速化を進めると同時に，社外監査役2名を含む3名の監査役で構成される監査役会及び内部監査部門により経営監視を進めてまいります。」

社外取締役を排除し，ひいては過半数が社外取締役により構成される指名委員会，監査委員会，及び報酬委員会の3委員会も無くし，「経営効率を高め」，「取締役会により経営の迅速化を進める」とは，業務執行と経営監督の両機能

を取締役会が支配するという従来の構図に逆戻りするだけであり，ガバナンス上は後退したというべきであろう。

　会社法は「監査役会設置会社では，監査役は3人以上で，かつその半数以上は社外監査役でなければならない。(会社法335条3項)」と規定している。同社は監査役3名のうち社外監査役2名を含むとはいうものの，そのうち1名はサンスターグループ企業である「サンスター技研㈱」の代表取締役社長である。社外監査役とは，「過去に当該会社又はその子会社の取締役・会計参与もしくは執行役又は支配人その他の使用人となったことがないものをいう(会社法2条16号)。」ので，連結子会社ではないグループ会社の社長を社外監査役としていることは，会社法には抵触しないが，両社間には間違いなく支配従属関係は存在する。法の趣旨を理解していないといわれても仕方がないのではなかろうか。このような3名の監査役で構成される監査役会により厳正な経営監視が可能なのか疑問が残る。まさに社外監査役の独立性が問われるわけであり，社外監査役に経営陣の友人・知人を就任させるようでは外部の視点からの経営監視機能は期待できない。コーポレート・ガバナンス上の問題を抱えているといわざるを得ない。

　以上見てきたように，「委員会等設置会社」から「監査役設置会社」への再移行には，各社とも説得力ある理由が提示されていないように思える。「委員会等設置会社」の仕組みがよければ，親会社が代わったからといって，それに合わせて変更する必要はないはずである。我が国においては，両形態とも優位を示すまでには至っていない現状がうかがえる。

Ⅵ　改善すべき課題

　以上で示してきた我が国のいくつかの企業のコーポレート・ガバナンスは決して特異な事例を紹介したものではない。監査役会設置会社において代表取締役が社長であり，あるいは代表取締役が代表執行役であるケースは枚挙に暇が

ない。委員会設置会社においても，取締役が執行役を兼務しているケースは殊のほか多い。いずれの形態を採用していても，業務執行機能と経営監督機能の分離は，多くの企業において実現していないことが最大の課題だと考える。

それはアメリカにおいても同様である。メイス[注15]やローシュ[注16]は，今日では取締役会は意思決定機能も経営監督機能も有せず形骸化しており，社外取締役も，情報の欠如，時間的制約などの原因により有効に機能していないことを明らかにしている。次期社長を選任するのは，取締役会ではなくて社長だというのである。アメリカにおける取締役会会長と最高経営責任者が分離している会社の比率は20％以下だと報告されている[注17]。

イギリスでは，コニヨンの調査[注18]や，Ⅱ②で述べたPIRC報告書によれば，取締役会会長職と最高経営責任者（CEO）との権限分離は着実に進展しているようであるが，我が国においても，経営監督機能と業務執行機能を分離させたほうがコーポレート・ガバナンス上，確かに好ましいと真剣に考えるのであれば，監査役会設置会社における代表取締役と社長，あるいは代表取締役と執行役の兼務を止めさせるべきであるし，委員会設置会社においても，取締役の執行役兼務は見直すべきである。経営監督と業務執行の分離を促進していない会社に，コーポレート・ガバナンスを語る資格はないと思うのである。

(注1)　アメリカ法律協会・証券取引法研究会国際部会訳編（1994）128頁。

(注2)　小島（2004）97頁。

(注3)　Pensions Investment Research Consultants. 英国内で米国型の機関投資家運動に積極的に取り組んでいる団体である。

(注4)　日本コーポレート・ガバナンス・フォーラム編（2001）109-110頁。

(注5)　奥島（監修・著）（2007）『企業の統治と社会的責任』365-373頁を参照されたい。

(注6)　金融財政事情研究会（2001）『OECDのコーポレート・ガバナンス原則』19-20頁。

(注7)　同上書，40-42頁。

(注8)　神田（2005）181頁。

(注9)　「議決権行使サービスのガバナンスビジョンズは，上場企業のコーポレート・

ガバナンスを評価するサービスを十一月から始める。まず五百社の経営監査機能や内部統制，財務内容など三百八十項目を採点。偏差値を算出し，企業や機関投資家に有料で提供する。社外取締役や業績連動型の役員報酬制度を採用し，自社株買いに積極的で配当性向が高いなど，株主価値向上のための施策を導入しているほど点数が高くなる。日本の企業慣習も考慮する。欧米では，経営監督と業務執行を分離した委員会設置会社は内部監視機能が高いとされるが，日本では監査役制度を採用する企業が多い。社外監査役を積極的に登用するなど監査役制度が機能するための工夫をしていれば，委員会設置会社に移行していなくても評価する。日経平均採用の二百二十五社を対象に採点したところ，アステラス製薬やダイキン工業，資生堂などの偏差値が高かった。」(日本経済新聞2008年10月8日朝刊，12面。)

(注10)　東京弁護士会会社法部(編)(2001)81-82頁。

(注11)　宮内氏は，社外取締役が大多数というアメリカの取締役会をお手本にしながら，我が国の取締役会について次のように述べている。「会長，社長，副社長といった経営執行部を取り締まるのが取締役会の機能です。私はいくつかの欧米企業の社外役員をさせていただいた経験がありまして，取締役会の典型は10人から15人くらいで成り立っていて，そのうち執行部から入るのは通常2人という構成です。会長と社長の2人が取締役として入り，残りの10人から13人は全員社外の人なのです。……そういった社外の人達に対して，社長ないし会長が出て，こういうふうに経営をしておりますという報告をする場が取締役会になっているわけです。

　　　　日本の取締役会はどうかと言いますと，代表取締役会長，専務，常務，平取締役と全員が取締役兼執行役なのです。誰も監督する人がいないわけです。執行部と監督機能とが完全に一緒になっている。そして取締役の数は20人から30人います。最近コーポレート・ガバナンスというのがうるさいから，ちょっと社外（取締役─引用者注）を入れなければいけないかなあ，と言って1人か2人の有名な方を社外取締役に入れる。こういうのが日本のコーポレート・ガバナンスの現状です。形式的には法律上の要項を完備しておりますが，実態はその程度のコーポレート・ガバナンスになってしまっています。会長は社長の古手であり，専務は

社長に任命された人であり，そういう人達で取締役会が構成されている中で，トップのお気に召さないことを言ったり，『社長，あなたは全然経営能力がないじゃないですか。辞めたらどうですか。』と言ったりする平取（締役―引用者注）がいるということはありえません。」宮内義彦（2008）24-25頁。

(注12) (注13)を参照されたい。

(注13) http://www.kansa.or.jp/PDF/iinkai_list.pdf

(注14) http://www.kansa.or.jp/PDF/iinkai_list.pdf

(注15) 今日では取締役会が経営者を選任するのではなく経営者が取締役会を選任している。取締役会の機能の定義で最も一般的な，「社長を選任すること」は既に最大の神話になってしまったというのである。道明義弘（1991）80頁。

(注16) 深尾教授等も，取締役とCEOの力関係をLorschの著書を参考にしながら以下のように述べている。

「ハーバード大学のLorsch教授は，大会社の400社の取締役およそ1000人に対して行った実態調査の結果を踏まえて，取締役が取締役会において果たす役割は指名委員会をはじめとする各種委員会の設置等を背景に増大しているが，取締役会における議論を実質的にリードしているのは依然としてCEOであると指摘している。Lorschは，取締役会における議論をCEOが実質的にリードしている理由として次の点を挙げている。

第一は，約8割の公開会社でCEOが取締役会の会長を兼任しており，取締役会の議題や議事進行をCEOがコントロールしていることである。

第二は，多くの取締役は他の会社のCEOであり，非常に多忙であるため，当該会社の経営を常に考えているCEOに対して，その会社の業務に関する知識や経験等の面で太刀打ちできにくいことである。すなわち，自らの職務を遂行するために必要な情報を得ていると取締役は考えているが，取締役に対してどのような情報を提供するかはCEOが決定しているため，ほとんどの場合において，取締役はCEOの視点を通して会社を見ているといっても過言ではないと指摘されている。

第三は，取締役の選任に当たってCEOが有している影響力が非常に大きいこ

とである。8割強の会社で指名委員会が設置されているが，指名委員会が自ら取締役の候補者を探し出すことは極めて稀であり，多くの会社では，指名委員会の役割は，CEOが推薦した候補者のリストを株主総会に提出することの承認に留まっている。また，株主総会でも通常は提出された候補者リストが承認される。したがって，実質的にはCEOが取締役を選任しているとLorschは指摘している。」深尾・森田（1997）83-84頁。

(注17) 若杉（2005）118頁。

(注18) 日本コーポレート・ガバナンス・フォーラム編（2001），32-34頁。

【参考文献】

アメリカ法律協会著・証券取引法研究会国際部会訳編『コーポレート・ガバナンス』日本証券経済研究所，1994年。

奥島孝康監修・著『企業の統治と社会的責任』金融財政事情研究会，2007年。

飫冨順久他『コーポレート・ガバナンスとCSR』中央経済社，2006年。

神田秀樹『会社法』弘文堂，2005年。

菊池敏夫・平田光弘編著『企業統治の国際比較』文眞堂，2000年。

経済同友会『第12回企業白書「日本企業の経営構造改革—コーポレート・ガバナンスの観点を踏まえた取締役会と監査役会のあり方」』，1996年。

小島大徳『世界のコーポレート・ガバナンス原則』文眞堂，2004年。

小森清久『アメリカ内部統制論』白桃書房，2008年。

金融財政事情研究会『OECDのコーポレート・ガバナンス原則』金融財政事情研究会，2001年。

関孝哉『コーポレート・ガバナンスとアカウンタビリティー』商事法務，2006年。

出見世信之『企業統治問題の経営学的研究』文眞堂，1997年。

東京弁護士会会社法部編『執行役員・社外取締役の実態』別冊商事法務243号，商事法務研究会，2001年。

中村瑞穂『日本の企業倫理』白桃書房，2007年。

日本コーポレート・ガバナンス・フォーラム編『コーポレート・ガバナンス―英国の企

業改革』商事法務研究会，2001年。

八田進二・橋本尚『英国のコーポレート・ガバナンス』白桃書房，2000年。

八田進二『外部監査とコーポレート・ガバナンス』同文舘出版，2007年。

深尾光洋・森田康子『企業ガバナンス構造の国際比較』日本経済新聞社，1997年。

マイルズ・L・メイス著道明義弘訳『アメリカの取締役：神話と現実』文眞堂，1991年。

宮内義彦「"日本型"コーポレート・ガバナンスの確立に向けて」『月刊監査研究』日本内部監査協会，No. 416，2008年12月。

若杉敬明『コーポレート・ガバナンスと取締役会』シュプリンガー・フェアラーク東京，2005年。

（愛知工業大学経営学部教授）

第2編

少子高齢化と経営・会計

第1章　少子高齢化と地域包括ケアシステム
―― その構想と推進化方策 ――

山本　勝

I　連携・協働システムの役割と課題

　21世紀少子高齢社会において，地域住民が健康で幸せな生活を送っていくためには，それぞれの地域内においてより良質の保健・医療・福祉（介護）サービス，すなわち「必要な」包括ケアサービスを，「必要な時，必要な住民に，タイムリーに，そして効率的に」提供していくことが重要となってくる。そして，このためには，「シームレス（連続性）・セクトレス（総合性）・エンドレス（永続性）」の3条件を配慮した革新的な「地域保健・医療・福祉（介護）包括ケアシステム：以後，地域包括ケアシステムと略す」の構築とその円滑な運用が，各地域において不可欠な条件となってくるであろう（図表1参照）。

　このような考えと研究目的から，我々は，これまでに地域包括ケアシステム構築およびその円滑な運営のためのシステム化手順・原則・基本理念・戦略並びにいくつかの具体的推進方策等についてシステム・マネジメント論ならびに地域包括医療システム論の立場から理論的考察を中心に研究を行ってきた（図表2参照）[1~7]。

　また一方，地域包括ケアシステムは，地域特性をはじめ諸状況の変化に適応させながら，各地域において実践していくことが必要である。そこで，我々は，青森県地域包括ケアシステム構想を推進している青森県との3年間（平成16~18年度）の共同研究を通じて，地域包括ケアシステムづくりにおける具体的な検討課題を明らかにするとともに，その実践的推進化方策・手順・評価等につ

図表1　地域包括ケアのシステム化推進に関する全体概念図

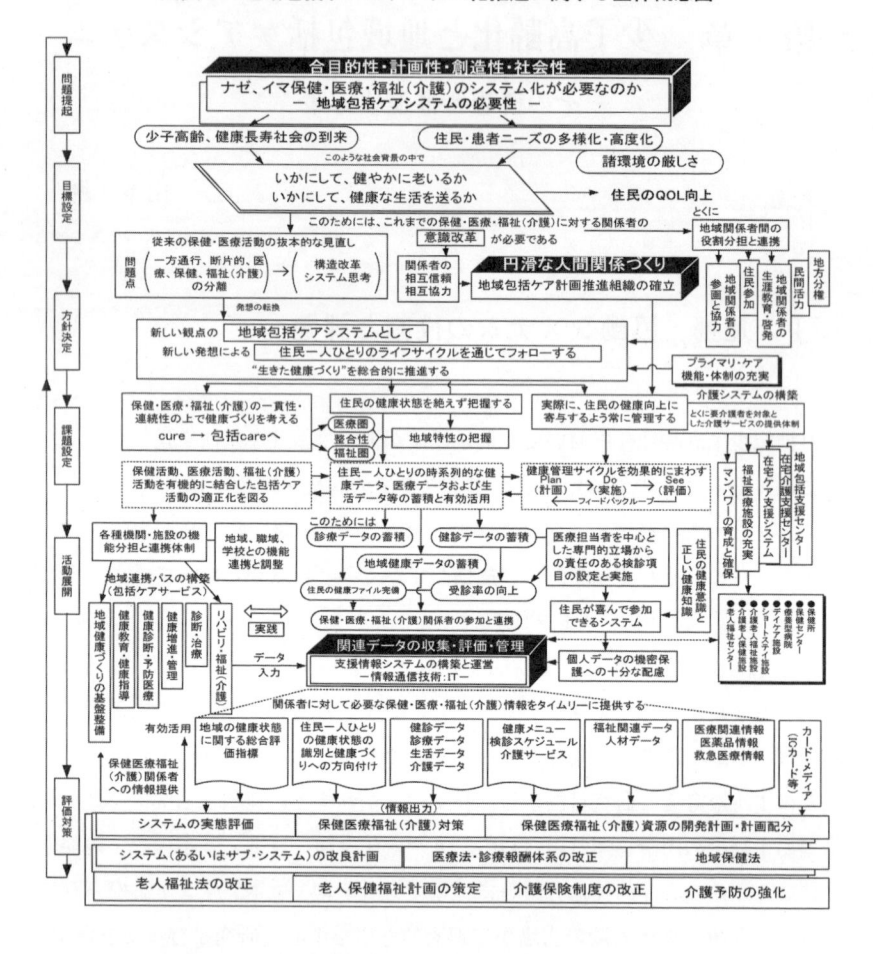

いて多くの見識および方向性を得ることができた[8〜10]。

　以上のような地域包括ケアシステムに関する共同研究成果並びに実践経緯から，これからの少子高齢社会における地域包括ケアシステムづくりにおいて最も中心的課題の1つとして，「連携・協働システム」の構築とその円滑な運営を挙げることができよう。

　そこで，本研究においては，とくに地域包括ケアシステムを支える連携・協

図表2　地域包括ケアシステムの構築と運営における基本原則・戦略・具体的方策

【最終目標】
住民のQOL向上：住民の健康で幸せな生活と人生を守っていく

良質で効率的な保健・医療・福祉（介護）サービスの総合提供をめざす

地域包括ケアシステムの構築と円滑な運営

望ましい地域包括ケアシステムづくりを推進する
―地域保健・医療・福祉（介護）システムの診断・設計・構築と運営管理―

【システム化推進における「10の原理原則」】
- 原則1：住民満足度向上と目的思考　　　―立場・対象・目的の明確化
- 原則2：人材づくりと意識改革　　　　　―ヒューマンネットワークづくり
- 原則3：全体最適化と全体調和　　　　　―トータル化と全体バランス
- 原則4：計画創造と永続的発展　　　　　―計画・実施・評価サイクル
- 原則5：科学的手順と唯一無二　　　　　―システム化戦略とユニークさ
- 原則6：可能性追求と発想の転換　　　　―理想形追求とシステム思考
- 原則7：役割分担と連携・協働体制　　　―連携・協働ネットワーク化
- 原則8：未来志向と変化適応　　　　　　―変化と進化
- 原則9：サービス評価と質的向上　　　　―質の評価と向上方策
- 原則10：オープン化と共有化　　　　　　―規制緩和と情報公開

【システム化推進における「4つの基本戦略」】
- 基本戦略1：プライマリ・ケア戦略　　基本戦略2：ネットワーク戦略
- 基本戦略3：人材開発戦略　　　　　　基本戦略4：情報支援戦略

【システム化推進における「8つの具体的方策」】
- 具体的方策1：連携・協働ネットワーク化の推進
- 具体的方策2：情報ネットワーク化の推進
- 具体的方策3：人材確保・育成・活用の推進
- 具体的方策4：プライマリ・ケア活動の推進
- 具体的方策5：計画推進組織づくりと推進計画策定
- 具体的方策6：民間企業・アウトソーシングの活用
- 具体的方策7：住民参画・住民ボランティア活動・NPO活動
- 具体的方策8：サービスの質的向上・評価システムの導入

働システムの実態，問題点およびシステム化理念・推進化方策等を中心にシステム・マネジメント論の立場から考察並びに提言を行うこととする。

　ますます厳しさを増す社会状況並びに地域環境のなかで，地域住民の多様化・高度化・個別化していく包括ケア・ニーズに対して柔軟かつ適正に対応していくためには，つねに地域現場と状況変化を配慮した，市町村の自主性および独自性に基づいた地域包括ケアシステムの継続的改良計画の実践が必要であろう。この時，この地域包括ケアシステムを支える4大基本戦略の1つでもある「ネットワーク戦略」においては，住民をも含めた地域関係者・機関・組織間における効果的，効率的かつ持続可能な「連携・協働システム」の構築とその円滑な運営が不可欠な条件・課題となってくるであろう[7]。

しかしながら，これまでの病診連携，地域連携，チーム医療，ケアカンファレンス等に見られるように，持続性，発展性および効率性から見て，この地域包括ケアシステム構築においては，かならずしも十分な連携・協働システムが推進されてきたとはいいがたい[4～6]。

このため，特に「人が人を支える」地域包括ケアシステムの構築において，固有の地域特性とシステム化条件等を配慮した持続・発展可能な「連携・協働システム」の構築および運営の考え方，汎用性のある推進化手順・方策の開発が急務となってきたといえよう。

なお，地域包括ケアシステムを効果的かつ継続的に推進していくための「連携・協働システム」の構築とその円滑な運営においては，次に挙げる7つの条件・機能を具備しておくことが特に望まれる。

(1) 地域包括ケアシステムの継続的推進・改善に役立つシステムであること（有用性）。
(2) 各市町村の地域特性および主体性を配慮したシステムであること（主体性）。
(3) 地域関係者が納得（同意）できるシステムであること（合理性）。
(4) 住民を始め地域関係者が安心して参画しやすいシステムであること（簡便性）。
(5) 諸状況の変化に適応しながらつねに進化していくシステムであること（発展性）。
(6) 地域関係者が信頼感を持って参画できるシステムであること（信頼性）。
(7) 上記の他に，システムの客観性，公平性，透明性，信頼性，経済性，および弊害・危惧への配慮・対策と全体バランスがとれているシステムであることが望ましい。

Ⅱ　連携・協働システム構築における4つの重点課題

この連携・協働システムの構築並びにその円滑な運営においては，図表3の概念図に示されるような4つの課題に対する検討が特に重要となってくるであろう。

図表3　連携・協働システム構築における4つの重点課題

```
                    望ましい
              地域包括ケアシステムの実現

    円滑な                        モノづくりにおける
  「ヒューマンネット                「マネジメント思想・
    ワークづくり                      手法・技法」等の
   （人材育成）」                      応用・有効活用
     の推進
                    持続可能な
                 「連携・協働システム」
                     の開発と
                   その円滑な運営

  「ICTの積極的                      適切な
     導入と          4大課題      「評価システム」
   その有効活用」                    の開発と効果的
     の推進                          な活用
```

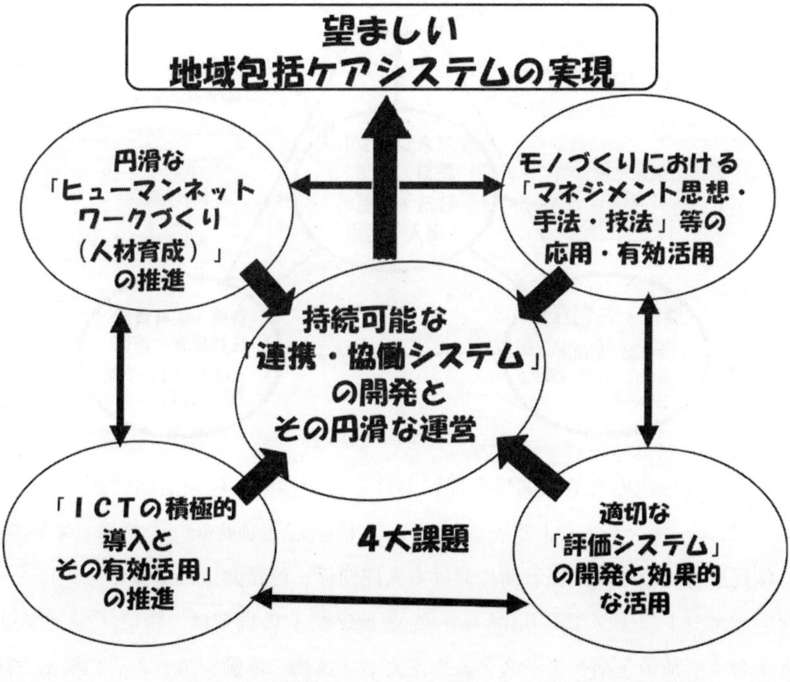

(1) 「マネジメント思想・手法・技法」の発想，視点，立場から総合的かつ有機的に実施していく。

特に，厳しい経営環境および競争社会のなかで，徹底した効率化かつ合理化をめざす「ものづくり」を推進しているマネジメント思想・手法・技法等を，

総合的かつ客観的に評価・考察するとともに,「人が人を支える」保健・医療・福祉サービス分野に,本マネジメント思想・手法・技法等を応用（技術移転等）することにより,効率的,効果的かつ持続可能な連携・協働システムの構築とその円滑な運営が期待される（図表4参照）。

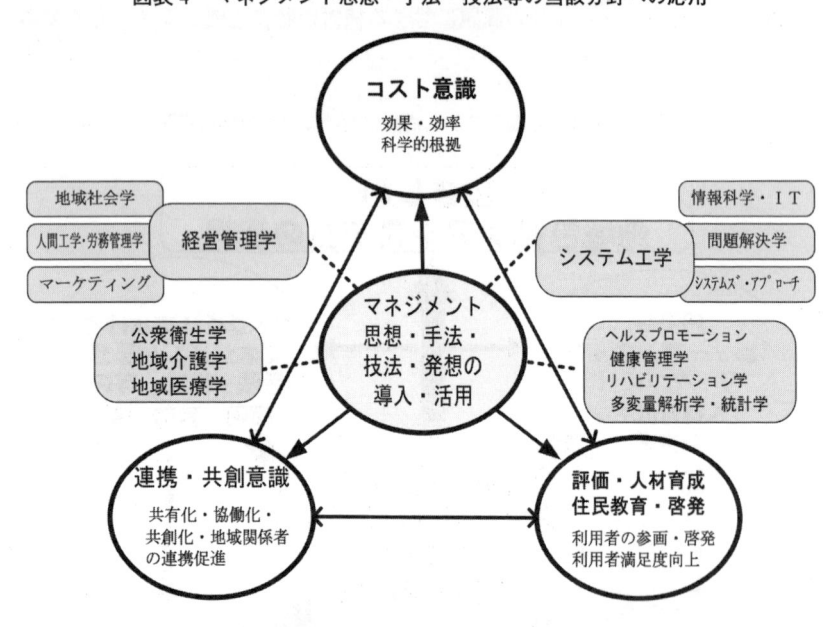

図表4 マネジメント思想・手法・技法等の当該分野への応用

```
                        コスト意識
                        効果・効率
                        科学的根拠

  地域社会学                                    情報科学・IT
  人間工学・労務管理学  経営管理学    システム工学   問題解決学
  マーケティング                                 システムズ・アプローチ

                      マネジメント
  公衆衛生学           思想・手法・      ヘルスプロモーション
  地域介護学           技法・発想の      健康管理学
  地域医療学           導入・活用        リハビリテーション学
                                       多変量解析学・統計学

  連携・共創意識                     評価・人材育成
  共有化・協働化・                    住民教育・啓発
  共創化・地域関係者                  利用者の参画・啓発
  の連携促進                          利用者満足度向上
```

(2) 住民を含めた地域関係者間における人間関係・信頼関係に基づいて,「ヒューマン・ネットワークづくり（人材育成,意識改革）」を推進していく。

住民を含めた地域関係者間における人間関係・信頼関係に基づいた「ヒューマン・ネットワークづくり（人材育成,意識改革）」の推進は,特に,「人が人を支え合う」地域包括ケアシステムを支える「連携・協働システム」の構築方法とその円滑な運営においては極めて重要である。また,このヒューマン・ネットワークづくりにおいては,開かれた推進組織づくりと住民主体・人間関係を尊重した組織運営および地域住民のプライバシー保護対策は,きわめて重要な検討課題である。

このため，本課題の推進においては，今後，モデル地域を予定している豊田市をはじめ愛知県下の地域関係組織・関係者（医師会，介護サービス事業者，市行政担当者，NPO等）との十分な話し合い，共同研究調査，懇談会等を企画・実施している所である。

(3) 各地域（市町村）の独自性・主導性を尊重した地域包括ケアシステムの評価分析と見直しを行うための適切な「評価システム」の開発と効果的な導入を行う。

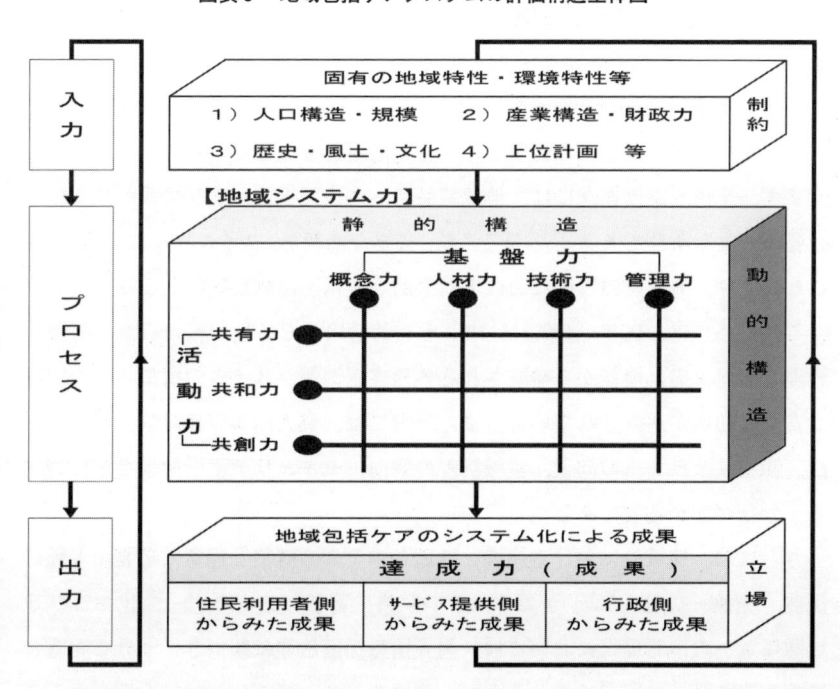

図表5　地域包括ケアシステムの評価構造全体図

地域包括ケアのシステム特性を総合的に把握するためには，まず，地域包括ケアシステムの静的特性を，図表5に示す4つの側面：フィロソフィー（概念力），ヒューマンウエア（人材力），ハードウエア（技術力）およびソフトウエア（管理力），で総合的に表現する。なお，この4つの項目を総称して，ここでは

システムの「基盤力」と呼ぶことにする。これに対して，地域包括ケアシステムの動的特性を，3つの側面：共有力，共和力および共創力，で表現し，これらを総称して，ここではシステムの「活動力」と呼ぶことにする。

なお，地域包括ケアシステムにおける上記の静的および動的特性を表す7つの項目を総称して，ここでは地域包括ケアシステムにおける「地域システム力」と定義する[10]。

この地域システム力により地域包括ケアシステムの状態を総合的に点検・評価することを試みる。また同時に，この地域システム力により，当該システムの今後の改善点および重点課題を明らかにしていくことが可能となる。

(4) 「必要な人に，必要な情報・知識を，タイムリーに提供する」ことを目指して ICT（Information & Communication Technology：情報通信技術）および支援情報システムの開発とその有効活用を推進していく。

まず，連携・協働推進には，地域関係者への情報提供および情報の共有化が必要不可欠な条件である。「必要な人に，必要な情報を，タイムリーに提供する」ことにより，地域関係者間における効果的な連携・協働が可能となる。

このためには，ICT（情報通信技術）を有効活用した各種情報の収集・蓄積・管理・伝達・提供機能から構成される各種支援情報システムの構築とその円滑で安全な利用が期待されている。また一方では，個人情報保護対策，情報倫理観，情報リテラシーの向上，情報格差の解消，セキュリティー対策などに対する十分な対策が必要である。

さらには，地域内における連携・協働システムの構築と運営に必要な各種の保健・医療・福祉（介護）資源データの収集・蓄積・データベース化および地域関係者への情報提供においては，個人情報保護法等に基づき，十分な配慮と慎重な取り扱いに留意するとともに，適切なセキュリティー対策を用意することが大切である。

上記の4つの重点課題に対するユニークな具体方策のもとに，持続可能な連携・協働システムの開発とその効果的な運営・活用方策等に関する独創的実践活動が期待されている[12, 13]。

Ⅲ　連携・協働システムの実態と推進阻害要因

1　連携・協働活動の概要と実態

　保健・医療・福祉（介護）のシステムづくりにおける3つのキー・ワードは，「参加（参画）」と「連携（協働）」と「整合（調和）」である。このシステムづくりには保健・医療・福祉関係者および住民利用者らの積極的な「参加（参画）」と，それぞれの地域特性と住民ニーズを十分に踏まえた「整合性（調和）」のとれた保健・医療・福祉（介護）サービスの「連携・協働ネットワークづくり」が必要不可欠な条件となってくる。

　すなわち，図表6の全体概念図に示されるように，より多くの地域関係者の

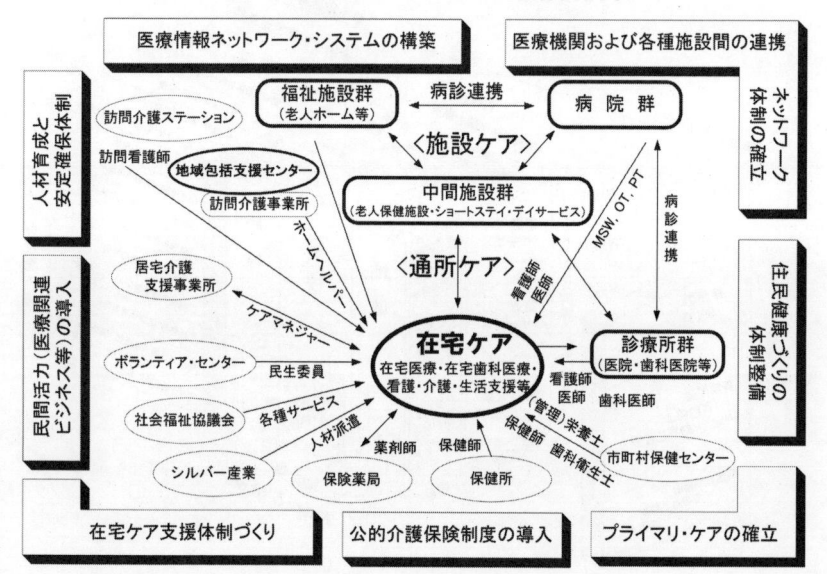

図表6　地域包括ケアシステムの全体概念図

参加(あるいは参画)と,地域包括ケアシステム全体の理念・目的と方針に基づいた整合性(調和)と,円滑な保健・医療・福祉(介護)サービスの連携(協働・融合・一体化)が,これからのシステムづくりには最も大切な検討課題といえよう。

このうち,介護システムにおける在宅ケアと施設ケアとの連携,在宅ケアにおけるケアマネジャーとかかりつけ医との連携,健康づくりにおける地域と職域との連携,地域保健所と市町村保健センターとの連携,病院と診療所との病診連携,専門病院とリハビリ病院との医療連携,さらには保健と福祉との連携,医療機関と在宅との地域連携パス,等をはじめ,システムづくりにおいて最も注目されているのがこの連携・協働システムであるといえよう。

ただ関わっているだけの「連係」ではなく,相互に信頼し,協力し合って,具体的に活動していく有機的な「連携・協働システム」づくりが,これからのシステムづくりには不可欠な条件となってくるであろう。

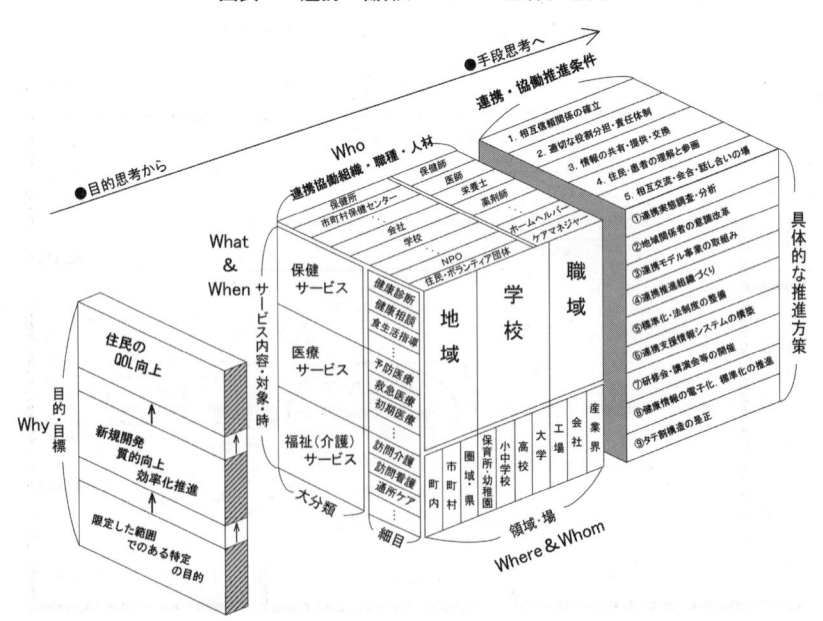

図表7 連携・協働システムの全体概念図

このように，連携・協働システムの目的および姿・構造は，いろいろな課題・条件あるいはシステム化目的と密接に関係しながら進化・拡大していくであろう（図表7参照）。

また同時に，この連携・協働システムにはいろいろな種類・規模・タイプの連携が存在する。一機関・施設内での部局・専門職種間の連携・協働，同じ領域・分野内での異なる機関間の連携・協働（例えば，医療分野内での病診連携），あるいは医療と福祉施設間の異領域間の連携・協働，さらには地域内の各種の関連施設間の連携・協働（地域連携パス）等，患者へのシームレスな保健・医療・福祉・生活支援サービスの効率的な総合提供体制づくりをめざして，いろいろな連携・協働システムが各地域・各施設間等において展開あるいは共創されている[6, 7]。

2 連携・協働の阻害要因分析

連携・協働とは，「システム全体の目的達成のため，システム関係者がそれぞれの役割・能力・機能において，対等の立場で協力・助け合っていくこと」であって，一方的な命令関係は連携・協働とはいえないであろう。

したがって，保健・医療および福祉（介護）における連携・協働とは，地域内の保健・医療・福祉（介護）施設あるいは関係者が相互に信頼し，助け合い，協力し合って，地域住民に対して必要な各種サービスを効果的かつ効率的に提供していくことであるといえよう。

確かに，運営母体が同じ介護関連施設間における連携・協働は融合（一体化）へと発展していくことも可能であろう。院長の優れたリーダー・シップのもとに町営の病院と町営の福祉施設との連携が円滑にいっている事例も見ることができる。しかしながら，置かれている立場あるいは運営母体（所属組織）がそれぞれ異なる施設（職種）間における連携・協働には，いまだ多くの連携・協働阻害要因が考えられる[1, 2]。

③ 連携・協働推進における具体的障害・問題点

　各地域内において各種施設間の円滑な連携・協働を推進していく上での最大の障害あるいは問題点として，各施設関係者からの指摘で最も多かったのは，「連携・協働推進のための基盤整備の不備」であり，その具体的な内容・項目としては，医療および福祉分野からは「適切な機能分担ができていない」，「意思疎通ができていない」，「関係者の意識レベルが様々」が多く指摘されている。

　特に福祉分野からは，「リーダー・シップをとる施設がない」，「関係者の意識レベルが様々」，「医師との連絡が取りにくい」等，が多く指摘されているのが実情である。

　このように，地域関係者から指摘された連携・協働阻害要因は立場・状況により多種多様ではあるが，主要な連携・協働阻害要因は次の6点に要約することができよう。

(1) 連携・協働の必要性・目的に対する関係者の共通認識と理解が不十分，
(2) 連携・協働推進に対する関係者の共通理念と方針が不明確，
(3) 関係者間において面識，交流機会，話し合いのための場および時間が不十分，
(4) 関係者が納得できる役割分担と責任体制が不明確，
(5) 連携・協働相手に関する詳細な情報がない，連携・協働に必要な情報がない，連携・協働相手のことが分からない，情報の共有化・標準化等ができていない，
(6) 連携・協働活動を支援するための体制・制度・基盤・環境等が未整備，

　このうち，連携・協働促進の最大の障害・問題点は，地域関係者の意識・認識・資質・協力姿勢・信頼関係・指導性等のヒューマン・ウエアにあるといっても過言ではないであろう。

　これらのことからも，「良い人間関係（ヒューマンウエア）が，円滑な連携・協働システムをつくる」といえよう。また同時に，「円滑な連携・協働システ

ムが，良い人間関係を育てていく」ともいえるであろう。

Ⅳ 連携・協働の促進条件と今後の課題

1 連携・協働の促進条件と具体的方策

　地域内の関連施設・機関・関係者間において円滑な連携・協働を促進していくために，最も大切な条件・課題（3つ以内で選択）として，「相互信頼の確立」「適切な機能分担」「適切な情報提供」「住民・患者らの積極的参加」「相互交流・会合の場をつくる」等が，多くの施設・機関から上位に指摘されている。このことからも明らかなように，地域関係者（機関・施設）それぞれの置かれている職務・役割が十分に尊重され，納得できる適切な機能（役割）分担がなされていることが，この連携・協働推進には不可欠な条件である，といえよう。

　また同時に，連携・協働相手が信頼できてこそ連携あるいは協働への参加意欲が湧いてくる。したがって，「両者に信頼関係ありき」から連携・協働活動がスタートするということができよう。そして，この連携・協働活動の実践・体験を通じて，両者の信頼関係がさらに深まっていくのである。

　さらには，この連携・協働を効果的かつ円滑に推進していく上において，「必要な情報を」，「必要な時に」，「必要な人に」提供していくための関連情報の共有化および連携・協働支援情報システムの導入（ITの活用）も必要となってくることは前述の通りである。

　また，医療機関をはじめ一部の機関・施設からは，「経営基盤・採算性の確保」も連携・協働促進に必要な条件として挙げられている。

　つぎに，連携促進に向けての今後の重点課題（3つ以内で選択）として，各施設関係者からは，特に，「住民からの信頼」，「機能の整備充実」，「他施設との意見交換の場の形成」が，多くの施設関係者から共通に挙げられていることが

分かる。

その他，特に医療分野の施設からは「経営基盤の確立」が，また福祉・保健分野の施設からは，「施設・機関内のシステム化」，「スタッフの意識改革」および「人材育成・確保」が上位に挙げられている。

なお，特別養護老人ホームからは「施設・機関の資源の開放」が第一位に挙げられていることからも，それぞれの施設が所有する各種資源および機能を，地域に公開（情報の共有化）および開放（オープン化）さらには標準化していくことが，地域機能連携および協働促進への第一歩であるといえよう[4, 5]。

② 連携・協働システムの推進手順と課題

この連携・協働システムは一朝一夕に出来上がるものではない。そこには地

図表8　連携・協働システムの総合推進手順の全体概念図

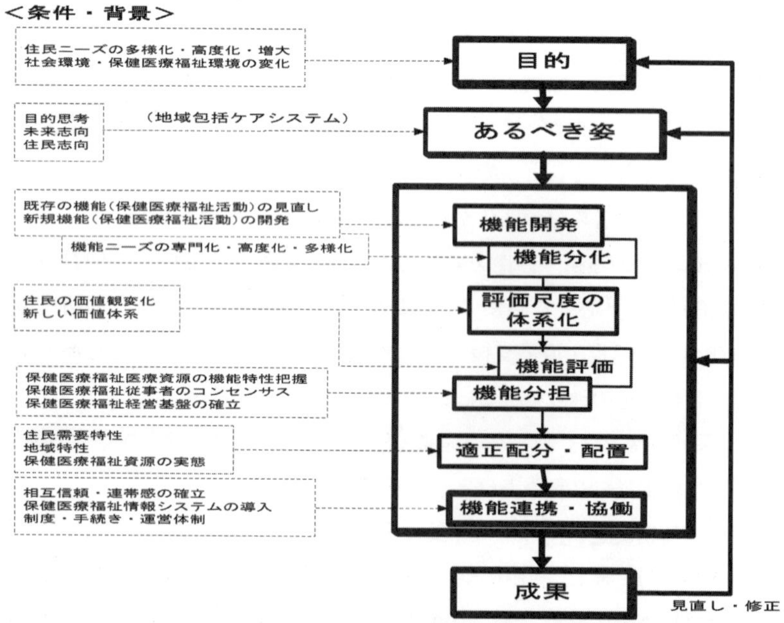

<条件・背景>

- 住民ニーズの多様化・高度化・増大
- 社会環境・保健医療福祉環境の変化

→ 目的

- 目的思考
- 未来志向
- 住民志向

（地域包括ケアシステム）→ あるべき姿

- 既存の機能（保健医療福祉活動）の見直し
- 新規機能（保健医療福祉活動）の開発
- 機能ニーズの専門化・高度化・多様化

→ 機能開発 → 機能分化

- 住民の価値観変化
- 新しい価値体系

→ 評価尺度の体系化

- 保健医療福祉医療資源の機能特性把握
- 保健医療福祉従事者のコンセンサス
- 保健医療福祉経営基盤の確立

→ 機能評価・機能分担

- 住民需要特性
- 地域特性
- 保健医療福祉資源の実態

→ 適正配分・配置

- 相互信頼・連帯感の確立
- 保健医療福祉情報システムの導入
- 制度・手続き・運営体制

→ 機能連携・協働

→ 成果

見直し・修正

域関係者の長年の努力と実績の積み重ねとともに，図表8の全体概念図に示されるような推進手順と方法に基づいて，計画的にかつ効率的に連携・協働システムを推進していくことが必要である。すなわち，総合推進手順として，まず，これからの社会背景・社会ニーズの中で，住民のQOL向上を支える「地域包括ケアシステム」の目的とあるべき姿を明確にしていくことが大切である。そして，地域関係者の参画とコンセンサスのもとに，地域における各種の社会資源の実態調査・評価・見直し・新規開発を行うとともに，これらの各種資源の機能評価，機能分担，適正配置および連携支援体制を整備充実していくことにより，地域関係者が納得できる円滑な機能連携・協働ネットワークづくりが可能となってくる。

なお，この連携・協働推進手順は，まず自機関・施設内における連携・協働体制づくりから始まる。そして，地域内の他機関・施設との連携・協働推進に向けて，情報交換，相互理解，共通目的，役割分担，推進準備そして推進実施，の順序で計画的に連携・協働を推進していくこととなる。

このように，連携・協働システムの推進は地域関係者の話し合いと試行錯誤（計画→実施→評価）により，一歩一歩発展していくのである。

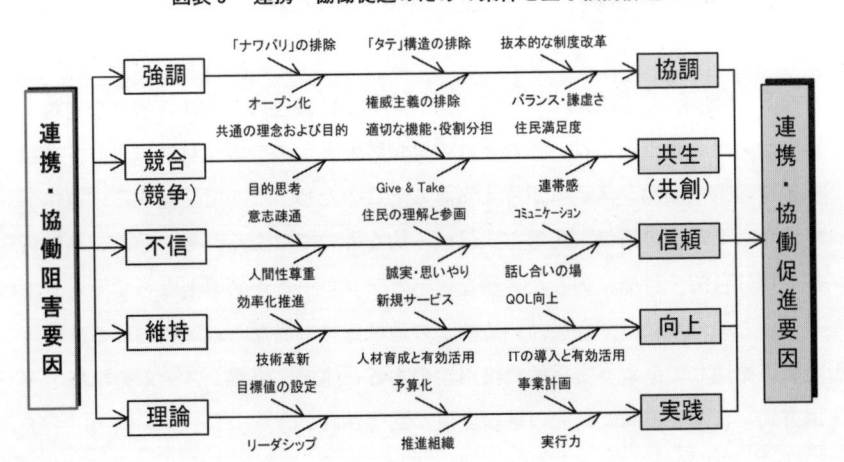

図表9　連携・協働促進のための条件と主な検討課題

最後に，連携・協働推に関するこれまでの考察結果から，今後，各地域において連携・協働システムを構築していくためには，図表9に要約される諸課題に対する具体的方策が必要となってくるであろう。

とくに，「強調」から「協調」へ，「競合（競争）」から「共生（共創）」へ，「不信」から「信頼」へ，「維持」から「向上」へ，「理論」から「実践」への発想・姿勢の転換が，これからの連携・協働推進には強く求められているといえよう。

なお，具体的に連携・協働を推進していくためには，特に次に挙げる5項目に関する検討と実施が，早急に望まれるであろう。

(1) 連携・協働システムの必要性と目的に対する地域関係者の共通認識と協力体制づくり，
(2) 各種社会資源の客観的評価と公開，
(3) 連携・協働促進にむけての各種制度・法律・手続きの整備充実，
(4) 連携・協働促進のための支援情報システムの導入と有効活用，
(5) 地域関係者間における信頼関係づくりと人材育成システムの構築，等

V 連携・協働のシステム化推進方策

なお，「地域の，地域による，地域のための」持続性のあるユニークな連携・協働システムの推進には，それぞれの地域特性とシステム化目的により，多種多様な連携・協働システムが考えられる。このため，ここで開発する「連携・協働システム」の構築・運用方式は画一的なものではなく，それぞれの地域特性並びに目的・目標に適した柔軟な対応とアプローチが必要となってくるであろう。このためには，今後，いくつかの地域特性の異なる地域におけるモデル実験等を通じて，より実用的で汎用性のある「連携・協働システムの構築・運用方式」に関する調査研究の継続発展が期待されよう。

1　ヒューマン・ネットワークの推進方策

　連携・協働システムづくりには，まず根気と時間と行動が必要である。「ナワバリ意識の排除」，「タテ割・壁の撤廃」，「情報交換と話し合いの場・機会の設定」を通じて，地域関係者間において良い人間関係を構築していくことが最重要課題である。「良い人間関係」あるところには，円滑な連携・協働システムがある。また，円滑な連携・協働活動あるところには，「良い人間関係」が育っていくであろう。

　システムは連携・協働なり。システムは人なり。システム（連携・協働）をつくるのも人間関係なら，このシステム（連携・協働）を壊すのも人間関係である。このように，円滑な連携・協働促進と良い人間関係には，表裏一体の関係が見られる。

　また，システム（連携・協働）構築の裏には，地域住民をも巻き込んだ地域関係者間における円滑で信頼に満ちた人間関係が認められる。そこには優れたリーダ達とそれを支える仲間の存在があるとともに，人の輪（和）が着実に広がっていく。地域関係者一人ひとりの自己改革へのチャレンジも同時に行われているのである。

　なお，良い人間関係づくりのための具体的方策として，次のようなことが挙げられる。

(1)　普段からの積極的なコミュニケーションの実施
(2)　地域住民の理解・協力と巻き込み
(3)　地域関係者への教育研修および意識啓発
(4)　地域関係者の問題意識および目標（夢）の共有化
(5)　各種情報のオープン化，共有化およびタイムリーな情報提供システムの導入

2 連携・協働促進とIT化

IT活用，連携・協働促進，サービスの質的向上・効率化，および住民のQOL向上の間には，図表10に示されるように，手段と目的の上下関係が存在する。

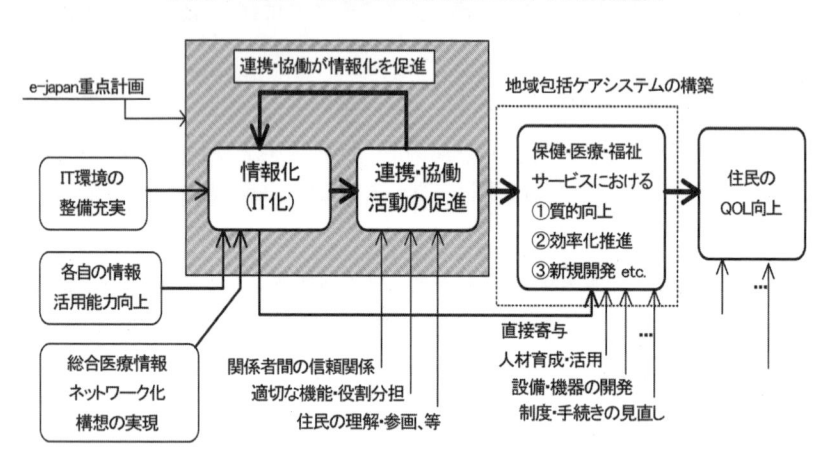

図表10 連携・協働促進と情報化における全体関連図

```
                    ┌─────────────────────┐
                    │ 連携・協働が情報化を促進 │         地域包括ケアシステムの構築
                    └──────┬──────────────┘      ┌ ─ ─ ─ ─ ─ ─ ─ ─ ─ ─ ─ ┐
 e-japan重点計画            ↓                     │ 保健・医療・福祉           │
                    ┌──────┐   ┌──────┐          │ サービスにおける           │    ┌──────┐
 ┌──────┐           │情報化 │ → │連携・協働│ ──→ │ ①質的向上               │ →  │住民の │
 │IT環境の│ ────→   │(IT化)│   │活動の促進│       │ ②効率化推進              │    │QOL向上│
 │整備充実│           └──┬───┘   └───┬──┘          │ ③新規開発 etc.           │    └──────┘
 └──────┘              ↑           ↑             └ ─ ─ ─ ─ ─ ─ ─ ─ ─ ─ ─ ┘
 ┌──────┐              │           │                  ↑        ↑
 │各自の情報│ ─────────→              │              直接寄与
 │活用能力向上│                        │              人材育成・活用
 └──────┘                             │              設備・機器の開発
 ┌──────┐             関係者間の信頼関係            制度・手続きの見直し
 │総合医療情報│         適切な機能・役割分担
 │ネットワーク化│        住民の理解・参画，等
 │構想の実現   │
 └──────┘
```

すなわち，システムづくりの最終目的である「住民のQOL向上」を達成していくための，1つの課題（条件・方法・手段）として，「より良質で適切なサービスを，タイムリーに効率良く安定提供していく」ことが必要となってくる。そして，このためには，前図に示されるように，上記サービスの提供に必要な各種要素（資源）の選択，構成，活動，すなわち「地域包括ケアシステム」づくりが必要となってくるのである。すなわち，「連携・協働促進」は，この「地域包括ケアシステム」づくりにおける重要な1つの課題（条件）であるといえよう。

そして，この「連携・協働」を強化あるいは促進（システム化）していくための有力な方法・手段の1つとして，IT化（情報化）による「情報の蓄積」，「情

報の共有化」,「情報の処理」,「情報の伝達」,「情報の提供」および「情報の交換」等を挙げることができる[14, 15]。

なお，この「ITの活用」を促進していくための条件として，とくに「IT環境の整備」および「地域関係者の情報リテラシーの向上」等が大切になってくるであろう。

3　その他の検討課題

現在，いくつかの先進地域において多種多様な連携・協働システムの実践事例を見ることができる。それぞれの地域特性を配慮したこれらのユニークな連携・協働事例について，連携・協働の目的，場所，関係者，内容，特徴，成功要因，推進阻害要因，問題点，今後の発展計画，等を総合的に整理分析していくことにより，連携・協働促進に向けての多くの貴重な教訓と方向づけを得ることができよう。

なお，この連携・協働促進に関する今後の検討課題として，次の10項目を挙げることができる。

(1) 連携・協働の定義・範囲・目的・内容の体系化および連携のあるべき姿・目標値・評価尺度の設定
(2) 連携・協働に関する実態調査の実施および地域関係者等の連携・協働意識構造の解明
(3) 連携・協働阻害要因の抽出と要因構造解明とその具体策の検討
(4) 連携・協働促進のための組織・方針・方策・手順および連携・協働推進マニュアル等の作成と評価
(5) 連携・協働促進に関する総合評価と地域関係者のコンセンサスづくり
(6) 情報の共有化とIT活用による連携支援情報システムの開発およびその効果的な運営
(7) 連携・協働促進（強化）のための環境整備（特に，財源確保・標準化・法体系の整備等）

114 第2編 少子高齢化と経営・会計

(8) 連携・協働促進に関する調査研究活動および各種モデル事業等の実施と支援活動
(9) 連携・協働促進における民間活力，アウトソーシングの役割・サービス内容の機能拡大および活用方法
(10) 地域住民の教育啓発および地域関係者の意識改革と人材育成・活用システムの開発

また，地域包括ケアシステムづくりにおける連携・協働のシステム化は，図表11に要約される8つの原理原則により推進されていくであろう。

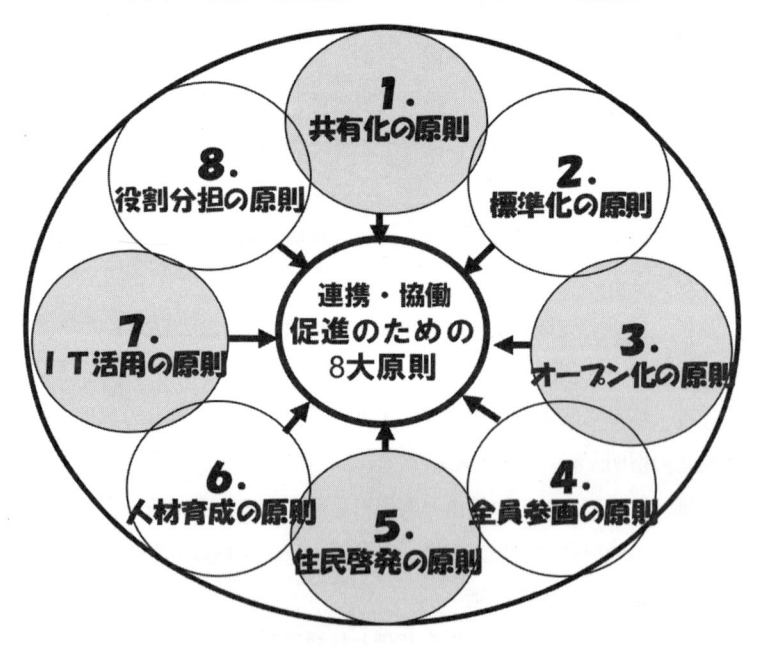

図表11 連携・協働促進における8つのシステム化原則

連携・協働促進のための8大原則

1. 共有化の原則
2. 標準化の原則
3. オープン化の原則
4. 全員参画の原則
5. 住民啓発の原則
6. 人材育成の原則
7. IT活用の原則
8. 役割分担の原則

VI 地域包括ケアシステムの推進方策と課題

　連携・協働を中核とした地域包括ケアのシステム化推進において，つねに留意すべき大切なキー・ワード（事項）は，次に挙げる6つの「漢字」に代表されるいくつかの主要課題に要約することができる。

(1) 「夢」：目的・目標・方針の明確化，理想形・あるべき姿，住民満足度，住民QOL (Quality of Life) 向上，地域関係者のやりがい・達成感，等

(2) 「人」：人材，情報リテラシー，参画，意識改革，信頼関係，人間関係，リーダーシップ，資質向上，人材育成・確保，等

(3) 「知」：情報，知識，知恵，技術，知的財産，IT，電子化，インフラ，個人情報保護法，社会資源，各種制度・規則，等

(4) 「和」：全体調和，調整，整合，納得，役割分担，全体最適化，標準化，共和化，共有化，等

(5) 「一」：地域特性，創意工夫，連携，協力，協働，一体化，共創，唯一無二，オンリーワン，手づくり，シームレス，等

(6) 「永」：改良計画，見直し，継続性，成長，進化，計画・実施・評価サイクル，評価システム，エンドレス，等

　すなわち，地域包括ケアのシステム化推進においては，まず，それぞれの地域特性および住民ニーズにあったシステム化推進の目的および目標値を明確化することが大切である。この「夢」の設定のもとに，多くの地域関係者の理解・参画・信頼関係が構築される。意識改革，資質向上，リーダーシップ等は，この「人」における重要な検討課題でもある。そして，地域内の社会資源および情報・知識・知恵を共有化し，それらの「知」の有効活用をめざして，「人」および「知」がそれぞれの役割分担と全体調整・調和のもとに「和」を構築するとともに，唯一無二のユニークな地域包括ケアシステムの構築をめざして多

116　第2編　少子高齢化と経営・会計

くの地域関係者が連携・協働していくのである。すなわち「この世に1つ」をめざして「地域関係者が1つ」になるよう一体化していくことでもある。そして，このような共創活動を通じて「永」続的にシステム化を推進させていくことが大切である。すなわち，地域包括ケアのシステムづくりとは，1つをめざ

図表12　地域包括ケアシステム推進のための「10のキーワード」
―保健・医療・福祉（介護）総合提供体制づくりをめざして―

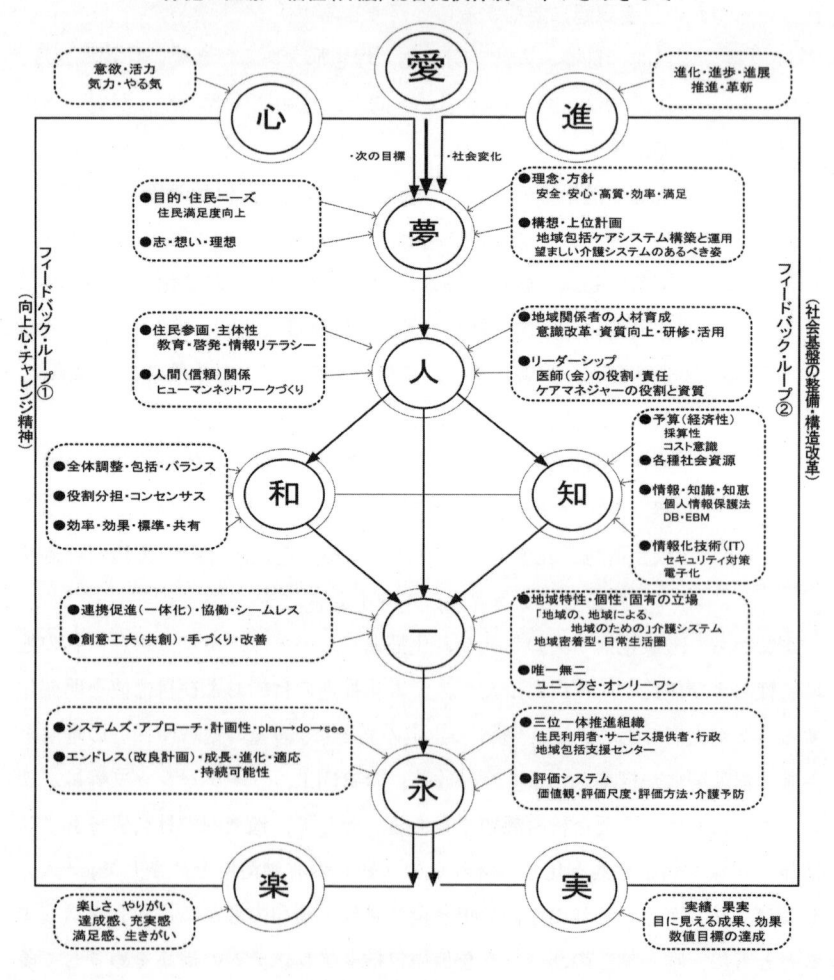

【心】意欲・活力　気力・やる気
【愛】
【進】進化・進歩・進展　推進・革新

・次の目標　・社会変化

【夢】
- ●目的・住民ニーズ　住民満足度向上
- ●志・想い・理想
- ●理念・方針　安全・安心・高質・効率・満足
- ●構想・上位計画　地域包括ケアシステム構築と運用　望ましい介護システムのあるべき姿

【人】
- ●住民参加・主体性　教育・啓発・情報リテラシー
- ●人間（信頼）関係　ヒューマンネットワークづくり
- ●地域関係者の人材育成　意識改革・資質向上・研修・活用
- ●リーダーシップ　医師（会）の役割・責任　ケアマネジャーの役割と資質

【和】
- ●全体調整・包括・バランス
- ●役割分担・コンセンサス
- ●効率・効果・標準・共有

【知】
- ●予算（経済性）　採算性　コスト意識　各種社会資源
- ●情報・知識・知恵　個人情報保護法　DB・EBM
- ●情報化技術（IT）　セキュリティ対策　電子化

【一】
- ●連携促進（一体化）・協働・シームレス
- ●創意工夫（共創）・手づくり・改善
- ●地域特性・個性・固有の立場　「地域の，地域による，地域のための」介護システム　地域密着型・日常生活圏
- ●唯一無二　ユニークさ・オンリーワン

【永】
- ●システムズ・アプローチ・計画性．plan→do→see
- ●エンドレス（改良計画）・成長・進化・適応・持続可能性
- ●三位一体推進組織　住民利用者・サービス提供者・行政　地域包括支援センター
- ●評価システム　価値観・評価尺度・評価方法・介護予防

【楽】楽しさ，やりがい　達成感，充実感　満足感，生きがい
【実】実績，果実　目に見える成果，効果　数値目標の達成

（フィードバック・ループ①　向上心・チャレンジ精神）
（フィードバック・ループ②　社会基盤の整備・構造改革）

したエンドレスな「知的共創活動」である。

このように，地域包括ケアシステムは，図表12に示されるように，「夢」→「人」→「知」→「和」→「一」→「永」から構成される主要なシステム化活動ルートと2つのシステム化フィードバックループ（4つの「漢字」：「楽」「心」，「実」「進」により構成），並びにそれらの諸活動を総合的に統一・調整・推進していく役割を担った「愛」により，有機的に推進されていくのである。

Ⅶ おわりに

これまでの共同研究成果からも，「地域の，地域による，地域のための」ユニークな地域包括ケアシステムの永続的な推進には，それぞれの地域特性とシステム化推進経緯を配慮した，総合的かつダイナミックな実態把握と適切な目的・目標値の設定とともに，各市町村に適した連携・協働推進システムの導入とその円滑な運用が必要不可欠であることが明らかとなった。そしてこのためには，各地域（市町村）における地域包括ケアシステム構築・運用のための「包括ケア総合推進システム」を構成する自己評価システム，連携・協働システム，システム化推進組織・計画内容等も画一的なものではなく，それぞれの地域特性に適した持続可能性のある柔軟なシステム化戦略とシステムズ・アプローチに基づいた目標設定と具体的なシステム化推進方策の実践が必要であるといえよう[8~11]。

また，地域特性の異なる各市町村におけるこれらのモデル実験等を通じて，地域包括ケアシステム構築における，より科学的で実用的な自己評価システムの開発とその有効活用方法，連携・協働システムの構築，包括ケア推進組織，情報化推進，ヒューマン・ネットワークづくり，包括ケア推進事業，等に関する更なる学際的かつ革新的な共同研究成果が期待されるであろう（図表13参照）。

図表13 地域包括ケアシステム構築における今後の主要検討課題の全容

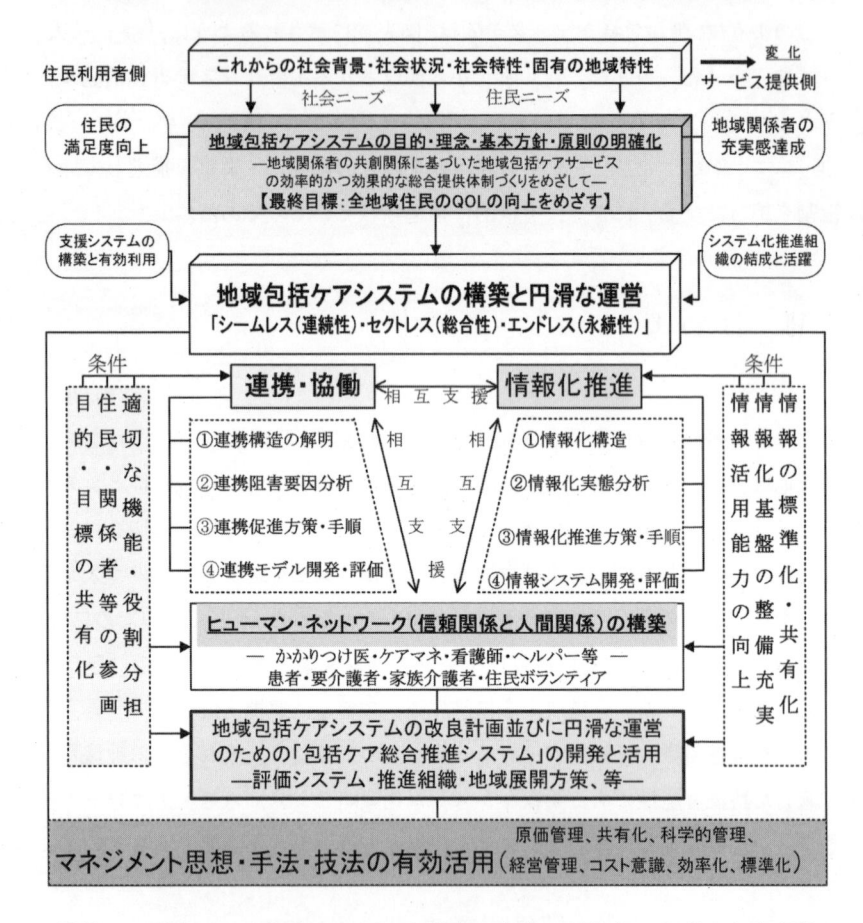

```
住民利用者側          これからの社会背景・社会状況・社会特性・固有の地域特性    変化
                              社会ニーズ        住民ニーズ              サービス提供側

 住民の          地域包括ケアシステムの目的・理念・基本方針・原則の明確化     地域関係者の
満足度向上       ―地域関係者の共創関係に基づいた地域包括ケアサービス        充実感達成
                  の効率的かつ効果的な総合提供体制づくりをめざして―
                 【最終目標：全地域住民のQOLの向上をめざす】

支援システムの                                                      システム化推進組
構築と有効利用        地域包括ケアシステムの構築と円滑な運営            織の結成と活躍
                 「シームレス(連続性)・セクトレス(総合性)・エンドレス(永続性)」

  条件             連携・協働   相互支援   情報化推進            条件
                  ①連携構造の解明   相   ①情報化構造
目住適  目          ②連携阻害要因分析  互   ②情報化実態分析    情情情
的民切  標          ③連携促進方策・手順 支   ③情報化推進方策・手順  報報報
・・な  の          ④連携モデル開発・評価 援  ④情報システム開発・評価  活化標
目関機  共                                                  用の準
標係能  有                                                  能基化
 者・  化         ヒューマン・ネットワーク(信頼関係と人間関係)の構築    力盤・
 の役  参          ― かかりつけ医・ケアマネ・看護師・ヘルパー等 ―   のの共
 分割  画            患者・要介護者・家族介護者・住民ボランティア      向整有
 担                                                        上備化
                 地域包括ケアシステムの改良計画並びに円滑な運営           充
                 のための「包括ケア総合推進システム」の開発と活用           実
                 ―評価システム・推進組織・地域展開方策、等―

                                      原価管理、共有化、科学的管理、
 マネジメント思想・手法・技法の有効活用(経営管理、コスト意識、効率化、標準化)
```

最後に，平成16・17年度アンケート調査の実施にご協力いただいた青森県下の各市町村関係者（市町村行政担当者，地域住民，サービス提供者等）の各位，並びにこれまでの共同研究関係者に深謝する次第である。

また，日頃からご指導・ご支援をいただいている(社)日本医師会，(社)愛知県医師会並びに(社)豊田加茂医師会に対し心より感謝の意を表する次第である。

【参考文献】

[1] 山本　勝『保健・医療・福祉の私捨夢（システム）づくり』篠原出版新社，2007年

[2] 山本　勝『介護保険時代における保健・医療・福祉のシステムづくりと人づくり』上巻・下巻，新企画出版社，2000年

[3] 山本　勝『保健・医療・福祉のシステム化と意識改革』新興医学出版社，1993年

[4] 愛知県医師会・社会福祉専門委員会『愛知県における保健・医療・福祉の連携促進―地域関係者の意識実態分析』愛知県医師会，1992年

[5] 愛知県医師会・社会福祉専門委員会『愛知県における保健・医療・福祉の連携促進―施設関係者の意識実態分析』愛知県医師会，1994年

[6] 横山淳一，山本勝『地域包括ケアシステムにおける連携促進と情報化』日本経営診断学会論集④，pp.148-158，2004年

[7] 山本　勝『保健・医療および福祉サービスの連携ネットワーク化』日本経営診断学会誌29，pp.203-211，1997年

[8] 山本 勝(研究代表者)『青森県共同研究課題：「青森県における保健・医療・福祉包括ケアシステムの推進を図るための包括ケアシステム自己評価手法の開発とその実用化に関する実践的研究」』最終報告書，2006年

[9] 山本　勝他『地域包括ケアシステム推進のための自己評価手法の開発とその活用に関する一考察』病院管理，日本病院管理学会雑誌，2006.10

[10] 山本　勝，横山淳一，永井昌寛『地域包括ケアシステムの開発と運用に関するシステム論的考察(Ⅰ)―地域システム力の基本構造とシステム評価について―』日本経営診断学会論集⑤，pp.128-139，2005p

[11] 山本　勝，横山淳一，永井昌寛『地域包括ケアシステムの開発と運用に関するシステム論的考察(Ⅱ)―推進組織づくりと地域展開方策―』日本経営診断学会論集⑥，p.142-152，2006年

[12] 山本　勝『保健・医療・福祉システムの構築におけるリエンジニアリングの適応』日本経営診断学会誌28，pp.40-51，1996年

[13] 永井昌寛，山本勝『良質で効率的な地域医療サービス等提供のためのシステム化

方策』日本経営診断学会論集③, pp.130-141, 同友館, 2003年

[14] 山本　勝(研究代表者)『医師会総合情報ネットワーク化推進における医師会事務局並びに事務職員の情報化実態と推進課題・方策等に関する調査研究』平成18・19年度日本医師会委託研究, 最終報告書, 2008年

[15] 山本　勝(研究代表者)『地域包括医療を支える地域医療情報ネットワーク化推進の実態並びに医師会の役割とリーダー・シップに関する調査研究』平成16・17年度日本医師会委託研究, 最終報告書, 2006年

（愛知工業大学経営学部教授）
（名古屋工業大学名誉教授　）

第2章　企業経営とワークライフバランス
——少子高齢化社会の改善に向けて——

野村　健太郎

I　環境激変と少子高齢化

　21世紀に突入してから「世の中の動き」が極めて早く，色々な側面で環境激変をもたらしてきた。例えば，「グローバル化」，「少子高齢化」，「地球温暖化」，「金融危機」，「IT化」等，それぞれが大きな意義を持ち，これらに果敢に対応し，前進していくことが求められている。

　今日の経済社会は，上記要因が複雑に関連し合っており，「複雑骨折」を起こしかかっているともいえる。いずれも重要で解決すべき課題が横たわっており，放置しておくことはできない。

　しかし，これらの課題は相互に関連し合っているので，広角度の視野に立ち，それぞれの課題の特徴と問題点を明確に分析していくことが必要である。

　本章では，日本の将来を決定づける「少子高齢化」を取り上げ，その解決法の1つとして重視される「ワークライフバランス (Work Life Balance; WLB)」の意義を探ってみたい。

　「ワークライフバランス」は日本語で，「仕事と家庭の支援」とか，「仕事と家庭の両立」とか，「仕事と家庭の調和」とか，多様な言葉に翻訳されており，一様でない。そこで，単に英語で「WLB」という用語が使われていたりする。WLBといってもなかなか馴染みえない言葉であるので（「CSR」ほど市民権を得るに至っていない。），日本語では「仕事と家庭の調和」という用語を使っていくことにする。

さて、2008年12月31日、厚生労働省の人口動態統計の年間推計が公表されたが、それによると、2008年の日本の人口は過去最大の5万千人の自然減となった。前年の2007年より3万2千人拡大した。死亡数は114万3千人で8年連続して増加し、戦後最多を更新した。他方、出生数は109万2千人で前年比2千人の増加に止まった。出生可能な年齢の女性も減り続けており、人口減に歯止めがかかっていない。

2年連続で死亡数が出生数を上回ったのは戦後初めての現象であり、高齢者の死亡数が増加してきたことが[注1]、将来の人口減少の傾向が増大していくことを懸念させる。

出生率の向上も期待し難くなっており、上記統計では、「合計特殊出生率」（1人の女性が生涯に生む子供の数）の基礎となる15～49歳の女性人口は10年前の1998年に比べて約298万人少ない2千682万人であり、出生数が集中する25～34歳の女性では10年間で78万人減って、878万人となった。このように出産可能な年齢の女性が減ってきたことは、人口減少の大きな要因となっている。

出生数から死亡数を差し引いた「自然増加数」は、2005年に初めてマイナスの2万1千266人の人口減となり、2006年にはプラスとなったが、2007年はまたマイナスの1万8千516人となった。

上記のごとく、人口動態統計によって、少子化が一段と加速していることが、人口減に関連しているのである。このことは日本経済の活力衰退に結びつき、少なくなっていく人口資源を有効に活用していく必要性を示唆している。その1つの重要な要素がワークライフバランスの向上であることは明確である。

II 人口減少と経済活力衰退

上記のごとく、経済活動の側面で日本における人口減少の傾向に最近になって大きな関心を寄せてきたのは日本経済団体連合会（「日本経団連」、会長御手洗冨士夫氏）であり、2008年10月14日に、「人口減少に対応した経済社会のあり方」

をとりまとめ，「日本経団連提言」とした。

　同提言では，将来50年程度を視野に入れて，本格的な人口減少社会が到来する中にあっても，「活力ある」，「豊かな」国民生活を維持していくために，着手すべき施策を公表した。ドイツ，イギリス等欧州4ヵ国とEUについての現地調査も行ってまとめられた。

1　人口減少が経済社会に及ぼす影響と早期対策の必要性

　まず，将来50年で，日本の総人口は8,993万人（2055年）となって約30％減少し，経済の主たる担い手である生産年齢人口は4,595万人と，現在の約半分の水準となる。この状況は，高齢者1人に対して，わずか1.3人の現役世代で支えなければならないことを意味している。こうした急速な人口減少により，経済成長は押し下げられ，財政・年金制度は持続困難となり，医療・介護のごとく人手を要する経済社会システムを維持していくことも難しくする。医療・介護分野で約180万人の人材不足の発生が仮定試算された。

　人口減少の影響は，時間の経過とともに深刻度が増大し，即効性ある対策実行と，比較的長時間を要する対策についても，同時並行で迅速に着手していく必要があると指摘している。

2　中長期的な経済社会の活力維持に向けた方策の実現

　上記の早期対策の必要性を受けて，「日本経団連提言」では，3つの柱からなる政策提言を行った。

　これを要約すると，第一は，「成長力の強化」である。労働力人口の減少をはねのけて成長を続けられる力強い経済を構築していく必要がある。そのために，①「研究開発活動の促進」，②「イノベーションを担う人材の育成と海外からの招聘」，③「各国とのEPA（経済連携協定）／FTA（自由貿易協定）の締結促進を通じた世界の成長力の取り込み」，④「地域活性化と道州制の導入」，が

求められる。

　第二は,「未来世代の育成」である。人口減少そのものを食い止める努力として,抜本的な少子化対策を推進し,出生率を反転・上昇させていく必要がある。そのための財源は,税・財政・社会保障制度の一体改革の中で確保していく必要がある。同時に公教育の再生が不可欠である。

　第三は,「経済社会システムの維持に必要な人材の活用と確保」である。人口減少が本格的に進む中で,その機能を安定的に維持していくためには,国内の労働力を最大限活用し,さらに海外からの相当規模の人材の受け入れと定住化を図っていくことは不可避である。全世界的に人材獲得競争が激しくなり,高度人材の積極的受け入れ,留学生の受け入れ・就学促進への取組みや,一定の資格・技能を有する外国人材の積極的受け入れが必要である。そのため,法制面の整備や,担当大臣の設置を含む行政面での体制整備など,「日本型移民政策」の本格的検討が待ったなしであり,国民的合意の形成に向けた議論を早期に開始していくことが求められるとしている。

　以上,日本経団連の2008年10月14日「提言」は,経済界の代表意見として,危機感ある活力維持への熱意を読み取ることができる。至極妥当な内容と見られ,国の政策としても重視されていくべきである。「提言」という意見の表明の段階に止っていては,時機を逸していくばかりであり,迅速性が求められる今日の状況において,できるものから「実行」に移していかなければならない。

　この「提言」で特に具体的にふれられていないが,第二の項目に関連するものとして「ワークライフバランス」の拡充を挙げることができる。

　日本経団連は,すでに2008年9月19日,「2008年春季労使交渉・協議に関するトップ・マネジメントのアンケート調査結果」を公表しているが,そこでは,会員企業および東京経営者協会会員会社2009社を対象とし,502社の有効回答社(回答率25.0％)であり,その中,「ワークライフバランス」施策の拡充を図った企業は31.4％に上ったことが明らかにされた。一般企業での取り組みにも真剣味が感じられるようになってきた。

日本経団連の地方組織である埼玉県経営者協会は，2008年2月14日，連合埼玉と協力して「フォーラム」を開催し，「企業におけるワークライフバランスの必要性」が，「生産性向上と残業ゼロ」と並んで報告された。

　また同年3月には，静岡県経営者協会では，連合静岡と協同して，「労使懇談会」を開催し，静岡県のNPO法人地域活性化支援団体も参加した「NPO法人L・W・サポート」の事業展開として，若い勤労者を対象とした各種セミナーや交流イベントを通して，ワークライフバランスを支援する情報発信を行い，少子化対策を視野に入れて，健全な男女の出会いの場をつくる活動を展開していくとされた。

　このように，日本経団連およびその会員組織・地域経営者協会におけるワークライフバランスの向上に対する取り組みが2008年度になって盛り上がりが見られるようになってきた。欧米に比べて周回おくれ，2周回おくれではあるが，日本でも漸やくワークライフバランス向上への取り組みが全国レベルに拡張するようになってきたと評価できる。

Ⅲ　個別企業におけるワークライフバランスへの取り組みの分析

　実際に，企業レベルでは，ワークライフバランスへの取り組みの実態がどうなっているのかを次に眺めておきたい。それについては，産業界で熱心に旗振り役を演じている日本経団連が推進事例集を刊行している[注2]。日本経団連がこのような著書を出版したのは画期的なことであり，それだけワークライフバランスに対して積極的に対応しようとしている姿勢を窺うことができる。

　これを手掛りにして，そこで取り上げられている実際の企業について，これを要約して次のようにまとめてみよう。

図表　ワークライフバランスの企業における推進事例

企　業　名	推　進　の　具　体　例（要約）
ト　ヨ　タ	2003年より「メリハリある働き方の実現」、「健康管理・体力づくり，メンタルヘルスに向けた取り組み」、「特に配慮が必要な育児・介護に従事する従業員に対する取り組み」の実施。2008年の労使交渉で、「介護」に焦点を当て，ワークライフバランスを発展。
新 日 本 石 油	2005年「メンタルヘルス・次世代育成支援対策」、「適正な労働時間の管理（時間外労働の削減）」への取り組み（「生産性向上」と「従業員にとっての持てる能力の最大限発揮」という win-win 構築をめざす）。
日立ソフトウェアエンジニアリング	2005年より、「仕事と家庭の両立を支援する制度の充実」、「適正な労働時間管理」、「心身両面の健康管理」、「コミュニケーションの活性化」、「地域貢献活動への注力」などの総合的なワークライフバランス施策の取り組み。
サ　タ　ケ（食品産業総合機械部門）	2003年「育児勤務時間短縮の対象上限年齢の満8才まで引き上げ」、2004年「社内保育室の開設」、2005年「子供に対する家族手当の拡充」、「出産祝金の増額」などの支援策実施。
ユニ・チャーム	1991年「育児休業対象者の2歳未満子供を持つ社員への拡大」、「育児短時間勤務制度の導入」、「キャリアカバー制度の整備」
三菱レイヨン	1982年「失効する年次有給休暇積立て制度」、「療養休暇の制度化」、2008年「退職者復職登録制度（ウェルカムバック制度）」、「私傷病休職者等復職支援プログラム」等の実施。
第 一 生 命 保 険	生命保険業務というサービス提供業務という性格から女性職員の人事制度充実には強力に取り組んできたが、2006年に「仕事と家庭の両立支援制度」、「育児休業期間の延長」、「子育て期間の短時間勤務制度の充実化」、「ワークライフバランス休暇制度の導入」などの実施。

日本ＩＢＭ	1980年代より「育児休職制度」,「介護休職」,「短時間勤務制度」などを導入。ワークライフバランスの推進は，単に福利厚生の制度としてではなく，優秀な社員を惹きつけ，その能力の最大限発揮のための動機づけとし，成長の継続と会社への貢献を確実化するための人事戦略の一環として把握。「多様な働き方（ワークフレキシビリティ）の提供」,「ｅワーク（在宅勤務）制度の充実」,「オンデマンドワークスタイルの追求」,「フレックスタイム制度」などを実施。
ヤマハ	2005年より「育児休職期間を4月末までとし，1ヵ月間延長」，2006年「女性キャリアのための開発室」新設，「全社有給休暇の一斉取得日の3日間」設置，2007年「労使ワークライフバランス推進委員会」設置を行い，特に育児短時間勤務期間の延長，社会人大学通学への短時間勤務制度新設，メンタルヘルスのためのカウンセリング充実
日立製作所	1999年「中期経営計画」において「ダイバーシティ（多様な個性の尊重）」を重視し，フレックスタイム，裁量労働，在宅勤務などを推進し，人財面では「グローバル」,「ベテラン社員」,「障害者」,「女性」などの観点を採用。2000年「ジェンダーフリー＆ファミリー・フレンドリー・プランの発表」によるワークライフバランスの充実化。2003年「社内託児施設」を設置し，育児支援，出産休暇の充実化。医療の側面では日立総合病院など全国6ヵ所設置を運営し，社員・家族の健康を支援し，地域社会への医療貢献を図る。健康保健組合では，問診，検診などを通じて健康づくりを支援。
アフラック	1997年「女性役員の登用」に始まり，常勤の女性役員の設置・活用。「育児・介護支援」,「キャリア開発支援」,「休暇制度，余暇充実支援」,「健康支援」の4分野を万遍なく推進。
東芝	1992年「育児休暇制度・短時間勤務制度」の導入，1994年「対象となる子供の年齢の1歳から3歳まで引き上げ」，2000年「育

児休職制度の対象を1歳到達後の4月末までへの拡充」,「短時間勤務制度の対象の子の年齢を3歳から学校入学前まで引き上げ」,2004年「男女共同参画組織・きらめきライフ&キャリア推進室の発足」により,ワークライフバランスという言葉の公式使用開始により,「従業員一人ひとりが共に自分らしく持てる力を十分に発揮する」会社・組織を築くことを公表。

(注) 日本経団連出版編著においてはP&G社の事例もとり上げられているが,年代順が不明なので,この図表では示さなかった。

以上,日本経団連出版『ワークライフバランス推進事例集』に掲載された実際の企業の具体例を見てきたが,その特徴を抽出してみたい。まず,第一に,日本の企業では21世紀に入ってから,特に2003年以降になって,ワークライフバランスの向上への取組みが重視されてきたこと,そして2007年以降になって一層熱意を帯びて拡充されてきたことが観察できる。これには,政府「ワーク・ライフ・バランス推進官民トップ会議」の結晶として2007年12月18日「仕事と生活の調和(ワーク・ライフ・バランス)憲章」の公表と足並みを揃えてきたことと対応している。

第二に,企業でのワークライフバランスの向上のため,「育児勤務時間短縮の拡充(サタケ,ユニ・チャーム,第一生命保険,日本IBM,ヤマハ,東芝)」,「適正な労働時間管理(新日本石油,日立ソフトエンジニアリング,日本IBM)」,「育児休業期間の延長(トヨタ,第一生命保険,日本IBM,ヤマハ,東芝)」などを挙げることができる。

第三に,注目すべき事例として,「健康管理・体力づくり,メンタルヘルスに向けた取り組み(トヨタ,新日本石油,日立ソフトウェアエンジニアリング,日立,アフラック)」,「介護の充実への取り組み(トヨタ,日本IBM,アフラック)」を挙げることができる。

働く人の多様な働き方のニーズを有するようになっており,仕事と生活の調

和の推進が結局，企業経営の生産性向上などを通じて業績向上につながっていく点を認めるようになったことを示している。企業社会が早期に疲弊しないように環境づくりを行っていくことが，長期的に持続可能な経営活動を展開できることを広く認識するようになってきたのである。

Ⅳ 在宅勤務（eワーク）と育児支援

1 在宅勤務（eワーク）

上記のワークライフバランスの実現に係る企業の具体的取り組みにおいて，最近注目されている事例は，在宅勤務（eワーク）である。また，多くの企業で充実化してきたものが育児支援である。これら2つについてさらに指摘しておきたい。

まず，在宅勤務（eワーク）であるが，これは多様な働き方の一環として大手企業で本格的に導入されてきた。しかし，国土交通省などの調査によると2008年時点で眺めてみると，世界先進国に比べて日本は遅れている。就業者人口に占めるテレワーカー比率は，日本は約10％に滞り，米国32％に比べて低いばかりでなく，オランダ，スウェーデン，英国，ドイツなどに比べても低くなっている。

その理由は，社員のパソコンに入った情報が流出する事態が頻発し，自宅でのパソコン業務に対する企業の警戒感が強いこと，つまり情報セキュリティー対策の不備が指摘されている（『日本経済新聞』2008年4月28日刊）。欧米諸国では，記憶装置のないパソコンが普及しているが，日本企業では導入コスト負担懸念や使い勝手の悪さがとり上げられている。

しかし，これに対し，最近になって機密保持機能を備えたデータ通信やパソコンを自宅に配備し職場と同じ仕事をこなせるように工夫している企業も出て

きた。NECがその一例であり，2008年7月1日から全社員の約9割に相当する約2万人の社員を対象にして在宅勤務制度を導入した。新入社員や生産現場社員を除くシステム技術者，営業部門などホワイトカラーのほぼ全員が対象とされた（『日本経済新聞』2008年7月1日刊）。情報セキュリティ対策としては，記憶装置のないパソコンを貸与する制度を新設し，自宅からネット回線を通じて社内のパソコンやサーバーに接続するシステムを整備したとされる。

在宅勤務制度については，すでにパナソニック（旧松下電器産業）が有名であり，ワークライフバランスの改善と企業の生産性向上とを狙って実施している。2007年春に同制度を導入し，2008年時点で約3千人に同制度を活用している。在宅勤務制度を導入して，生産性は1～2割上昇したばかりでなく，通勤時間を浮かせることができたことで，環境カウンセラーのボランティア活動にも貢献できた実例が指摘されている（同上紙，2008年4月28日刊）。

しかし，これらの事例は，先進的であるとしても，日本では在宅勤務制度については，まだ少数に滞っている。これらの先進事例の好ましい実績が公表されていくにつれ，他の企業にも拡充されていくであろう。

2　企業の育児支援

次に企業の育児支援について眺めてみる。ワークライフバランスの向上との関連で「共働き世帯」に社会的に最大限配慮していくべき事項は，企業の育児支援であるといっても過言ではない。少子高齢化を食い止め，社会の活力を持続させるためにも極めて重要な事項である。従前のように，夫が働き，妻が専業主婦として家庭や地域での役割を担うということを前提とする働き方や社会的基盤では，経済社会の活力が殺がれていってしまう。人口減少の時代にあって，このような従前の生活様式では発展性が期待できなくなる。

結婚や子育てに関する希望を実現し難いものとなり，家族団らんや社域社会の充実化も難しくなる。

多くの人は，多様な働き方へのニーズを持っていて，個人の生き方，子育て

期間，中高年期という人生各段階に応じた多様な働き方ができるように仕事と生活との調和を実施することが必要である。このため，企業も従業員の労働に対して，種々の配慮をすることが求められ，その重要事項として子育て，育児支援事業の充実化が求められる。

日本経済新聞社は2006年から「にっけい子育て支援大賞」として，企業の子育て・育児に関する表彰・審査を行ってきた。2008年度では，第1位のソニー以下，資生堂，高島屋，オリックス，サイボウズなどが表彰された。その内容を見ておきたい。

(1) ソ ニ ー

育児休職者に月5万円の支援金支給。妊婦期のフレックスタイム勤務制。子供が小学校3年生の3月末まで1時間単位で有給休暇を取得し子育てに充当できる。

(2) 資 生 堂

本社医務室の看護師が妊婦や出産，子育ての相談に応じる窓口を設けている。小学校3年生以下の子供を持つ社員は1日勤務時間を2時間まで短縮でき，この制度の利用中は，転居を伴う異動の対象としない。妊娠中や小学3年生以下の子供を持つ社員は，国内転勤する配偶者に同行して異動することを希望でき，育児との両立に配慮した仕組みを導入している。

(3) 高 島 屋

5種類の育児勤務制度の選択肢を可能にする柔軟な働き方ができるシステムを導入している。

(4) オリックス

産前産後休業・育児休業中の社員の職場復帰に手厚い支援を実施している。

(5) サイボウズ

ワーク重視かライフ重視か,評価の仕組みを社員自身が選択できるユニークな制度を運用している。ライフ重視を選択すれば,定時退社が可能となる。会社設立から11年,家族を持つ社員も増え,仕事と家族,子育ての両立を重視する社員も増えると見て取り入れた。子供が6歳になるまで取得できる育児休暇制度など,子育てに的を絞った支援制度も整備している。

以上,入賞企業の実例を見てきたが,経営トップの子育て支援への積極的関与,支援が反映されている。そのことが企業でのモラール（士気）の向上や生産性伸長に結びつくと判断しているからと見られるが,その業績の分析は,確実ではなく,将来行っていかなければならない。また,これらの取り組みは,企業側からの配慮によって行われているものであり,真にワークライフバランスが充実するかどうかは,従業員自身の立場に立って判断されるべきものと考えられる。その意味で関係している従業員の生の声が聞かれることが重要であり,その分析も明確に行っていかなければならないであろう。

V 社会で支えるワークライフバランス

以上,企業および企業経営の視点からワークライフバランス,仕事と家庭の両立の課題を眺めてきた。しかし,ワークライフバランスの課題は,単に企業側だけが熱心に取り組んでいくだけでは不十分である。企業が積極的に対処していくのは必要であるが,ワークライフバランスは,広く社会の側面からの支援が求められる。広く各界においてワークライフバランスに関心を持つことが何より重要である。それによって,従業員夫婦に子育ての課題を側面から支えていくことを可能とし,少子化を食い止めていけるのである。

その点で画期的な取り組みを進めているのが福井県である。同県は,2006年

「子育て支援先進地」として，2005年国勢調査でほとんどの都道府県で出生率が低下した中で，同県は1.50へ上昇させた点で注目された。同県は，女性の就業率も51％で日本一高く，共働き世帯の割合も58％で日本一となっている。

同県の特徴は，人口82万人という小県であり，したがって大都市と異なり「職住近接」の利点を如何なく発揮することを可能にしている。通勤に時間を多くとられることなく，職場と家庭との近さ故に，家庭での子育てに余裕をもって対応できる。また西川知事自身も2003年より，子育て支援の強化策に取り組み，空き保育園を親子で集える地域の居場所「子育て広場」にし，必要な時だけ保育サービスが利用できる「一時預り」や，1日2,000円の利用料で病気の子供を専門の看護師や保育士らに預かってもらえる「病児保育」などを整備して，従来祖母が果たしてきた役割を子育て支援サービスとして社会が提供する取り組みを広げてきた[注3]。

福井県では，3人目以降の子供は，妊娠中の妊婦検診から3歳になるまでの医療，保育の費用を原則無料にする経済支援も始めている[注4]。同県は，子育てのニーズに対応したきめ細かな支援が多様に用意され，施策と施策との間に「すき間」がないように努めてきた。「すき間」のない支援が同県での出生率向上に寄与し，他府県から注目されてきた。

「にっけい子育て支援大賞」第3回受賞者で，2008年に表彰された自治体として，山形県東根市も注目される。2005年「さくらんぼタントクルセンター」を設置し，大型の室内遊戯施設を核として，保育所や，保健福祉センター，休日診療所などが入所し，ワンストップでほとんどの子育てサービスを受けられるようにした。2008年2月には，入館者が100万人を突破したという[注5]。センターの管理・運営は，特定非営利活動法人（NPO法人）に委託し，経費節減・サービス向上につなげた。2008年春には，館内の保育所を民営化し，年間4,000万円のコスト削減が見込まれた。浮いた経費を，「未就学児の医療費無料」，「小学生の入院費無料」，「休日保育の実施」などの事業に充当してきた。

島根県の隠岐諸島の1つ「中ノ島」での子育て支援も関心を集めている。町が消えないように町長は自分の報酬を3割カットし，助役，町議，職員もカッ

トに応じ、浮いた資金を、子育て支援として、「20万円の結婚祝い金」、「1人目10万円から4人目以降100万円までの出産祝い金」、「妊娠・出産交通費助成」、「第三子以降の保育料無料」、「小中学生のバス通学者無料」などにした[注6]。2003年には7人まで減った出生数が2005年には、15人に倍増し、その後も年平均13人の出生を見て少子化を食い止めてきた。

　自治体ではなく、「民間団体」として、「共済型」の「病児保育」に注力する「フローレンス」が「にっけい子育て支援大賞」を受賞した。フローレンスは、「病児保育を当たり前の社会的インフラに」するという理念を掲げ、サービス対象エリアを2008年までに東京23区に拡大し、保育スタッフが利用者の自宅に出向き、病気になった子供の面倒を見てきた。

　NPO法人昭和チャイルド＆ファミリーセンター（東京都世田谷区）は、大学が母体となって大学の有形無形の財産を生かし、地域の子育て支援に貢献してきた。世田谷区の多機能型子育て支援施設で「一時預りや発達相談」を展開してきた。

　しかし、民間団体での子育て支援は、日本では、まだ限定的に滞っていることを認めざるを得ない。厚みをもって、広範囲に発展していくことが期待される。

　ちなみに、日本以外の国として、フランスが注目される。先進国であるフランスにおいて驚くべきこととして2008年には、出生率は2.02に上昇し、30年前の水準を回復したという[注7]。フランスINSEE（国立統計経済研究所）は、同年13日に発表した人口動態調査によると、同年に出生率は、2.02になり、アイルランドと並んで欧州一の子だくさんの国になった。出生数の52％は婚外子という特徴であり社会全体で支えるという効果が寄与してきた。

　働く女性の増加や晩婚の影響で平均出産年齢は約30歳となり晩産化が著しいが、政府の少子化対策によって出産意欲は高まってきた。2007年日本の出生率1.34と対比して隔りが大きい。フランスの少子化対策は早期から実施に移され、厚みをもっており全国民にわたり徹底している。

フランスでは，多様な保育サービスが提供され，働きながら子育てをしやすくするという仕掛けが社会全体に浸透している。第一に，子供の居場所が確保されている安心感が大きく寄与している。国民教育省所管の「保育学校」が設置され，3歳からほぼ全員通うことができる。原則として，午後4時30分まで学校で過ごすが，午後6時ごろまで延長して自治体職員が世話をしてくれる。小学校入学後も同様のサービスを提供してくれる。幼児のゼロから2歳児までには，企業内保育所を多くの企業で設置している（『日本経済新聞』2008年11月1日刊）。

第二に，自宅で子供を預かる「認定保育ママ」が広く利用されていて，保育サービスを利用する場合の自己負担や企業負担には，税制優遇措置も設けている。これによって，「子供を2人持つのは当然で，社会は連帯して支援する」態勢ができ上っており，「子供の居場所不足のため働きたい人が働けないのは，公正に反する」という国民的合意が一般化していて，この制度を支えている（同上紙）。

第三に，家庭生活において夫妻が協力して家庭生活・仕事を分担している。夫が食料買い出しに行ったり，料理を行うのは平常行われていることであり，保育学校や小学校への視察にも夫が多く行ってきた。

第四に，家族給付が充実していて，家庭に有利な税制を導入してきた。これら，フランスでの国全体にわたる子育て支援のインフラ整備は日本にとって大いに参考となり，実施されていくべきであろう。特に「保育学校」と「認定ママ制度」は注目されるべきである。

日本において，最近になり，企業側の取り組みとして，従業員の「定時退社を強制したり，神戸製鋼のように育児休業も3年に延長して女性を働きやすくしたり（同上紙，2008年5月26日刊），市町村の側では保育所設置が低下してきた一方で民間の認可保育所として社会福祉法人が運営したりしてきている。しかし，保育所運営については非営利組織・NPO法人などの参入は十分進展していないし，何より社会全般が子育て支援に関与するという基盤が育成されるべ

きである。

　また,子供の貧困の問題の深刻さに目を向け,子育て支援については,「広く薄い給付」を見直して,医療・教育の充実化を指向せよという主張[注8]もあり,国民生活の向上の最優先の課題として取り組まれなければならない。先進国・欧米諸国に比べて,子育て支援,幼児保育・教育の側面では,日本は周回遅れであり,企業,家庭,自治体のきずなを確実化して,他の多くの課題よりも優先して取り組んでいく必要がある。

(注1)　総務省は,2008年8月31日に住民基本台帳を発表しており,それに基づく人口調査によると,2008年3月末時点で75歳以上の後期高齢者が総人口に占める割合が10.04%となり,初めて1割超となった。このことは,高齢者の死亡数の増加傾向を予見させることになる。

　　　　ちなみに,上記の住民基本台帳によると,65歳以上の全体人口に占める高齢者人口割合(老年人口割合)に関する都道府県別状況も示しており,当該割合が4分の1(25%)を超えたのは,島根県,秋田県などのほか,新潟県,長野県なども新しく加わり,7県から12県になった。人口の三大都市圏流入が原因となっていることもあるが,地方県における高齢化現象の進展も注目され,地域経済の衰退化に関わる現象であり,懸念すべき課題が横たわっている。

(注2)　日本経団連出版『ワークライフバランス推進事例集』日本経団連出版,2008年。
(注3)　汐見稔幸編『子育て支援の潮流と課題』ぎょうせい,2008年,255頁。
(注4)　企業として,多額の育児手当を出しているものとして,「共立メンテナンス」が注目される。同社は学生寮と社員寮を経営しており,社員に第三子以降の子供が生まれた場合には,毎年30万円以上の育児手当を出してきた。
(注5)　『日本経済新聞』2008年12月1日。
(注6)　同上紙。
(注7)　同上紙,2009年1月14日。
(注8)　同上紙,2009年1月11日刊における阿部彩氏(国立社会保障・人口問題研究所)の主張。

(愛知工業大学教授)

第3編

IT化と経営・情報

第3編

日化に経済・情報

第1章　IT化とデータ高機能処理
　　　——k最近傍法の展開を中心に——

石井　直宏

　近年のIT化を背景とする情報技術の進展には目ざましいものがある。その中で，個人，企業，行政機関および各種の組織体など，すべての分野において，ネットワークを媒体とする情報活動は基幹的な業務となっており，さらに，新しい展開のための，情報収集，情報高機能化処理等が組織体での重要な活動にもなっている。ここで，ネットワークを代表する情報活動として，インターネットの積極的な活用がある。

　近年のインターネットなどの情報は量的にも質的にも増大しており，毎日，Web上では膨大な量の情報が飛び交っている。これらの情報の多くがテキストとして記述されており，それらのテキストから，個人あるいは企業が関連するデータあるいは関心を持つ情報を拾い出すことが新たに展開する知識の獲得とか新たに活用できるデータとして有用なものであり，かつ，重要となってきている。これらのテキストデータから個人あるいは各組織体に有用な知識やデータを発掘する技術として，テキストマイニング技術[8,9,10,12]が注目されてきており，その研究も各方面で積極的に進められている。このテキストマイニングの技術のなかで，コンピュータによる，より精度の高い自動テキスト分類の技術の開発が依然として，関心が持たれている。インターネット上の各種の検索エンジンのソフトウェアでも，より高速で，より精度の高い分類手法の開発が期待されており，コンピュータ技術での優れた手法の開発はこれからも続けられると思われる。従来の各種のパターン分類のための手法の中で，極めて簡単な手法として，米国スタンフォード大学のT. M. Cover教授ら[1]により開発されたk最近傍法 (k-Nearest Neighborからk NN法とも呼ぶ) がある。いま，手元にある未知なパターンがどのパターンのクラスに属するかという，基本的問

題を考えてみる。kNN法ではその未知パターンの最も近いものから順にk個の既知の近傍のパターンの属するクラスから，その未知パターンのクラスを推定する手法[1,8,9,10]である。この方法は極めて簡単で分かりやすい，かつ局所的な処理の分類法といってもよい。このkNN手法が種々の分野で，パターン分類に適用されて来ているが，次のような欠点も指摘されている。[2,5,9,10]

（1） 一般にテキストデータには数値データなどの線形属性と品物などの名詞属性が混在しており，これらの異なるデータの属性を同一のデータ間の距離を測る距離関数に問題を生じる。

（2） 学習用の訓練データをメモリーに保存することから，データが多くなると，多くのストーレージを必要とする。

（3） 新しい未知の入力データに対して，k最近傍法によるデータの検索のため，すべての訓練データをチェックするため，データ数が多くなると，比例して探索時間が費やされる。

（4） データに対してのノイズ成分が加わるとクラスの分類精度に影響を及ぼす。

（5） データに対して，関係のない属性が導入されると分類精度の劣化を引き起こす。

（6） データを一度，メモリーに取り入れると，クラス間を識別する境界を調整できない。

これらの欠点を改善するための方法論の展開が必要とされるが，本論文では（1）の指摘の属性の混在する場合の距離関数について，さらに重み付き距離関数の提案とその距離関数で測られる各属性パラメータの最適化のため，遺伝的アルゴリズム（GA）を取り入れた。さらに，本論文では（4）と（5）に関連して，データに入り込むノイズに対しての耐性のあるトレラント・ラフ集合の考え方を取り入れて，kNN法の弱点を補強すべく，方法論を展開した。このように，統合化したkNN法を提案し，この方法論が有効かどうかの検証が必要となる。ここでは，各種の方法論の検証データとして、よく取り上げられるCalifornia University, IrvineのUCI Repository of Machine Learning Databasesのデータ

セットを用いる。このデータセットを用いて，ほぼ同一のデータの使用条件での開発された各種の方法論による結果の比較が大切となる。そこで，本論文でも、従来の各種の学習の提案された手法[2,7]とわれわれの方法のテキスト分類制度の比較を行い，分類の改善結果を示した。ここで(2)，(3)，(6)の問題に対しては，kNN法が局所的な処理方法であるための基本的な問題点の指摘であり，今後，さらに，学習したデータの全体の特性と局所性のkNN法との関連を捉える新しい方法論の開発が期待されるが，残された大きな課題である。

I テキスト分類の研究の背景

分類はデータマイニングの範疇の中での基本的な技術要因である。一般には，分類するクラスの集合が与えられており，未知パターンをこれらのクラスに割り当てることになる。この分類という操作は多くの分野に適用されており，テキスト分類が取り上げられる以前に，各種のパターン分類，コンピュータビジョン，ロボット操作での工業部品の識別，加工および装着など，広く必要とされている技術である。この分類の問題に対しては，人工知能の帰納的学習方法[3]，統計的方法などが展開されてきており，ID3法，C4.5法，kNN法，ベイズ法，IB法，T2法，ニューラルネットワーク法，関連度ルール法などが展開されてきている。kNN法も，もともとは，上記のパターン分類に取り上げられた方法論である。今まで，kNN法の欠点を補うべく研究がなされてきている。従来のパターン識別，人工知能の学習理論の方法論が近年の半導体技術の高速化とメモリーの大容量化のコンピュータおよびLANネットワークおよびインターネットWeb技術のめざましい発展により，膨大なデータを容易にかつ安価に取り扱うことができるようになってきた。このことは，これらのネットワークで飛び交うテキストデータをはじめ，画像，音声データまでも，個人，組織の必要とする有用な"知識"に変換されることに多くの期待がなされる時代に突入したことになる。しかしながら，膨大なデータを容易にかつ安価に手に

入れられるが故に,価値のあるデータを正確に分類抽出することがより困難になってきた。そのためには,適切な規則を自動的に発見し分類するシステムの構築が必要となっている。そこで曖昧な規則を発見するために,機械学習による手法が考えられてきた。本論文では,その機械学習分類による精度を向上させるため,属性成分の重みを用いた距離関数のアンサンブル処理法を新たに提案し,この方法により分類精度が向上することを示したい。

II k最近傍法と距離関数

k最近傍法(kNN)は,単純で多量のデータにも対応できる分類法である。ここで,データ間の近さを測るため,距離尺度(距離関数)が必要となる。さらに,データ更新が生じた場合,再分類をしなければならないため,その都度,再学習に時間がかかる。さらに,分類に無関係の属性やノイズに影響を受けやすく,データの偏りに結果が左右されやすい[1]。そこで,他にも分類に適用される距離関数が提案されてきた。代表的な距離関数であるEuclideanとVDM[2,7]の2つを主として,HEOM,HVDM,DVDM[2,7]などを使用し分類を行う。本研究ではこれらの距離関数の属性成分に重み付けを行い,その重みの最適化のため遺伝的アルゴリズムを導入した。さらに,距離関数の結合によるアンサンブル処理法を提案し[13,14],分類精度の向上を目指した。

1 データの属性の型

データベースにはさまざまな属性が混在しており,それらは線形属性(liner attribute)と名詞属性(nominal attribute)に分けられ,そのうち線形属性はさらに連続属性(continuously-valued attribute)と不連続属性(discrete-valued attribute)に分けられる[7,11]。

そこで属性ごとに異なる距離関数で距離を測定し,それを組み合わせ,補完

しあうことでさまざまな属性が混在するデータベースにも単一の分類器で対応できるようになる。

2 データの正規化

通常，複数の線形属性に関して求められた距離を同一の判断基準により判断するために，距離をレンジによって正規化し，0から1のレンジになるように数値を修正する。

ある属性 a に対して，未分類事例を x, 既分類事例を y とするとレンジによって正規化された距離は以下の式で求められる。

$$rn\_diff_a(x, y) = \frac{|x-y|}{range_a} \tag{1}$$

$range_a = max_a - min_a$

max_a　……　訓練集合におけるある属性 a の最大値
min_a　……　訓練集合におけるある属性 a の最小値

しかしレンジで分割する方法は，データが極値を持っているとき有効でなくなる。そこで標準偏差を用いた正規化の方法もしばしば使用される。

ある属性 a に対して，未分類事例を x, 既分類事例を y とすると標準偏差によって正規化された距離は以下の式で求められる。

$$normalized\_diff_a(x, y) = \frac{|x-y|}{4\sigma_a} \tag{2}$$

3 データの距離関数

kNN において事例間の距離を測定するために，さまざまな関数が存在する。本節では基となる距離関数である Euclidean と VDM の2つについて説明し，レンジによって正規化した Euclidean と Overlap を組み合わせた HEOM，標準偏差によって正規化した Euclidean と VDM を組み合わせた HVDM，VDM

を連続属性と不連続属性のどちらにも対応させた DVDM, IVDM, WVDM の5つの距離関数[2,3]を説明する。

（1） Euclidean distance function

Euclidean は連続属性の距離を測定するのに適切な距離関数であるが，名詞属性には不適切である。なぜなら名詞属性は不連続属性であるためである。

未分類事例を x，既分類事例を y とすると Euclidean 距離は以下の式で求められる。

$$Euclidezn(x, y) = \sqrt{\sum_{i=1}^{m}(x_i - y_i)^2} \tag{3}$$

n …… 入力の属性の数

x_i, y_i …… ある入力属性 i における未分類事例 x_i および既分類事例 y_i

もしデータベースに連続属性が2つ以上ある場合，この方法は入力属性のレンジの大きさに多大な影響を受けるため，データを正規化する必要性がある。

（2） Heterogeneous Euclidean-Overlap Metric（HEOM）

Euclidean は名詞属性に不適切であるが，実際のデータベースには連続属性だけでなく，名詞属性も存在する。そこでそれらを同時に含むデータを扱うために異なる種類の属性関数を使用する[2,7]。

ある属性 a に対して，未分類事例を x，既分類事例を y とすると HEOM 距離は以下の式で求められる。

$$HEOM(x, y) = \sqrt{\sum_{a=1}^{m}d_a(x_a, y_a)^2} \tag{4}$$

Heterogeneous Euclidean-Overlap Metric（HEOM）は線形属性のときレンジによって正規化したユーグリッド距離式（3）を，名詞属性のとき overlap metric を使用する。また，もし未分類事例か既分類事例が，欠損値である場合は，最大距離である1を返す。

そのため，この関数は属性の型がどんなものであっても0から1のレンジの

値である距離を返す。

$$d_{a(x,y)} = \begin{cases} 1, & x\text{か}y\text{が未知の時} \\ overlap(x,y), & a\text{が名詞属性の時} \\ rn\_diff(x,y), & a\text{が線形属性の時} \end{cases} \quad (5)$$

名詞属性に使用される *overlap metric* は，もし未分類事例 x と既分類事例 y が同じものであれば0を，異なれば1を返す関数である。

$$overlap\ metric = \begin{cases} 0 & x=y\text{のとき} \\ 1 & \text{それ以外の時} \end{cases} \quad (6)$$

(3) Value Difference Metric (VDM)

VDMはある属性 a についての未分類事例 x と既分類事例 y の，訓練集合での出現確率をそれぞれ求めることにより距離を測定する方法である。もしこれらが類似の分類を持つならば関数は小さい距離を返す[2,7]。

例としてりんごであるならば1，違うならば0を出力するシステムを考える。またその属性として色があると仮定する。すると，赤，緑，青という名詞属性値のうち赤か緑を持つ事例はどちらも1（りんごである）を出力する可能性があるので出力に対して類似の分類を持つと判断される。

$$VDM(x,y) = \sum_{c=a}^{C} \left| \frac{N_{a,x,c}}{N_{a,x}} - \frac{N_{a,y,c}}{N_{a,y}} \right|^q = \sum_{c=1}^{C} |p_{a,x,c} - p_{a,y,c}|^q \quad (7)$$

C …… 出力クラス数

q …… 定数。通常は1か2

$N_{a,x,c}$ …… 属性 a において値 x かつ出力クラスが C である訓練集合 T のインスタンス数

$N_{a,x}$ …… すべてのクラスに存在する，$N_{a,x,c}$ の合計 ($N_{a,x} = \sum_{c=1}^{C} N_{a,x,c}$)

$p_{a,x,c}$ …… 属性で a 値 x をもち，出力クラスが C である条件付確率。すべてのクラスの合計は1 $\left(p_{a,x,c} = \dfrac{N_{a,x,c}}{N_{a,x}} \right)$

VDMは訓練集合での出現確率により距離を測定する方法であるため，

Euclidean では適切でない名詞属性値などを扱うことができるという利点がある。しかし VDM には次のような問題点がある。

それは VDM を使用するとき，もし訓練集合では出現しなかったベクトルが入力ベクトルとして現れると，出力クラスは無いため $N_{a,x,c}=$ になる。よって $N_{a,x}=$ となり p_a, が計算不能となることである。

また連続属性に関しては，訓練集合に存在する既分類事例 の値はすべて異なり，出現確率を求めることは有益でなくなる。また未分類事例も唯一のもので，訓練集合には現れていないことが多い。よって類似の事例を発見することができなくなる。このような問題を VDM 問題と呼ぶ。

そこで連続属性上で VDM を使用する問題に対するアプローチとして離散化がある。VDM は連続属性を任意の離散したレンジに離散する。そのとき，これらの値は不連続属性値として扱われることにより，出現確率によって距離が計算される。このようにすることにより VDM は連続属性値を扱うことが可能となる。

（4） Heterogeneous Value Difference Metric（HVDM）

ある属性 a に対して，未分類事例を x, 既分類事例を y とすると HVDM 距離は以下の式で求められる。

$$HVDM(x,y) = \sqrt{\sum_{a-1}^{m} d_a{}^2(x_a, y_a)} \tag{8}$$

m …… 入力の属性の数

x_a, y_a …… ある属性における未分類事例および既分類事例

Heterogeneous Value Difference Metric（HVDM）は線形属性のとき標準偏差によって正規化したユークリッド距離(3)を，名詞属性のとき 0 から 1 までのレンジに正規化した VDM 式 (7)を使用する。またもし未分類事例 x か既分類事例 y か欠損値である場合は，最大距離である 1 を返す。

第1章 IT化とデータ高機能処理　147

$$d_{a(x,y)} = \begin{cases} 1, & x か y が未知の時 \\ normalhzed\_ndm_a(x, y), & a が名詞属性の時 \\ nomaljzed\_diff_a(x, y), & a が線形属性の時 \end{cases} \quad (9)$$

この方法は一般的に（k=1）の最近傍分類器に使われている。

レンジに正規化したVDMは次のようになる。

$$normalized\_ndm_a(x, y) = \sqrt{\sum_{c=1}^{C} \left| \frac{N_{a,x,c}}{N_{a,x}} - \frac{N_{a,y,c}}{N_{a,y}} \right|^2} \quad (10)$$

（5）Discredited Value Difference Metric（DVDM）

VDM問題に対応するために，離散化が行われる。これは連続属性を一定の幅ごとに区切り，その中に含まれる値はすべて単一の名詞属性のものとして扱うことである。DVDMは連続属性をs個に分け，VDMにより距離を測る方法である。

DVDMを使用する時には，連続値をいくつの等しい幅に分けるか考えなければならない。もし幅の数が多すぎると確率の値の統計をとる意味が希薄となる，またもし少なすぎると多数が同一の属性を持つことになり，クラスの判別ができなくなる。

ある属性aに対して，未分類事例をx，既分類事例をyとするとDVDM距離は以下の式で求められる。

$$DVDM(x, y) = \sum_{a=1}^{m} \left| \begin{matrix} vdm_a(discretize_a(x_a), \\ discretize_a(y, a)) \end{matrix} \right|^2 \quad (11)$$

vdm_aは，$q=2$の時の式(5)，$discretize_a$は式(10)であり，既知でない入力値は単にほかの離散値として扱われる。

$discretize_a(x_a)$は未分類事例xがもし離散していたらそのままの値を返し，離散していなければ離散を行うために，xから既分類事例の最小値を引き，レンジで分割することによって離散させる。DVDMにおける離散化の式は次のようになる。

$$v = discretize(x) = \begin{cases} x, & a \text{ が離散しているとき} \\ s, & x = max_a \text{ のとき} \\ \lceil \dfrac{x - min_a}{w_a} \rceil + 1 & \text{それ以外のとき} \end{cases} \qquad (12)$$

$$w_a = \frac{|max_a - min_a|}{s}$$

s を決定し，w_a を求めた後，$p_{a,x,c}$ を決めるために連続属性の値は，名詞属性の離散した値のように扱われる．

(6) Interpolated Value Difference Metric (IVDM)

IVDM は VDM を直接連続属性に適応した距離関数であるので属性間の正規化の必要性を軽減できる利点がある[2,7]．またレンジの中間値で p_a の値をとるので線形的にどれだけ離れているかも考慮にいれることができる．ここで連続属性を離散するための幅はユーザーによって与えられなければならない．

ある属性 a に対して，未分類事例を x，既分類事例を y とすると IVDM 距離は以下の式で求められる．

$$IDVM(x, y) = \sum_{a=1}^{m} ivdm_a(x_a, y_a)^2 \qquad (13)$$

$ivdm_a(\ )$ は未分類事例がもし離散していたら式(5)を用い，そうでなければレンジの中間値に挿入した出現確率より求める．IVDM 距離の式は次のようになる．

$$ivdm_a(x) = \begin{cases} vdm_a(x, y), & a \text{ が離散しているとき} \\ \sum_{c=1}^{C} |p_{a,c}(x) - p_{a,c}(y)|^2 & \text{それ以外のとき} \end{cases} \qquad (14)$$

$$p_{a,c}(x) = p_{a,x,c} + \left\{ \frac{x - mid_{a,x}}{mid_{a,x+1} - mid_{a,u}} \right\} * (p_{a,x+1} - p_{a,x,c})$$

$$mid_{a,x} = min_a + width_a(x + 0.5)$$

$p_{a,x,c}$ …… 離散レンジ x の確率値

Ⅲ　トレラントラフ集合

トレラントラフ集合[4,5,6]は，学習対象のデータの各属性の状態を，ラフ集合から冗長性を削除し，分類に適したものを選択するもので，この集合を求めるために，遺伝的アルゴリズムを用いて，最適な類似閾値を求める[5]。

⊡　トレラントラフ集合の4つのケース

k最近傍法による分類は，類似するオブジェクトは同じクラスであるという前提に基づいて行われる。すなわち，トレラントラフ集合のオブジェクトは同じクラスを持つということである。トレラントラフ集合では，図表1のような4つのケースが考えられる。

(a)と(b)のケースでは，オブジェクトxはcenter pointにあるといい，すべてのオブジェクトが同じクラスを持つことから，k最近傍法の前提条件に当てはまる。

(c)のケースでは，いくつかのオブジェクトはxと異なるクラスであるが，ほとんどが同じクラスを持っていることから，オブジェクトxはgood border pointにあるという。(d)のケースでは，オブジェクトのほとんどが異なるクラスであり，noise pointであるという。(d)のケースは，k最近傍法に不適切である。このようにして，トレラントラフ集合を訓練オブジェクトの測定と属性の部分集合の分類能力の解析に用いる。

可能な限り，center pointやgood border pointを含み，noise pointを除去できるようなトレラントリレーションを定義できれば，k最近傍法のパフォーマンスを向上させることができる。そして，このような最適なトレラントリレーションを定義するために，遺伝的アルゴリズムにより，距離関数の属性成分の重みと類似閾値を最適化する。

図表1 典型的なトレラントラフ集合

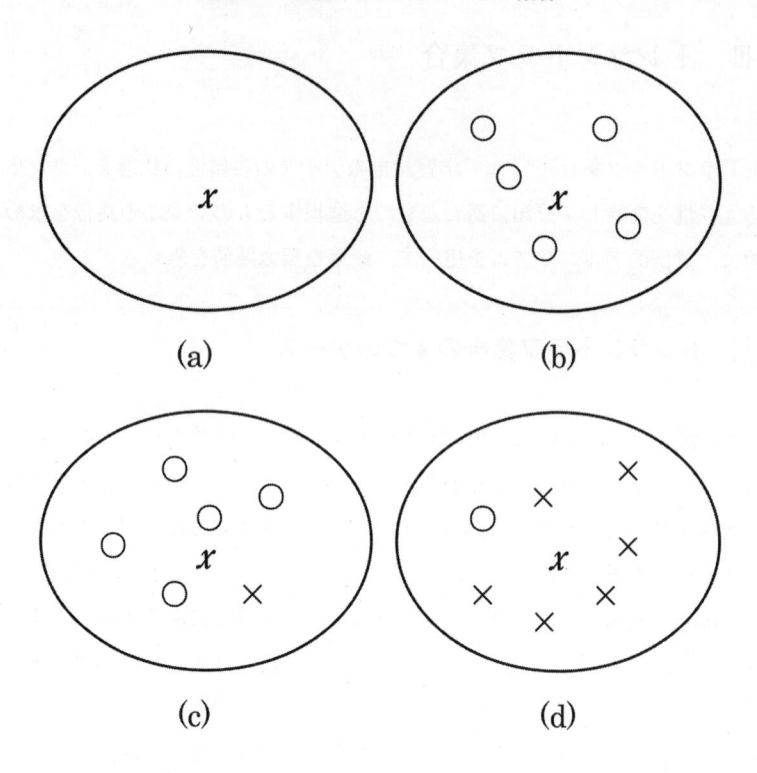

(a) (b) (c) (d)

○ is in same class as "x"
× is in different class from "x"

Ⅳ 遺伝的アルゴリズム

生物の進化をモデルにした遺伝的アルゴリズムを用いて，生物学的な選択，淘汰，突然変異の演算を繰り返し，データを染色体に見立て，特定の問題に対

して可能性のある解を符号化し,再結合演算を繰り返すことで,各属性成分の重みと最適な類似閾値を求めるために使用する。

本研究での分類プロセスで用いる各距離関数に対し,重みを導入した以下の式を使用した。

$$D_a(x, y) = \sqrt{\sum_{i=1}^{n} w_i \times d(x_i, y_i)^2} \tag{15}$$

ただし $\sum_{i=1}^{n} w_i = 1$, $\sum_{i=1}^{n} w_i \geq 0$ である。

w_i …… 距離の第成分の属性の重み

x_i, y_i …… ある入力属性 i における未分類事例 x_i および既分類事例 y_i

1 染色体表現

遺伝的アルゴリズムにより着目する属性の重みと類似閾値を決定するためには,情報テーブル $R = (U, A \cup d)$ と距離関数を入力する。出力は,最適な重み w_i と類似閾値 $t(A)$ である。R のオブジェクトは,n 個の状態属性によって表される。そして,染色体は $n+1$ 個の連続した実数 $w_1, w_2, \cdots\cdots, w_n, t(A)$ で表される。$w_i (i = 1, 2, \cdots\cdots, n)$ は,i 番目の属性の重みを表し,総和は1となる。また,最後の $t(A)$ は類似閾値で,トレラントリレーションを定義するとき,すべての属性 A にも同時に考慮される。

2 初期集団

染色体の遺伝子の初期値は,重みの初期値が $[0,1]$ のランダムな n 個の実数によって与えられる。また,類似閾値の初期値は $[0.0, 0.5]$ のランダムな実数によって与えられる。類似閾値の初期値を $[0.0, 0.5]$ にする理由は,2つのオブジェクトの距離が0.5よりも小さくなるとき,2つのオブジェクトは類似であると確信できるからである。

3 適応関数

適合度関数を構築するために,図表1のトレラントラフ集合の特異なケースを考える。positive 領域は平凡な下界近似集合(図表1(a))と,非凡な下界近似集合(図表1(b))から成る。もし,$r(\Gamma_A, d)$ を適応関数にしてしまうと,$t(A)$ は0に近づき,無意味になる。

そこで $r(\Gamma_A, d)$ を次のような $Criterion\,1(\Gamma_A, d)$ と表記される2つのパーツに分割する。

$$\frac{card(\cup\{TS(x):\exists\,i\,s,\,t,\,TS(x)\subseteq Y_i\,and\,card(TS(x))>1}{card(U)}+\varepsilon$$

$$\times\frac{card(\cup\{TS(x):\exists\,i\,s,\,t,\,TS(x)\subseteq Y_i\,and\,card(TS(x))=1}{card(U)} \tag{16}$$

ここで,ε は係数で,$0\leq\varepsilon<1$ である。よって,

$Criterion\,1(\Gamma_A, d)\leq r(\Gamma_A, d)$

であることがわかる。

もし2つの染色体が同じ値になる $Criterion\,1(A)$ を持っていたら,非凡な positive 領域を多く持つものを選ぶ。そして,非凡な positive 領域の中心となるオブジェクトが,可能な限り多く存在することを期待する。これは精度をあげるために有益である。そして最終的に,$t(A)$ が可能な限り大きくなることを期待する。

絶対的な適合値のかわりに,基準となる数字を選ぶというランキング手法を利用する。まず染色体のランキングをつくる基準として,最初に $Criterion\,1(\Gamma_A)$ とする。染色体の順位は,より大きいものほど高くなるようにする。分類の質が等価となるような2つの染色体については,

平凡でない positive 領域の数は,

$$card(\cup\{TS(x):\exists\,i\,s,\,t,\,TS(x)\subseteq Y_i\,and\,card(TS(x))>1 \tag{17}$$

平凡でない positive 領域の中心にあるオブジェクトの数は，

$$card(\cup \{TS(x): \exists\, i\, s,\, t,\, TS(x) \subseteq Y_i\, and\, card(TS(x)) = 1 \tag{18}$$

そして，類似閾値 $t(A)$ により，細かな差を調べる。

4 遺伝操作

母集団の初期値は，着目する属性の最適な重みと類似閾値を見つけるための遺伝子演算により展開されていく。最適な重みと類似閾値を決定するために使われる遺伝子演算の詳細な説明をする。

（1）選 択

母集団のすべての個体は，適合値の高い順に整列される。そして，t 番目の個体と $i+1$ 番目の個体を交叉させ，次の世代の $(p+1)/2$ 個の個体を生成する。ここで，$i=1, 2, \cdots\cdots, (p+1)/2$ であり，p は母集団の大きさである。もし子供の適合値が親よりも小さかったら，子供の変わりに親が次の世代の母集団に残される。また，j 番目の個体と $p+1+j$ 番目の個体を交叉させ，次の世代の $p/2$ 個の個体を生成する。ここで，$j=1, 2, \cdots\cdots, p/2$ である。この操作で，より適合値の高い集団へと進化させる。

（2）交 叉

2つの選択された個体を $parent-1$ 及び $parent-2$ とする。$parent-1$ の適合値が $parent-2$ と同値かそれ以上だと仮定する。$t(A)$ について，子孫は2つの親の適合値の平均とする。

重みについては，次のステップによって作られる子供の結果で決まる。

$parent-1$ の遺伝子 w_a と同じ位置にある $parent-2$ の w_b について，$w_a=w_b$ なら子孫の遺伝子配列の同じ位置に w_a をセットする。

子供に組み込まれていない遺伝子の数を m とする。

図表 2　遺伝操作における交叉

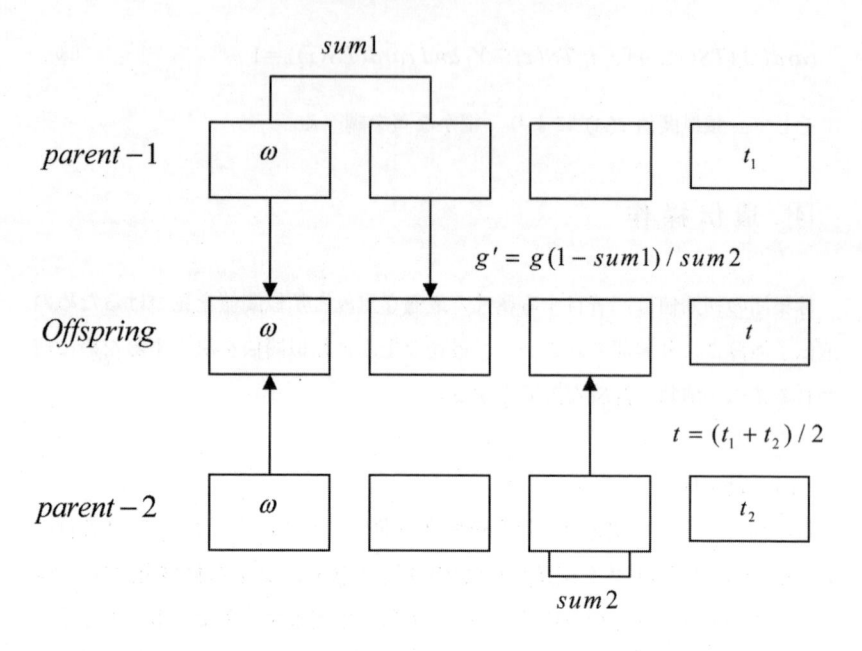

(図: parent-1, Offspring, parent-2 の遺伝子配列と、$sum1$, $sum2$, $g' = g(1-sum1)/sum2$, $t = (t_1+t_2)/2$ の関係を示す)

　もし $m<4$ であれば，両親の同じ位置にある遺伝子の平均値を子孫に組み込む。

　もし $m \geq 4$ であれば，$[m+1]/2$ 個の遺伝子を parent-1 からランダムに選び出し，それを子供の遺伝子に組み込む。これらの遺伝子の和とステップ1で組み込まれた遺伝子を $sum1$ とし，parent-2 からは組み込まれなかった位置の遺伝子の数と和を，n' 及び $sum2$ とする。子供の遺伝子でまだ組み込まれていないところに対し，もし $sum2=0$ ならば $(1-sum2)/n'$ を組み込み，そうでなければ $g(1-sum1)/sum2$ を組み込む。ここで，g は parent-2 から組み込まれなかった位置にある遺伝子で，重みを表す子供の遺伝子の和は1となる。

（3） 突然変異

2つの重みに関する遺伝子を選び，ランダムに突然変異させ，遺伝子のペア $(g1, g2)$ を新しく $(g1', g2')$ に書き換える。ここで，重みの和を変えないために，$g1+g2=(g1', g2')$ とする。$t(A)$ について，ランダムな数字を $[-0.02, 0.02]$ で発生させ，$t+t(A)$ となるように組み込む。図表2は $m≧4$ で $g\,sum\,2≠0$ となる場合の交叉の図である。

（4） 同一個体との差

交叉・突然変異により，母集団の多様性を高める。すべての個体について，母集団の中に同一の個体がなくなるまで，繰り返し突然変異が起こるようにする。

V　コンバインアンサンブル処理

機械学習による分類結果には，訓練データの量や質，使用する距離関数により，結果が大きく左右される。また，遺伝的アルゴリズムによって作られる類似閾値は，試行ごとに異なる結果を出力するので，複数の試行結果を結合することにより，より精度の高いものが得られると考えられる。

1　コンバインのアルゴリズム

分類精度を向上させるためには，結果を審議しなくてはいけない。個々の分類器による分類結果から，最終的な結果を審議する。これには，それぞれのインスタンスの分類結果から，多数決によるコンバイン処理を行うことで，1つの最終的な結果を求める。

コンバインのフローチャートを図表3に示す。単一分類器によって処理する場合，まずインスタンスごとに10回の分類を行う。10回の分類では，遺伝的

図表3 コンバインの流れ

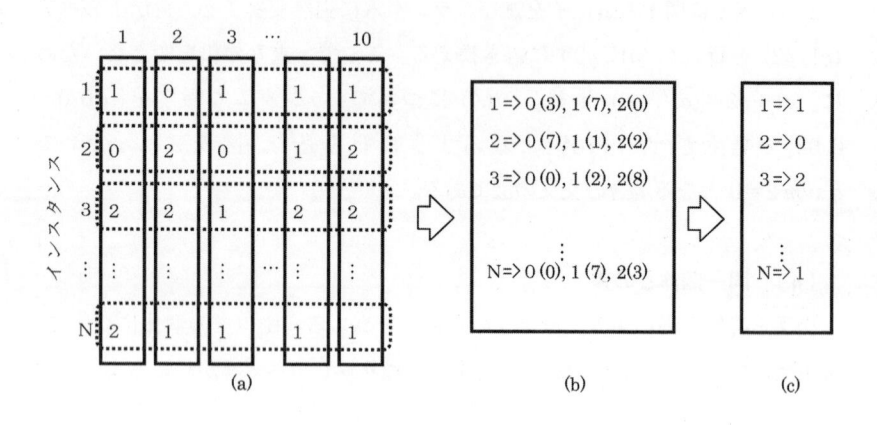

アルゴリズムにより求められる重みがそれぞれ異なるため，結果はすべて同じになるとは限らない。(a)は，分類器により10回の分類が行われた例である。それぞれのインスタンスが，どのクラスに分類されたかを示している。(b)では，各インスタンスが，10回の計算のうち，どのクラスに何回分類されたかを示している。例えば，インスタンス1は，クラス0に3回，クラス1に7回，クラス2に0回分類されている。そして，(c)では，インスタンス1の最終的な分類結果として，もっとも多く選ばれたクラス1に選んでいることを示している。図表4は，16個のインスタンスで構成されているデータの例である。分類器による10回の計算のうち，インスタンス1ではクラス0に0％，クラス1に100％の割合で分類されたことを示す。"result"は，もっとも多く分類されたクラス，すなわち最終的な分類結果となるクラス1が書かれている。そして，"correct"はそのインスタンスが本来分類されるべきクラスで，正解となる分類結果である。インスタンス1の例では，分類結果と正解となるクラスが一致しており，これは正しく分類されたことを示している。しかし，インスタンス5のように，分類結果と正解となるクラスが一致しない場合も現れている。これはエラーであり，表には×として示してある。

図表4 コンバインの例

Table 1. Example for combining ensemble computation

Instance	1	2	3	4	5	6	7	8	9	10	11	12	13	14	15	16
0	0.0	0.0	0.0	0.0	1.0	0.0	0.0	0.0	1.0	0.0	0.0	1.0	1.0	1.0	1.0	1.0
1	1.0	1.0	1.0	1.0	0.0	1.0	1.0	1.0	0.0	1.0	1.0	0.0	0.0	0.0	0.0	0.0
result	1	1	1	1	0	1	1	1	0	1	1	0	0	0	0	0
correct	1	1	1	1	1	1	1	1	0	0	0	0	0	0	0	0
error					×					×	×					

2 コンバインによる複数モデルの結合

個々の分類器の精度向上に使用したコンバイン処理だけでなく，異なる距離関数を用いた分類器による結果を統合し，より多くの結果から多数決による決定を行うことにより，最終的な結果を審議する。本研究の場合，個々の分類器より10回の分類を行い，さらに個々の分類結果を等分析で多数決による最終的な結果を決定する。例として，3つのモデルを結合する場合は，各10回の分類結果を使用するので合計30回の分類結果から多数決決定（コンバイン処理）を行う。

VI 実験内容・結果

テキスト分類は，使用するデータセットにより異なる特性を示すため，総合的な分類を行う必要がある。本実験では，様々な距離関数と遺伝的アルゴリズムを用いた分類とコンバイン処理を行うことで，分類精度向上を目指した。

図表5　ベンチマークデータセット

データセット名	データ数	入力属性			出力 クラス数	欠損値
		連続属性	線形属性	名詞属性		
Breast cancer	699	0	9	0	2	16
Bridges	107	1	3	7	7	65
Flag	194	3	7	18	8	
Glass	214	9	0	0	7	
Heart disease	270	5	2	6	2	
Heart(long-beach)	200	5	2	6	5	690
Heart (Swiss)	123	5	2	6	5	271
Hepatitis	155	6	0	13	2	167
Promoters	106	0	0	57	2	

　分類精度を比較計算するために，すべて実験において分類対象データを UCI 機械学習倉庫にあるベンチマークデータセット[11]を用いた。それぞれのデータセットは，属性の数，属性の型，クラス数，欠損値を持つ。属性の型には，線形，名詞，連続がある，また，実験結果の信頼性を高めるために，それぞれのデータセットに対して，10層 cross-validation を行う。10層 cross-validation とは，全体のデータセットを10個のサブセットに分け，そのうち9個を訓練集合として，残り1つをテスト集合とする。これを10回繰り返し，そしてそれらの実行平均をテストする方法である。

1　コンバイン処理の精度向上の確認

　様々な距離関数を用いた遺伝的アルゴリズムによる分類と，それらの結果をさらにコンバイン処理したものとの比較をする。分類プロセスで用いる距離尺度として，本研究では重みを導入した各距離関数，式(15)を使用した。

第1章 IT化とデータ高機能処理　159

残り1つをテスト集合とする。これを10回繰り返し，そしてそれらの実行平均をテストする方法である。

　また，使用する遺伝的アルゴリズムのパラメータは，適合値として，初期値を $\varepsilon=$ とした。これは1世代が展開されると，$Crietrin$ が得られる。もし，$Crietrina 1 \geq ($ ならば，$\varepsilon=0$, とし，そうでなければ，$\varepsilon=0.67 \times mod(Crietrina 1 \times 10.1$ とする。さらに，着目する属性の重みについては，重みの閾値以下であればとする。これは着目する属性の部分集合を，記憶領域をより縮小するように選ぶためである。

　手順は，使用する距離関数に HEOM, HVDM, DVDM, IVDM[2,7]を使用し，各10回遺伝的アルゴリズムを用いた分類器でベンチマークデータを分類する。その分類精度を平均したものと，それぞれコンバイン処理をする。

　このとき遺伝的アルゴリズムにより最適なトレラントラフ集合を用いた分類器の評価のため，すべてのインスタンスを使った場合，center point のみを使った場合，center point と good border point を使った場合のそれぞれの評価も行う。

　訓練データですべてのインスタンスを使ったときを "ALL" とする。また，"CP" が，center point のみを使った精度であり，"CP/p" は，center point を切り詰めたときの精度である。また，"CBP" は center point と good border point のみを使った精度で，"CBP/p" は center point と good border point を切り詰めたときの精度である。"ALL" の場合の分類精度を平均したものと，それぞれをコンバイン処理した場合の精度を比較したものを図表6，図表7に示す。この ALL を使用した場合，ほぼコンバインが分類精度向上に有効であることが確認できる。図表9の CBP つまり center point と good border point を使用した場合のみ，コンバイン結果の分類精度が悪化している距離関数が存在した。これは，多数決による分類を行うコンバイン処理に適さない結果を出力したものが多く存在したと考えられる。つまり，コンバイン処理は，あらゆる距離関数にも最適なアルゴリズムとはいえない。しかしながら，全平均では1～2％の分類精度の向上が見られ，コンバイン処理は，分類精度の向上に有効な手段で

あると考えられる。

図表6　1つの距離関数の分類精度

DataSet	HEOM		HVDM		DVDM		IVDM	
	Aver.	Combining	Aver.	Combining	Aver.	Combining	Aver.	Combining
Bridges	62.21	66.31	63.48	63.22	62.67	65.83	64.18	66.53
Flag	52.64	53.45	56.90	57.88	56.67	58.21	55.16	55.41
Glass	74.07	77.05	73.05	75.08	65.03	66.51	80.98	85.61
Heart	77.28	77.86	78.07	79.23	80.50	81.00	77.74	79.02
Hepatit	79.48	80.33	75.08	75.67	80.05	82.83	88.78	89.00
Promot	81.59	88.50	90.28	90.38	90.61	91.38	91.68	91.38
Zoo	97.29	98.89	97.57	98.89	95.75	96.11	96.09	96.11
Average	74.94	77.48	76.34	77.19	75.90	77.41	79.23	80.44

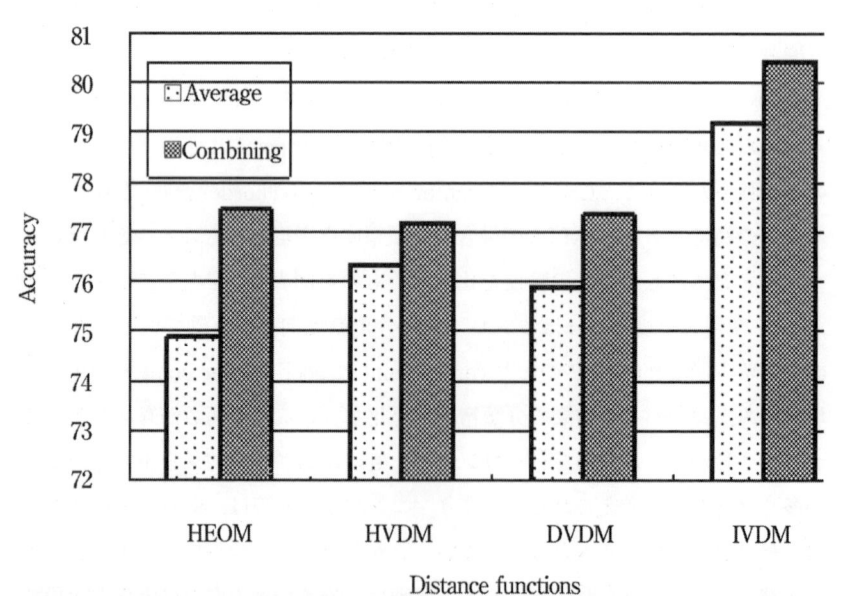

図表7　ALL使用時の1つの距離関数による分類平均とコンバインの比較

図表8　CP 使用時の1つの距離関数による分類平均とコンバインの比較

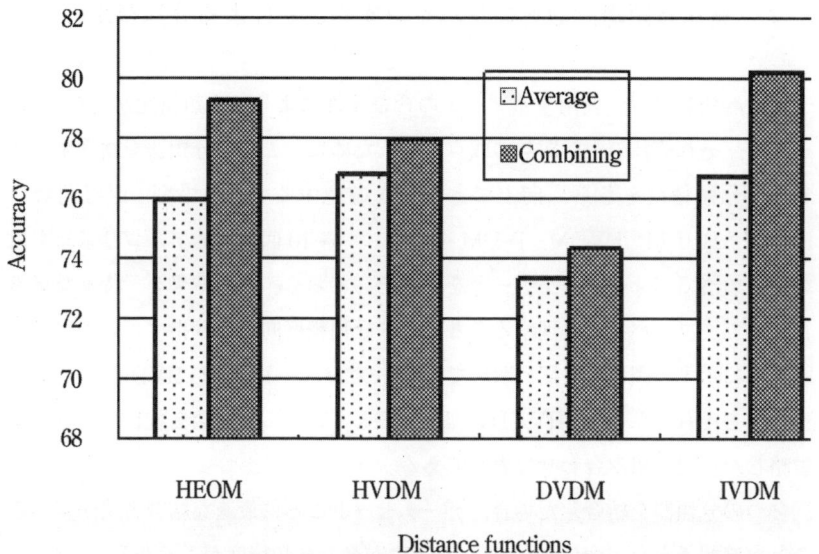

図表9　CBP 使用時の1つの距離関数による分類平均とコンバインの比較

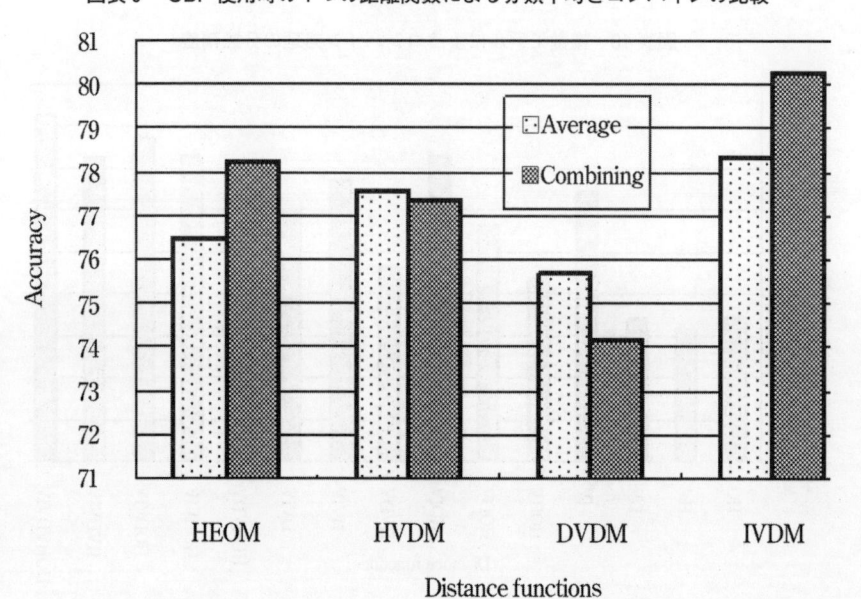

2 異なる距離関数をコンバインすることによる分類精度の改良

各距離関数には，使用するデータの含む属性により，分類精度が変化する。そこで，それぞれの距離関数の弱点を補うために，ここの分類器を結合することで，分類精度をさらに向上できないか確認する。この場合，距離関数にHEOM, HVDM, DVDM, IVDM を使用し，各10回遺伝的アルゴリズムを用いた分類器でベンチマークデータを分類をしておく。その結果を，様々な組み合わせで，コンバイン処理することにより分類精度向上を目指す。この結果を図表9に示す。図中の表記において，省略のために，HEOM, HVDM, DVDM, IVDM をそれぞれ HO, HV, DV, IV で表し，これらの関数を統合したものは省略した表記の組み合わせで表してある。

2つの分類器を結合した場合，データセットごとに最適な結合方法が変わることが確認できた。全体としては，HOIV が最も分類精度がよくなる。これは，

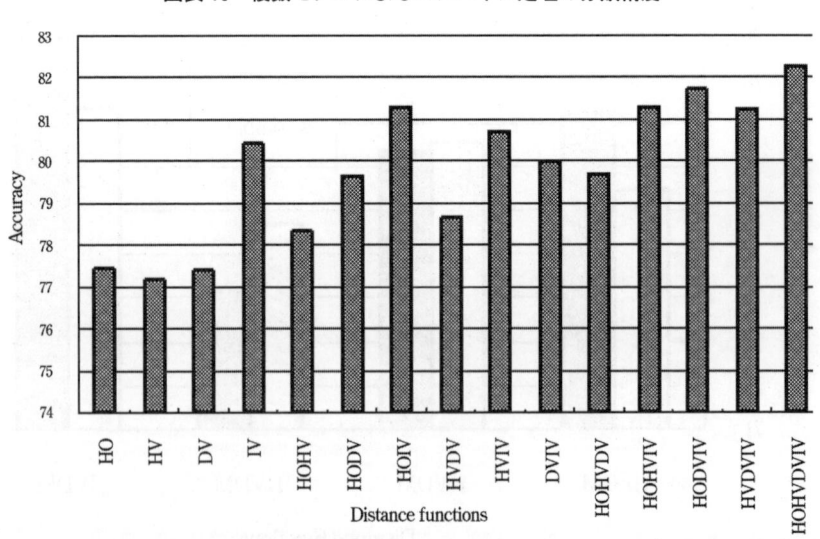

図表10　複数モデルによるコンバイン処理の分類精度

IVDMを使用した分類器の分類精度は他の分類器に比べ分類精度が高いため，IVDMの結果には，多くの正しく分類された結果を持つ。このことから，IVDMを含む組み合わせは，含まない組み合わせに比べて精度が高くなると考えられる。

次に，3つ以上の分類器を結合した場合，組み合わせの多いHOHVDVIVが最も分類精度が高い。しかしながら，使用するデータセットによっては，組み合わせを多くしても分類精度の向上が見られないものも存在した。また，個々の分類器で分類精度の高い分類器を組み合わせに含むものは，精度が高くなる傾向にある。したがって，元々の分類精度の高いIVDMを含む組み合わせは，分類精度が高くなる傾向にある。

Ⅶ 従来の機械学習の分類手法と再学習処理法，コンバイン処理による分類精度の比較

本研究で提案する再学習処理法とコンバインすることによる分類精度と，従来の機械学習による知られている手法の分類精度を比較した結果を図表6に示す。ここでは，1度再学習処理を行ったデータと6章のコンバイン処理のデータをインスタンスごとに10回の分類を行うという同じ条件で計算されたWilsonらの機械学習の結果と本研究での提案の数値結果をまとめて図表11に示す。図表11のC4.5は帰納学習による2種類の決定木およびルールによる分類精度の結果を示しており，IB1はk=1の場合の最も簡単なkNNの手法の結果を示し，IB2は訓練データを調整した結果，さらにベイズ手法（Bayes）およびニューラルネットワークによるBP学習による分類結果を示している。図表11のre-learningは再学習処理を行った場合の分類精度，Combineは再学習処理を行った結果に対しコンバイン処理を行った分類精度の結果を示す。この表より，本研究での再学習処理，コンバイン処理が従来手法に比べて，よい分類精度となっていることが分かる。

図表11 機械学習の分類精度[1]と異なる距離関数のコンバイン処理の分類精度の比較

Datasets	C4.5			IB		Bayes	BP	Re-learning	Combine
	Tree	P-Tree	Rule	IB1	IB2				
Breast	92.90	93.90	95.30	95.90	92.30	93.60	96.30	97.41	98.49
Bridges	68.00	65.30	59.50	53.80	45.60	66.10	67.60	75.73	85.83
Flag	59.20	61.30	60.70	63.80	59.80	52.50	58.20	78.45	89.75
Glass	68.30	68.80	68.60	70.00	66.80	71.80	68.70	80.39	88.46
Heart	73.30	72.10	80.00	76.20	68.90	75.60	82.60	87.80	94.15
Hematite	77.70	77.50	78.80	80.00	67.80	57.50	68.50	90.37	95.65
Promo	73.30	71.90	79.10	81.50	72.90	78.20	87.90	95.33	97.49
verage	72.97	72.56	74.01	74.53	68.47	71.36	75.59	88.07	93.45

Ⅷ　ま　と　め

　本研究では分類器の分類精度を向上させるために，異なる距離関数を使用した分類処理と，単一や複数の分類器によるコンバイン処理の手法を提案した。この場合，まず複数の分類器によるコンバイン処理を行う前に，個々の分類器の性能の向上が必要である。そこで，個々の分類器に様々な距離関数を用いて分類を行うことで分類精度の向上を目指した。その結果，概ね精度向上が確認することができた。更なる分類精度を向上のために，個々の分類器へのコンバイン処理や，複数の分類器へのコンバイン処理を行った。

　単一の距離関数の分類器では，ほぼすべての結果においてコンバイン処理による分類精度の向上が確認され有効な手段であることが確認できた。

　さらに，複数の分類器によるコンバイン処理では，結合数が多くなるほど概ね分類精度の向上が確認できた。

しかし，2つの分類器によるコンバイン処理では，似通った属性の分類に適する距離関数による分類精度は，あまり向上しない。また，複数の分類器を用いた分類には個々の分類器による分類時間が必要となり，分類時間が著しく増加してしまう。よって，今後の課題としては，分類精度を減少させないで，個々の分類時間の向上や，コンバイン処理の有効な分類器の結合方法を考える必要がある。

【参考文献】

[1] T. M. Cover and P. E. Hart : " Nearest Neighbor Pattern Classification ", IEEE Transactions on Information Theory, Vol.13, No.1, pp.21-27, (1967)

[2] D. R. Wilson and T. R. Martinetz : " An Integrated Instance-based Learning Algorithm ", Computational Intelligence, Vol.16 (1), pp. 1-28, (2000)

[3] J. R. Quinlan : " Induction of Decision Trees ", Machine Learning, Vol.1 (1), pp. 81-106, (1986)

[4] Z. Pawlak : " Rough Sets", Int. Journal of Computer and Inf. Science, Vol. 11, pp. 341-356, (1982)

[5] Yongguang Bao, Naohiro Ishii, X. Du: A Tolerant Instance-Based Learning Algorithm, Proc. ACIS Int. Conf on Software Engineering , SERA 2004, pp.14-22, (2004)

[6] Y. Bao, X. Du, K, Yamada, D, Asai and N. Ishii " An Effective Rough Set-Based Reducts", 人工知能学会論文誌, Vol.19, No.3A, pp.166-173, (2004)

[7] D. Randall Wilson and T. R. Martinez " Improved Heterogeneous Distance Functions "Journal of Artificial Intelligence Research, 6, pp.3-21, (1997)

[8] Ian H.Witten and Eibe Frank : "Data Mining "pp.250-264, (2000)

[9] Stephen D.Bay "Nearest neighbor classification from multiple feature subsets " Intelligent Data Analysis, 3, pp.191-209, (1999)

[10] Shun'ichi Kaneko and Satoru Igarash : "Combining Multiple k-Neighbor Classifiers Using Feature Combinations ", Trans. IECEI, vol.2, No.3, pp23-31, (2000)

[11] C.J. Merz and P. M. Murphy : UCI Repository of Machine Learning Databases, Irvine, CA: University of California Irvine, Department of Information and Computer Science (1998)

URL: :http://www.ics.uci.edu/~mlearn/MLRepository.html.

[12] Naohiro Ishii, Tsuyoshi Murai, Takahiro Yamada and Yongguang Bao : " Classification by Weighting Similarity and knn", Intelligent Data Engineering and Automated Learning-IDEAL2006, Lecture Notes in Computer Science, Vol. 4224, pp. 57-64, Springer Verlag, (2006)

[13] 山田貴大, 石井直宏, 中島豊四郎: "重みを用いた距離関数の結合によるテキスト分類", 電気学会論文誌C, Vol.127, No.12, pp.2077-2085, (2008)

[14] Naohiro Ishii, Takahiro Yamada and Yongguang Bao : "Improved Accuracy by Relearning and Combining Distance Functions", Knowledge-Based Intelligent Information and Engineering Systems-KES2008, Lecture Notes in Computer Science, Vol.5178, pp926-933, Springer Verlag, (2008)

(愛知工業大学教授)

第2章 IT化と情報教育
―― 高校「情報」教員に望む背景知識 ――

阿部　圭一

I　情報教育の目的は何か

　大学教師としての長年の経験によると，授業に必要なぎりぎりの知識（例えば，教科書に書いてあること）だけを持っているのでは，豊かなよい授業はできない(注1)。よい授業をするためには，その授業で直接必要にはならないかもしれない背景（バックグラウンド）の知識をある程度理解していることが必要である。それによって，教師は自信を持って教えることができる。また，そのような背景知識の多寡は，生徒・学生にも敏感に分かるようである。

　では，高校普通教科「情報」を教える教師にとって，望ましい背景知識とはどのようなものであろうか？　この報告では，それに関する私見を展開したい。ただし，ここでは学習指導要領高等学校「情報」で示されている情報教育の3つの柱のうち，「情報の科学的理解」に関する背景知識を中心に論じる。

　情報教育シンポジウム SSS2007 において，招待講演者の三重県教育委員会保井伸之は「情報教育によって，将来の社会人としてどのような能力を付けさせようとしているのか？」という問いを投げかけた。これはわれわれ情報教育関係者が真剣に考えなければならない重要な問題提起である。

　以下に，現時点における筆者の個人的な答えを示す。われわれが教える小学生は，日本人の平均寿命が今後も大きくは変化しないと仮定すると，2080年頃までは生きる。大学生でも2070年頃までは生きる。小学生は2065年頃まで，大学生は2055年頃までは働かなければならない。その頃の日本は，世界はどのよ

うになっているであろうか？　筆者には予想がつかない。少なくとも，これまでの延長線上で考えることはできないということには，多くの人の同意を得られるであろう。とすると，教育では何を重視しなければならないだろうか？

　理想的には，世の中がどう変わろうとも，それに柔軟に対応して生き抜く力，いわゆる「生きる力」を養うことが肝要である。「生きる力」の大きな要素の1つとして，「自分で考える力」がある。「自分で考える」ためには，考えるための多様な方法・枠組みを習得しておくほうがよい。数学は「数学的なものの考え方」を，理科は「自然科学的なものの考え方」を，日本史・世界史は「歴史的なものの見方」をはぐくむ等々と同じように，情報教育は，他の教科とは異なる「情報的なものの考え方」の枠組みを提供することができる。したがって，生徒・学生の考え方の方法・枠組みのレパートリーを増強することができるというのが，筆者の主張である。

　情報教育に即して，より具体的な目標の形で述べれば，とりあえず次のような表現になるだろう。

　　情報を多面的に収集し，それらを考量・整理・処理し，それによって得られた自己の考えを発信することによって他者の批判も受けながら，考えと行動をたえず修正しつつ進む能力

　情報教員に求められる背景知識についても，ここで述べた線に沿って考えていかなければならない。

II　「情報の科学的理解」の理系部分

　便宜上，「情報の科学的理解」を理系的な部分と文系的な部分に分けて論じる。「情報の科学的理解」の理系部分の背景知識として大きな支柱となるのは，やはり「情報科学」(information science)，とりわけその中の「計算機科学」(computer science) であろう。

1　バックボーンとしての計算機科学

　計算機科学は，「情報」教員免許の前提となった，いわゆる15日間講習においても重要な役割を演じた。これは，教科情報の免許が普通教科「情報」と専門教科「情報」とを区別していないため，後者を構成する下記の科目も教えられるようにしなければならないためである。

- ・情報産業と社会
- ・情報と表現
- ・アルゴリズム
- ・情報システムの開発
- ・ネットワークシステム
- ・モデル化とシミュレーション
- ・コンピュータデザイン
- ・図形と画像の処理
- ・マルチメディア表現
- ・情 報 実 習
- ・課 題 研 究

　これだけの科目内容を理解し，教えられる能力を身につけていただけば，計算機科学に関する望ましい背景知識は相当カバーされていると考えてよい。残念ながら，逆にこれだけの内容を15日間に詰め込んだために，大部分の先生にとっては身についていないだろうと推測される。高校における普通教科情報の実施もすでに6年目に入っており，担当教員の再教育の機会を設けることが急務である。内容・実施方法などの早急な検討が望まれる。

2　計算機科学の体系的理解

　「情報」教員に望む背景知識としての計算機科学の理解として，筆者は次の

ことを強調したい。計算機科学を構成する個々の分野（上記の専門科目に相当する）の理解だけでなく、それらを横断した体系的な理解が必要である。

コンピュータもネットワークも「システム」である。そのシステムには、応用も含まれる。「システム」とは、一般に「相互に関連する多くの要素からなり、それらが共同または分担してある働きを行うもの」[1]と解されている。つまり、コンピュータやネットワークをその構成要素技術に分解して、ばらばらに理解しただけでは、コンピュータやネットワークを理解したことにはならないのである(注2)。

コンピュータを「システム的に」理解するのに、よい教科書がある。

　　Alan W. Biermann 著 和田英一監訳：『やさしいコンピュータ科学』、アスキー、1993

である[2]。この本は、マサチューセッツ工科大学で計算機科学以外の学生向けに開講された（いわゆる一般教養科目）授業の教科書である。計算機科学の基本的な部分を、横断的に、すべてつながる知識として理解するのに好適な本である。内容はプログラミング、ソフトウェア工学の入門、コンピュータ・ハードウェアのしくみ、LSIの製造、論理回路によるハードウェアの実現、コンパイラの基礎（ここでソフトウェアとハードウェアが結びつく）、並列計算、計算量と計算可能性、人工知能、などの話題からなっている。

「情報の科学的理解」の理系部分の背景としては、せめてこの程度の知識・理解は持っていて欲しい。ただし、この本は、高校の先生だけで読むには難しいかもしれない。筆者は、静岡大学情報学研究科修士課程の社会人入学コースにおいて、教員を含む社会人数名にこの本を使って講義し、演習課題もやってもらったが、おおかた理解してもらえたと思う。これに類した試みが広がることを願っている。

計算機科学の横断的理解には、ACMカリキュラム1991で提案されている頻出概念(recurring concepts)も役立つであろう。計算機科学のさまざまな局面にひんぱんに現れる考え方として、次の12項目が挙げられている。詳細は参考文献[3]を見ていただきたい。

Binding（結合）

Complexity of large problems（大きな問題の複雑さ）

Conceptual and formal models（思考・形式モデル）

Consistency and completeness（一貫性と完全性）

Efficiency（効率）

Evolution（進化）

Levels of Abstraction（抽象化のレベル）

Ordering in space（空間における順次づけ）

Ordering in time（時間における順序づけ）

Reuse（再利用）

Security（セキュリティ）

Tradeoffs and consequences（トレード・オフとその結果）

筆者はこれに次の概念を追加したい。

Hierarchical structure（階層構造）

Modularization = unit of information（モジュール化，つまり情報の単位）

Interface（インタフェース）

計算機科学教育に関する新しい話題として，『コンピュータを使わない情報教育 アンプラグド・コンピュータ・サイエンス』がある[4]。断片的ではあるが，上述の体系的理解を補強するものとして有効である。コンピュータを使った情報教育だけでなく，日本でもこのような試みの集積を図る必要があると考える。

③ 横串を挿す教育を

以上述べたことを背景に，具体的にどのような教育を期待しているか，例を挙げて説明したい。その例として，ばらばらに教えている事柄のあいだに存在する共通性に目を向けさせることを取り上げる。つまり，単元ごとに教えている内容がバーベキューの串に挿した食材だとしたら，それに何本か横串を挿す

ことによって，個々の内容の関連性をつけて，理解を強化するのである。ただし，実際に普通高校においてここまで教育して欲しいという意味ではなく，教師側がここまで理解しておいたうえで教えて欲しいという希望である。

(1) 内容と形式の分離

いわゆる操作法教育において，操作できることを目指すだけでなく，その操作の意味や必要性を理解しながら操作できることを目標とするのは当然である。単にこういう操作をしたければ，これこれのキーをこの順に叩けばよいという理解では，Office 2003 から Office 2007 に移行したり，Windows XP から Vista に切り替わったりしただけでお手上げの生徒を育てかねない。

さらに，いくつかの情報発信用アプリケーション・ソフトにおいて，表現内容と表現形式を分離して記述することによって，表現形式の一貫性が保たれたり，内容と形式を独立に変更できたりするという利点が生まれることに注意したい。具体的には，Word におけるテンプレート，Powerpoint におけるマスタースライド，HTML の CSS の利用などである。

形式的なサイズ等の統一の例としては，手紙の葉書・封書，本や紙のサイズ，引越し用のダンボール箱，コンテナ貨物，インターネットのパケットなどの例を挙げてもよいかもしれない。

(2) 一単位一義

形式上の1つの単位には，意味的にも1つの内容しか入れないという原則である。例えば，一通のメールには1つの用件しか書かない[注3]，スライドの1枚には1つの話題しか入れない，文章の1つの段落では1つの話題しか取り上げない，などである。

(3) 情報のまとまりを見つけ，それに名前をつける技術

多くの一見雑然とした情報の集まりから，まとまりのある情報のグループを見つけ，それに適切なグループ名を与えることは，情報の扱いの中でしばしば

必要とされる技術である。例えば，ファイルをフォルダに分けて管理し，フォルダに適切な名前をつけること[注4]，Web ページを設計すること，文章の素材を整理して文章を書くこと，などである（大きなプログラムをサブプログラムに分割することも）。KJ法はこれらの作業の共通の背景となる技術である。また，名前づけの技術は，メールに適切な件名をつける際にも必要である。

（4） 直接参照と間接参照

ある情報を参照するときには，なるべく間接的にではなく直接参照するほうがよい。例えば，グラフが何種類かの折れ線あるいは棒からなるときに，それらを区別する情報は凡例に記すのでなくグラフ中に直接書き込むほうがよい。表計算ソフト Excel を用いてこのようなグラフを作成すると，凡例方式になるので注意したい[5]。

逆に，多くの対象がある1つの情報を介して間接的に参照できる場合には，間接参照のほうがよい。例えば，同じ商品が多数あるとき，それらの価格を個々に表示するのではなく，商品番号を介して間接的に価格表示することができれば，価格を変更するとき，1つの情報の書き換えだけで済む[6]。

この節の最後に，Ⅱで述べたことと関連して，奥村晴彦の名言「パソコン操作は今日から役に立つ。しかし，情報科学は何十年後も役に立つ」を紹介しておきたい[7]

Ⅲ 「情報の科学的理解」の文系部分

「情報の科学的理解」の理系部分の大きな支柱が計算機科学であることに異論は少ないであろうが，それに相当する「情報の科学的理解」の文系部分のバックボーンは何かと問われると，答えに窮する人が多いのではなかろうか。少なくとも共通的理解は得られていないに違いない。この理由で，情報C不要論を唱える人までいる。実際，下手をすると情報Cは，情報発信演習（プレゼンテー

ション,Web ページ作り)^(注5)と情報モラル・情報セキュリティの説明だけで終わってしまう可能性がある（それでは意義がないと考えるかどうかは別問題である）。

コンピュータ技術は物理的制約からできるだけ自由になろうとする傾向がある[8]。それゆえ，人間の制約と社会の規範を考えないと、「何でもあり」になってしまう。

1 「情報基礎」という概念の提唱

そこで，「情報の科学的理解」の理系部分にたいする計算機科学に相当するものが，「情報の科学的理解」の文系部分においては何であろうかと，筆者なりに考えてみた。結論からいうと，人が意味や価値を付与するという意味での「情報」についての科学ではないかというのが，試みの提案である。これを，以下では「情報基礎」と呼ぶことにする^(注6)。

これに至る考察の筋道は以下のとおりである。計算機科学が主として情報を処理するプロセスのほうを扱うので，最初は，処理の対象となるデータを扱う科学と考えてみた。しかし，人にとっての意味や価値を考えない「データ」は，すでに計算機科学の中で扱われている（データ工学，データベース理論，データ・マイニングなど）。したがって，「情報の科学的理解」の文系部分においては，人が意味や価値を付与した情報を対象とすべきであると考えた。すなわち，西垣通の分類[9]に従うと，機械情報ではなく，生体にとってより重要な生命情報と社会情報とを扱うことになる。

人が意味づけする前段階では単なる「データ」であり，人が意味づけすることによってはじめて「情報」になるというように用語を使い分ける研究者もいる[10]。この意味で，データに関する科学は計算機科学の一部であり，本節で考えなければならないのは，上の「データ」とは対比された意味での「情報」に関する科学である^(注7)。

そのような科学は「情報科学」と呼びたいところであるが，情報科学

(information science) という用語はすでに計算機科学を含むより広い領域の名前として使われてしまっている[注8]。そこで，ここでは「情報基礎」という表現を用いることにする。計算機科学，情報科学，「情報基礎」の関係を図表1に示す。

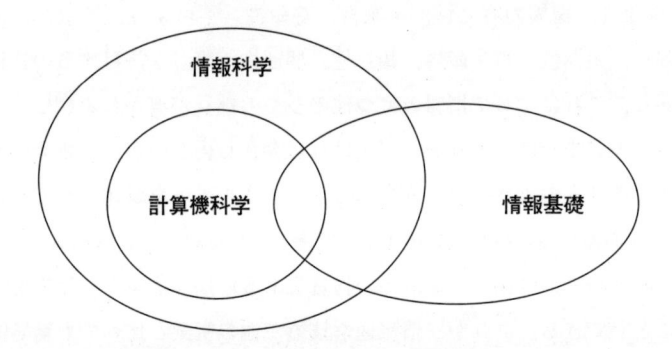

図表1　情報基礎と計算機科学，情報科学との関係

②　「情報基礎」の内容

では，「情報基礎」を構成する内容はどのようなものであろうか？　それを構成する体系的な内容はまだない。将来できるかどうかも定かでない。それにもかかわらず，「情報基礎」という体系が将来できるとしたら，それに含まれるべきものは何であろうかを考えてみることは有益であろうと考える。以下は，そのような視点で筆者が考えたリストであり，まだ構成途上のものと見ていただきたい。なお，計算機科学と共通する項目も含まれている。

（1）　情報の定義と性質

「情報」に対する最も適切な定義は何かという問題には筆者は関心がない。ここでは，参考までに3つの定義を挙げておくにとどめる。

　G. Bateson：　差異をもたらす差異[11]

　田中一（最初の定義）：　表現された区別[12]

西垣通： それによって生物がパターンをつくりだすパターン[13]

いずれの定義も，差異，区別，あるいはパターン（模様）という言葉を用いていることが注目される。これらの言葉が情報の本質を突いていることは間違いないし，それが次に述べる情報の持つ性質を規定している。

情報の持つ性質については，安田英理佳が情報の特性として次を挙げている[14]。抽象性，複製の容易性，不滅性，寿命性，不可逆性，拡散性，情報空間の無限性，歪曲性，再生産性，相対性，個別性。筆者が注目するのは複製容易性であり，これによって情報のもつ他の多くの性質が導かれる[15]。

情報は，物質またはエネルギーがなければ存在し得ないが，物質そのものやエネルギーそのものではない。物質あるいはエネルギーを媒体として描かれた「パターン」あるいは「パターンの違い」である。したがって，情報は，その時々の技術の限界内で，区別できる最小の物質量あるいはエネルギー量を用いて表現することができる。これが，情報通信技術が他の産業と比べても驚異的な進歩が可能であった根本的な理由であり，かつ複製に要するコストやエネルギーが極めて小さいことの説明にもなっている。

（2） 絶対量 対 単位当たりの量あるいは相対量

CO_2 排出の絶対量の大小によって国別の CO_2 削減の努力を議論するとしたら，大国にとっては不公平であり，国民1人当たりの排出量で見て欲しいという意見が出るだろう。しかし，地球温暖化への CO_2 排出量の影響を論じるときには，国別の排出の絶対量が問題になるだろう。絶対量の大きな国が努力してくれなければ困るからである。しかし，マスメディアにおいてさえも，科学研究費補助金の総額のランキングとか，卒業生が社長になった人数による大学ランキングのような怪しげなデータもまかり通っている。

国別の教育費の公費負担の大小を論じる場合にも，絶対額は意味をなさないであろう。では，国民1人当たりの公費負担額で比べるのか，GDPとの対比によるのか，教育費の総額にたいする公費負担の割合で比べるのか，正解は決めがたい。「正解が簡単には決められない問題があることを知るという経験」

は，受験教育に慣らされた日本の小中高生にとっては有意義であると考える（社会においては，そのような問題のほうが圧倒的に多い）。教科情報は，試験問題が作りにくいとか，評価方法を開発しなければならないとかいわれる問題は，Ⅱで述べた目標に照らしてみれば，短所ではなくて，長所である。

現在の小中高大の生徒・学生が将来遭遇するであろう状況を考えると，情報に対するこのような鋭い感覚を養うことと，分数の計算ができることと，どちらが大事かは一概にいえないというのが筆者の考えである。

（3） 4種類の尺度，情報の属性

数値あるいは尺度には4種類の区別がある。

① 名義尺度

単に異なるというだけの要素（つまり，単純な集合の要素）を集めて便宜的に番号をふった尺度である。例：性別コード，都道府県コード。

② 順序尺度

大小関係の順に番号をふった尺度である。大小関係だけは保証されるが，値の等間隔性は保証されない。例としては，地震の震度，さまざまな資格の級など。アンケートにおいて5段階評価で答えてもらった結果は，順序尺度であって，次に挙げる間隔尺度ではない。その結果を統計的検定にかけるときは，正規分布性の仮定などの前に，等間隔性をまず仮定しているのだということを忘れてはならない。

③ 間隔尺度

等間隔性の保証された尺度である。ただし，原点0は定められていないか，恣意的なものである。例：摂氏の温度。「那覇は30℃だから，札幌の20℃よりも1.5倍暑い」という表現は無意味である。

④ 比率尺度（比例尺度ともいう）

原点0と単位量1の定められた尺度。ほとんどの物理量は比率尺度である。例えば，体重が70 kgから63 kgに減ったら，10%減少したといえる。

名義尺度と順序尺度は質的尺度，間隔尺度と比率尺度は量的尺度とも呼ばれ

る。この尺度の分類は，情報のさらに細かい属性の区別へも発展させられるかもしれない。

（4） 有効数字

表計算ソフトの使用によって，意味のない桁数まで表示した結果を目にすることが増えた。私は有効数字の意味を考えてもらうのに，次の笑話を使っている。中東のある博物館を訪ねたとき，案内人が「このミイラは3,016年前のミイラです」といった。「どうして，そんなに正確にわかるのか」と尋ねたところ，「16年前に私がこの博物館に勤めはじめたとき，前館長がこのミイラは3000年前のものだといいましたから」。

（5） アナログとディジタル

アナログ情報とディジタル情報の特性，それぞれの利点・欠点[16]

（6） 確率的なばらつき，推定と検定についての考え方，第1種の誤りと第2種の誤り

確率的な事象にはばらつきが伴うことを理解させる。例えば，硬貨を100回投げたら，常に表が50回，裏が50回出るわけではない（むしろ，そうなるほうが稀である。）。では，どの程度まで偏ることがあり得るのだろうか？ これは統計的推定・検定の基本的な考え方である。統計的推定・検定の方法まで踏み込む必要はないが，その根底にある基本的な考え方までは「情報基礎」に含まれるべきである。

これに関連して，第1種の誤りと第2種の誤りという概念も基本的であると考える。これは，ある種の決定を行うときに生じる。例えば，火災報知器を考えると，2通りの誤りがあることが分かる。火事なのに報知器が鳴らない誤り (false negative) と，火事でないのに報知器が鳴る誤り (false positive) である。両者の重大性は異なるから，それも考慮して2種類の誤りのトレード・オフを決めて火災報知器は設計される。

教科「情報」においてこの概念が重要になるのは，Web検索である。検索結果の中に無関係なURLが含まれるのは第2種の誤りであり，これは大量に混入しないかぎりあまり問題ではない。しかし，検索したい情報なのに検索結果に含まれない（あるいは上位に入らない）という第1種の誤りは，時には大きな問題となるし，そのような情報があることにすら気づく手段がない[17]。

一般に，オンライン情報検索は，検索しようとしている情報を探し出すには便利だが，探してもいない情報に偶然出会う機会を失う傾向があることに注意しなければならない。例えば，Webによる図書検索とリアルな世界の本屋や開架図書館，Web上の新聞と紙の新聞など。

（7） 論理とその限界，演繹，帰納，アブダクション，類推

（8） 記号論の一部[18]，コミュニケーション論の一部[19]

（9） 表現論，構成 (composition) 論，あるいは情報構造設計論とでもいうべきもの

つまり，情報発信のための表現を作り上げるための一般的な方法論[20]

（10） メディア・リテラシー

郵政省「放送分野における青少年とメディア・リテラシーに関する調査研究会報告書」では，メディア・リテラシーの構成要素を，
① メディアを主体的に読み解く能力
② メディアにアクセスし，活用する能力
③ メディアを通じてコミュニケーションを創造する能力，特に情報の読み手との相互作用的コミュニケーション能力

の3つに整理している[21]。また，山内祐平はメディア・リテラシーを含めて，デジタル社会において必要なリテラシー概念の混乱をうまく整理した提案をしている[22]。

筆者は，上記の3つの能力を総合的に伸ばす必要があるという考えに賛成である。①が狭い意味で「メディア・リテラシー」と呼ばれているものであり，その中で情報の信憑性を判断する方法を教える必要がある。②は「情報活用の実践力」の一部であろう。③においては，各種のメディアの特性も考えさせたい。メディア技術は

・表情，身振り
・話し言葉
・書き言葉
・印　　刷
・手　　紙
・電　　話
・テ　レ　ビ
・Ｆ　Ａ　Ｘ
・電子メール，チャット，Webページ，ブログ
・携帯電話

と発達してきた。新しいメディアが選択肢として追加されたが、その分、従来のメディアの活用能力は低下したのではないかという点を振り返る必要がある。

(11) 情報モラル

情報モラルは「情報社会に参画する態度」の観点から主として扱われるであろうが，「情報基礎」の構成要素としても検討する必要がある。

(12) 認知科学

例えば，長期記憶と短期記憶，マジック・ナンバー7±2，ゲシュタルト要因，メンタル・モデル，メタファ，ヒューマン・エラー，アフォーダンスなどの概念は必須であろう。

(13) 情報の整理法，社会調査法

何を含めるべきか，どこまで含めるべきか，筆者自身もまだあいまいである。

(14) 離散数学

集合，グラフなどと，その人文科学・社会科学への応用

(15) 社会（政治・行政・経済その他）における情報の役割，すなわち，情報の活用―生成・流通・蓄積・編集・利用―のされ方

(16) 人間の情報処理モデル

文献 [22] の pp. 31-32 が参考になるだろう。

IV おわりに

「情報の科学的理解」の文系部分，すなわち，「情報基礎」については，これから考察を深めていかなければならないと考えている。ご意見，ご助言を賜りたい。

本稿は，2007年10月に情報処理学会コンピュータと教育研究会が主催した「高校教科「情報」シンポジウム2007―ジョーシン07―」において発表した原稿に若干手を入れたものである。

謝　辞

栢森情報科学振興財団第7回Kフォーラム，情報教育シンポジウム SSS2007，2007年度日本社会情報学会合同大会における発表および討論から多くの示唆と助言を得た。これらの企画を準備された方々と参加者に謝意を表する。また、「高校教科「情報」シンポジウム2007―ジョーシン07―」においていただいたコメントにも感謝する。

(注1) 自分のその欠点を自覚して努力している教師の姿は，別の意味で学生によい影響があるが，ここではそれに触れない。

(注2) たしかACMのカリキュラム'74であったと思うが，「ここで提案している計算機科学の標準カリキュラムを教えるには最低6名の先生が必要である」と書かれていて，「たった6名でいいの？」と思ったことがある。その後に「ただし，全員がこのカリキュラムの中核（core）部分のどの科目でも教えることができる人でなければならない」と書かれていて，納得した。

(注3) 理由は，複数の用件を書くと，受信者がそのメールをフォルダに分類するときに困るからである。

(注4) 京都大学の松山隆司は，コンピュータ・リテラシーの授業において，ファイルやフォルダの作り方は教えるが，ファイル名やフォルダ名をどのようにつけたらよいか，どういう基準でファイルをフォルダに分けたらよいのかを教えている学校はほとんどないと，かって筆者に指摘した。

(注5) ついでながら，情報発信の演習の評価においては，他人を惹きつけるというartisticな側面と，他人に正確に伝えるというcommunicationの側面の両方を考慮しなければならない。さまざまな技法を駆使して前者の意味で華やかなコンテンツを作る生徒が得意になり，まわりからも尊敬される傾向があることに注意する必要がある。プレゼンテーションにおけるコミュニケーション面から見た注意については，阿部圭一：プレゼンテーション・スライド作成のガイドライン，電子情報通信学会情報・システムソサイエティ誌, 12巻, 2号, pp. 18-21, 2007, および石原進：www.ishilab.net/~ishihara/presen/prtech.pptを参照。

(注6) 最初「情報の科学」という呼称を考えていたが，新学習指導要領において高等学校普通教科「情報」を「情報の科学」（理系向け）と「情報と社会」（文系向け）の2教科とするという案が伝わったので，呼称を変更した。

(注7) もちろん，計算機科学の一分野である人工知能研究においては，コンピュータで意味を扱おうという努力が営々と続けられているのではあるが。

(注8) 「データ」と「情報」という用語を先に述べた意味で使い分ける立場からは，コンピュータで扱う情報（機械情報）について「情報」という言葉を用いるのは，

誇大広告だという指摘がある。これはもともと、シャノンとウィーバーの「通信の数学的理論」(The mathematical theory of communication) から始まった研究領域に「情報理論」(information theory) という用語を与えたことに原因があるらしい。「情報理論」ではなく、「データ通信理論」と呼ぶべきであったという意見に、筆者はある程度の理を認めざるを得ない。

【参考文献】

[1] 情報処理用語大辞典編集委員会編『情報処理用語大辞典』オーム社，1992年。

[2] Alan W. Biermann著・和田英一監訳『やさしいコンピュータ科学』アスキー，1993年。

[3] A. B. Tucker et al.: Computing Curricula 1991, Communications of the ACM, Vol. 34, No. 6, pp. 68-84, 1991.

[4] H. Witten, Mike Fellows, Matt Powell 著・兼宗進監訳『コンピュータを使わない情報教育　アンプラグド・コンピュータ・サイエンス』イーテキスト研究所，2007年。

[5] 阿部圭一「良い情報表現のための一般原則」情報教育シンポジウムSSS2008論文集，pp. 187-192，2008年。

[6] 情報機器と情報社会のしくみ素材集，1405
http://kyoiku-gakka.u-sacred-heart.ac.jp/jyouhou-kiki/sozai/1405/index.html

[7] 奥村晴彦「情報科学教育への応用」情報処理，Vol. 48, No. 6, pp. 598-601, 2007

[8] W. A. Wulf, M. Shaw, P. N. Hilfinger, L. Flon (1981): Fundamental Structures of Computer Science, p. 1, Addison-Wesley

[9] 西垣通『基礎情報学』NTT出版，2004年。

[10] 例えば、安田英理佳『教養　情報の科学』p. 3，共立出版，1995年。

[11] G. Bateson: Mind and Nature—Necessary Utility, Bentam Books, 1980. 佐藤良明訳『精神と自然　生きた世界の認識論』思索社，1982年。

[12] 田中一「情報と情報過程の層序」社会情報学研究，No. 1, pp. 3-16, 1997年。

[13] [6] の p. 027

[14]　[7]の1.2節
[15]　阿部圭一「情報の性質に関する考察――試論その1」日本社会情報学会(JSIS)第10回大会報告要旨集,pp.20-21,2005年.
[16]　例えば,永野和男・阿部圭一編『高等学校情報B最新版』pp.34-37,新興出版社啓林館,2006年.
[17]　森健『グーグル・アマゾン化する社会』第7章,光文社新書,2006年.
[18]　斎藤俊則「教師教育における記号論の重要性」情報教育シンポジウムSSS2007論文集,pp.131-134,2007年.
[19]　例えば,阿部圭一『明文術　伝わる日本語の書きかた』第1章,NTT出版,2006年とか,田村紀雄『コミュニケーション　理論・教育・社会計画』第1章,第2章,柏書房,1999年.
[20]　文献[5]
[21]　文部科学省:情報教育の実践と学校の情報化～新情報教育の手引き～,第2章コラム,2002　http://www.mext.go.jp/a-menu/shotou/zyouhou/020706.htm
[22]　山内祐平『デジタル社会のリテラシー』岩波書店,2003年.

(愛知工業大学情報科学部教授)

第3章　IT化とファジィ論理の発展
―― 拡張ファジィ論理とその周辺 ――

小田　哲久

I　ファジィ理論の歴史と分野

カリフォルニア大学のL. A. Zadehが1965年に提案した，概念境界の曖昧な事象を取り扱う「ファジィ集合（Fuzzy Set）」[1]は，従来の伝統的な数学の枠組みをはみ出しかねない，無謀ともいえるような試みであった。このため，最初の論文はどの学会誌にも掲載されず，やむなく自分が編集委員をしていた制御関係の学会誌に掲載することになったエピソードはよく知られている。その後も，統計学の分野の研究者からは，帰属度関数（メンバーシップ関数）は確率の概念と同じではないか，とか，確率に補助線を付加しただけのもの，など，様々な批判を浴び，今もその種の論争は終わっていないともいえる。

しかし，1975年にロンドン大学のE. Mamdaniがファジィ制御によるセメントを焼く窯の制御に成功して以降，その実際的有用性から，ファジィ集合を含めたファジィ理論全体を有効なものと認識する傾向が一般化して行った。

その後，ファジィ制御があらゆる電気製品，特に家庭電化製品に応用されるようになって，一挙に知名度が高まり，1990年の日本で，「ファジー」がその年の流行語となり，一般用語として使われるまでに至った。

実際のところ，初期には，ファジィ理論の研究は数学の一分野とみなされ，理論的研究が中心であったといえる。全体的な理論体系の構築というよりは，ファジィ集合の概念に触発された，曖昧さ研究の模索が続いていたともいえる。やがて，各種理論発展の結果，分野らしきものが浮かび上がってきた。現在は，

ファジィ理論を，ファジィ集合，ファジィ論理，ファジィ数学，ファジィ推論（ファジィ制御を含む），ファジィ測度（ファジィ積分を含む），の5分野に分けることが一般的である。なお，Zadehは，ファジィ理論の発展と平行して発展してきた，ニューラルネット，決定論的カオス，ラフ集合，GA（遺伝的アルゴリズム），SOM（自己組織化マップ）その他，新しい発想に基づくコンピュータ利用計算技術を総称して，「ソフトコンピューティング」と呼ぶようになった（ソフトコンピューティングに関する包括的知識については [2] を参照のこと。）。

II　ファジィ論理の世界

　ファジィ論理（Fuzzy Logic）という言葉は，元来，Zadehが提唱したものであるが，それは，ある意味で矛盾した，挑戦的な用語である[3]。ある種の曖昧さを意味する「ファジィ」と曖昧さを許さない「論理」を結合した合成語だからである。そのような危うさを孕んだ概念であるが，そこには，従来の古典論理に代表される論理学のイメージからはおよそかけ離れた，融通無碍な世界が広がっている。本題の「拡張ファジィ論理」の概説に入る前に，これまでに開発された，伝統的なファジィ論理を概説することで，その世界の一端を窺うことにしよう。ファジィ論理の詳細を体系的に学ぶには，向殿[4]を参照の事。本章の以下の内容は おおむね [4] に準拠するが，記述の簡潔さ，あるいはその他の理由によって，定義や表記が異なる部分もある。

1　数値真理値モデル

　2000年以上の歴史を持つ古典論理（Classic Logic）において，命題（Proposition）とは，真（Truth）か偽（False）かが決定できる言明をいうが，ファジィ論理においてはそうではない。例えば，「明日は天気がよい」という言明は，その中の「天気がよい」という概念の境界が曖昧であることから，その言

明が真であるか,偽であるかを一位に決める事ができない。ファジィ論理では,この種の曖昧な命題を「ファジィ命題」と呼ぶ。数値真理値モデルでは,その言明が真である度合いを,$x \in [0, 1]$ なる1個の実数値 x で表し,その命題の「数値真理値」と呼ぶ。英語表記は Numerical Truth Value model

図表1　数値真理値をファジィ集合と見た場合の例　（数値真理値が0.7の場合）

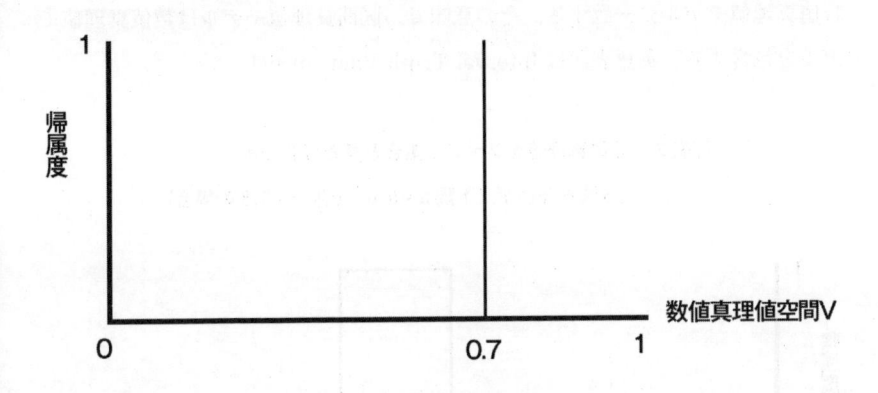

2 区間真理値モデル

ファジィ命題の真理値を，1個の実数値だけでなく，実数閉区間 [a, b] で表す。ただし a, b∈[0, 1], a≦b とする。これの解釈では，a が真の度合い，1−b が偽の度合い，とみなすアイデアがある。a=b の場合，またその場合に限り，数値真理値モデルに一致する。その意味で，区間真理値モデルは数値真理値モデルを包含する。英語表記は Interval Truth Value model

図表2 区間真理値をファジィ集合と見た場合の例
(区間真理値が，下限 a=0.6, 上限 b=0.8 の場合)

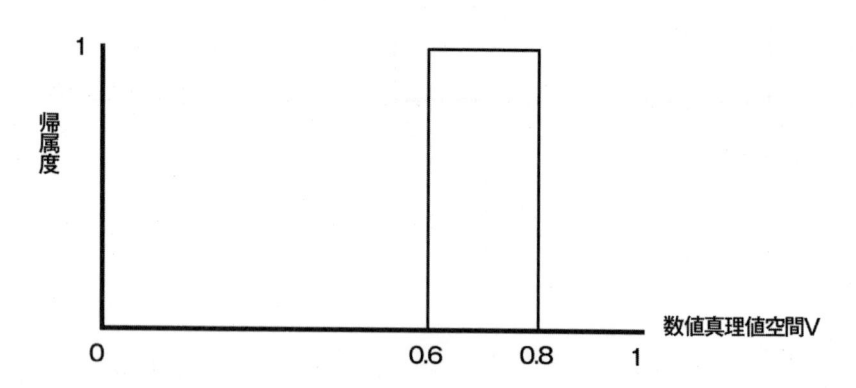

③ 三角真理値モデル

ファジィ命題の真理値を，三角真理値 {a, b c} で表す。ただし a, b, c∈[0, 1]，$a \leq b \leq c$ とする。三角真理値は，台集合 V＝[0, 1] 上のファジィ帰属度関数であり，その帰属度値は，それぞれ，{0, 1, 0} となる。

三角真理値モデルは，a＝b かつ b＝c の場合，数値真理値モデルとなる。英語表記は Triangular Truth Value model

図表3　三角真理値をファジィ集合と見た場合の例
　　　（三角真理値が，下限 a＝0.3，代表値 b＝0.6，上限 c＝0.8 の場合）

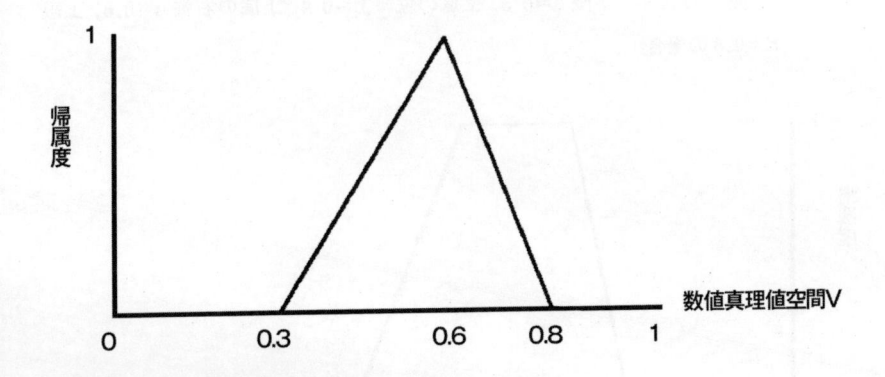

4 台形真理値モデル

ファジィ命題の真理値を,台形真理値 {a, b, c, d} で表す。ただし a, b, c, d∈[0, 1], a≦b≦c≦d とする。台形真理値は,台集合 V=[0, 1] 上のファジィ帰属度関数であり,その帰属度値は,それぞれ,{0, 1, 1, 0} となる。

台形真理値モデルは,a=b かつ c=d の場合,区間真理値モデルとなる。

また,b=c の場合,三角真理値モデルに一致する。英語表記は Trapezoid Truth Value model

図表4 台形真理値をファジィ集合と見た場合の例
　　　（台形真理値が,下限 a=0.3,上底の左端 b=0.4,上底の右端 c=0.6,上限 d=0.8 の場合）

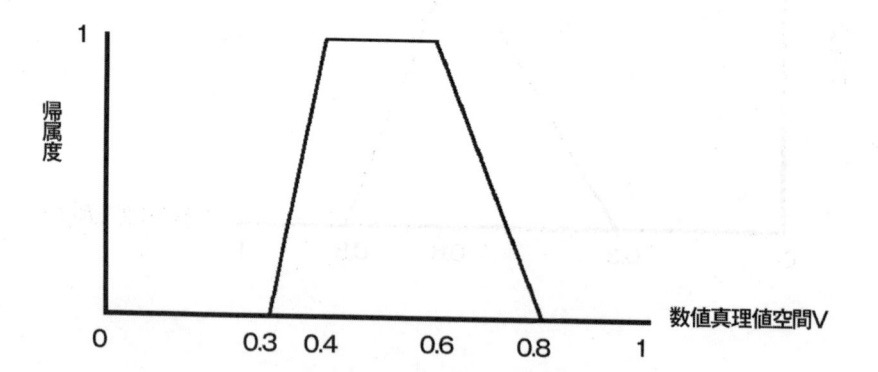

5 ファジィ真理値モデル

　ファジィ命題の真理値を，実数閉区間[0,1]を台集合とする1個の正規かつ凸なファジィ集合（三角，台形，などの特殊な図形に限定されることはなく，正規かつ凸でありさえすればよい一般形）で表す（ここでのファジィ真理値の定義は，向殿[4]の中の，最も狭義な定義を採用している。）。

　なお，帰属度関数が正規であるとは，帰属度の最大値が1であることで，凸であるとは，帰属度関数の左側が単調増加，右側が単調減少になっていることをいう。英語表記はFuzzy Truth Value model

　　図表5　ファジィ真理値の例

　　　（下限a＝0.3，上限b＝0.8の場合：関数形は1例）

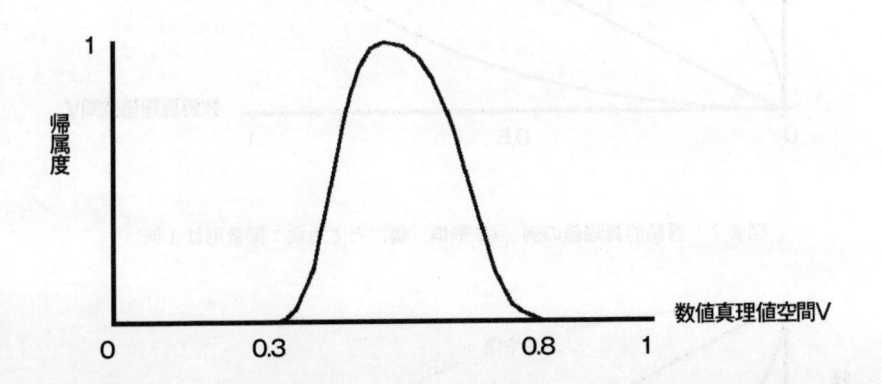

6 言語的真理値モデル

ファジィ命題の真理値を，とても偽，偽，やや偽，真でも偽でもない，やや真，真，とても真，などの程度量表現を加えた「言語的真理値」で表す。そして，その言語的真理値は，定型化されたファジィ集合で表される。
英語表記は Linguistic Truth Value model

図表6　言語的真理値の例　（やや真，真，とても真：関数形は1例）

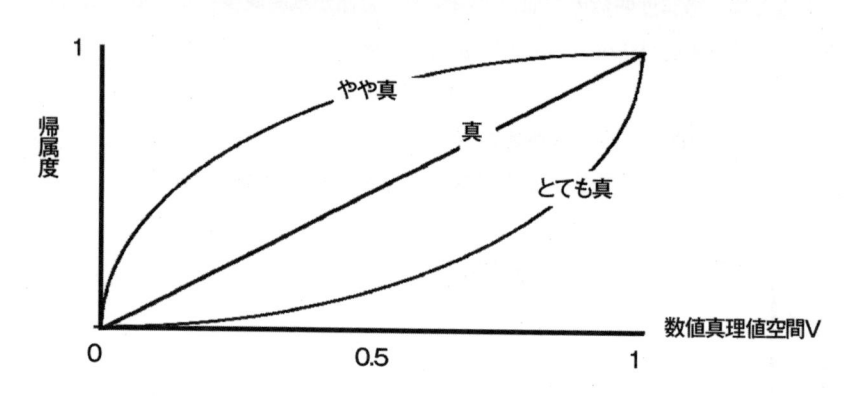

図表7　言語的真理値の例　（やや偽，偽，とても偽：関数形は1例）

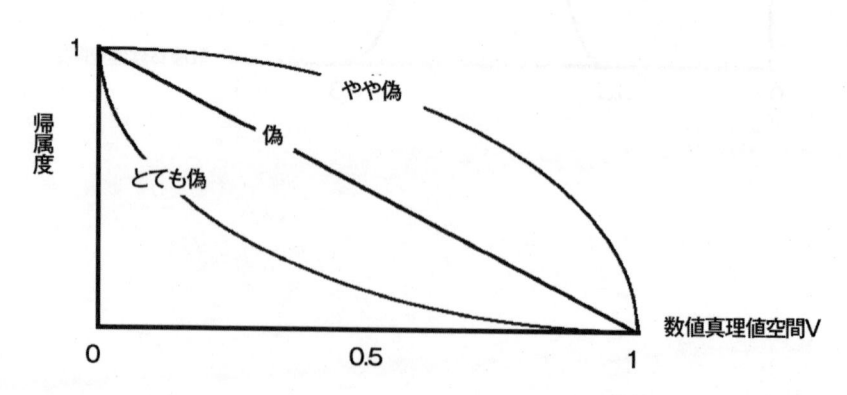

7 ファジィ数値真理値モデルの演算系

ここまでで紹介した各ファジィ論理は,モデルによって演算系が異なる。しかし,いずれも,その基本形は数値真理値モデルの演算系である。
ファジィ命題AとBの真理値をそれぞれ,a,bとする。
ここでは,基本的な min, max, 1からの補,の演算を用いる。

$$論理積 \quad A \wedge B = min(a, b) \tag{1}$$
$$論理和 \quad A \vee B = max(a, b) \tag{2}$$
$$否定 \quad \neg A = 1 - a \tag{3}$$

8 ファジィ数値真理値モデルの代数系

式(1)から(3)によって演算が定義される数値真理値モデルの代数系は以下の法則を満たす。

$$等冪律 \quad A \wedge A = A, A \wedge A = A \tag{4}$$
$$交換則 \quad A \vee B = B \vee A, \tag{5}$$
$$A \wedge B = B \wedge A \tag{6}$$
$$結合則 \quad A \vee (B \vee C) = (A \vee B) \vee C \tag{7}$$
$$A \wedge (B \wedge C) = (A \wedge B) \wedge C \tag{8}$$
$$吸収律 \quad A \vee (A \wedge B) = A, \tag{9}$$
$$A \wedge (A \vee B) = A \tag{10}$$
$$分配法則 \quad A \wedge (B \vee C) = A \wedge B \vee A \wedge C \tag{11}$$
$$二重否定 \quad \neg(\neg A) = A \tag{12}$$
$$ド・モルガン則 \quad \neg(A \vee B) = \neg A \wedge \neg B \tag{13}$$
$$\neg(A \wedge B) = \neg A \vee \neg B \tag{14}$$

最大元　　$A \vee 1 = 1, A \wedge 1 = A$ 　　　　　　　　　　　　　(15)

最小元　　$A \vee 0 = A, A \wedge 0 = 0$ 　　　　　　　　　　　　　(16)

そして，上で紹介した，他のファジィ論理も，同様である。すなわち，「ド・モルガン代数」の構造を持つ（数値真理値，区間真理値，言語的真理値の論理演算系は，向殿[4]に準拠する。三角真理値，台形真理値の演算系は，大塚ら[5]に準拠する）。

9　クリーネ律

ファジィ論理，ファジィ集合などの多値論理の場合，一般に，相補律を満たさない。古典論理で重視される相補律は，以下の2つの法則から成る。

　　　　$A \wedge \neg A = 0$ 　矛盾律　　　　　　　　　　　　　　　　(17)

　　　　$A \vee \neg A = 1$ 　排中律　　　　　　　　　　　　　　　　(18)

数値真理値モデルは，相補律の代替物とみなされる，「クリーネ律」を満たす。向殿[6]によれば，クリーネ律は，以下の方程式で表される。

　　　　$(A \vee \neg A) \vee (B \wedge \neg B) = A \vee \neg A$ 　　　　　　　　　　(19)

　　　　$(A \vee \neg A) \wedge (B \wedge \neg B) = B \wedge \neg B$ 　　　　　　　　　　(20)

これらの方程式は，以下の不等式から得られる。

　　　　$(A \vee \neg A) \geqq (B \wedge \neg B)$ 　　　　　　　　　　　　　　(21)

このクリーネ律を満たす代数系は「クリーネ代数」と呼ばれ，ド・モルガン則までしか満たさない「ド・モルガン代数」よりも，古典論理を満たすブール代数に近く，推論結果が解釈しやすい。

数値真理値モデルは，このクリーネ律を満たす。それ以外のファジィ論理モデルは，全域でクリーネ律を満たす事は難しく，ある一定の条件下でのみ，満たすのが普通である。

Ⅲ 紹介する拡張ファジィ論理

本稿では,「従来のファジィ論理」の範囲を,上に述べた,数値真理値,区間真理値,三角真理値,台形真理値,ファジィ真理値,言語的真理値,の6種のモデルとする。ここでは,それらのいずれかを包含し,また,そのどれにも当てはまらない内容を含むような「ファジィ論理」のモデルをとりあげる。なお,一部に「拡張ファジィ集合」のモデルを含む。具体的には,次の5種である。
① K. Atanasov の「直観的ファジィ集合」(Intuitionisitic Fuzzy Set) および,「直観的ファジィ論理」(Intuitionistic Fuzzy Logic)
② 向殿と菊池の「拡張区間真理値モデル」(Fuzzy Interval Logic model)
③ 小田の「HLS モデル」(Hyper Logic Space model)
④ P. Melin の「調停的ファジィ論理」(Mediative Fuzzy Logic)
⑤ F. Smarandache の「ニュートロソフィック集合」(Newtrosophic Set)
以下の各節で,それぞれのモデルの概要を紹介する。

1 「直観的ファジィ集合」と「直観的ファジィ論理」

直観的ファジィ集合 (Intuitionistic Fuzzy Set: IFS と略記) は,1983 年にブルガリアの Krasimir T. Atanassv によって最初の提案がなされた[注1]。それ以後,G. Stova, G. Gargov らの貢献によって発展し,1990 年代に入ると,ブルガリア以外の国でも IFS を研究する人々が現れてきた。その後,世界各地で各種の応用も進みはじめているが,2008 年現在,日本では IFS を本格的に研究している研究者はいないようである。以下では,Atanassov[7]に準拠して,IFS の基礎的な部分を紹介する。

L. A. Zadeh が提唱したファジィ集合 (Fuzzy Set) は,よく知られているように,言語ラベル A で表記される,境界のあいまいな集合 A について,A の1個

の要素 x が，A に属する度合いを $[0, 1]$ 上の一つの実数値 $\mu_A(x)$ で表し，それを帰属度（メンバーシップ値）と呼ぶ．さらに，それを x のとりうる全域について定義した関数を，A の帰属度関数（メンバーシップ関数）と呼ぶ．

これに対して，IFS では，1つの集合 A について，帰属度関数 $\mu_A(x)$ と非帰属度関数 $\nu_A(x)$ の独立な2要因を適用する．帰属度関数 $\mu_A(x)$ は，通常のファッジィ集合の帰属度関数そのものである．対象とする集合 A そのものに違いがあるわけではないが，非帰属度関数 $\nu_A(x)$ を追加して，A の特徴の記述をより詳しくしているだけである．ただし，次のように，定義域に制約を設けている．

$$0 < \mu_A(x) + \nu_A(x) \leq 1 \tag{22}$$

式(22)の意味するように，$\mu_A(x)$ と $\nu_A(x)$ の両者は完全独立ではない．

・IFS の集合演算

IFS 理論での集合演算の定義を以下に示す．

$$A \subset B \; iff \; (\forall_x \in E) \\ (\mu_A(x) \leq \mu_B(x) \& \nu_A(x) \geq \nu_B(x)) \tag{23}$$

$$A \supset B \; iff \; B \subset A \tag{24}$$

$$A = B \; iff \; (\forall_x \in E) \\ (\mu_A(x) = \mu_B(x) \& \nu_A(x) = \nu_B(x)) \tag{25}$$

$$\overline{A} = \{\langle x, \nu_A(x), \mu_A(x) \mid x \in E \rangle\} \tag{26}$$

$$A \cap B = \{\langle x, min(\mu_A(x), \mu_B(x)), max(\nu_A(x), \nu_B(x))\rangle \mid x \in E\} \tag{27}$$

$$A \cup B = \{\langle x, max(\mu_A(x), \mu_B(x)), min(\nu_A(x), \nu_B(x))\rangle \mid x \in E\} \tag{28}$$

$$A + B = \{\langle x, \mu_A(x) + \mu_B(x) - \mu_A(x), \mu_B(x), \nu_A(x) \cdot \nu_B(x)\rangle \mid x \in E\} \tag{29}$$

$$A \cdot B = \{\langle x, \mu_A(x) \cdot \mu_B(x), \nu_A(x) + \nu_B(x) - \nu_A(x) \cdot \nu_B(x)\rangle \mid x \in E\} \tag{30}$$

$$A@B = \left\{ \left\langle x, \frac{(\mu_A(x)+\mu_B(x))}{2}, \frac{(\nu_A(x)+\nu_B(x))}{2} \right\rangle \mid x \in E \right\} \tag{31}$$

$$A\$B = \left\{ \left\langle x, \sqrt{\mu_A(x)\cdot\mu_B(x)}, \sqrt{\nu_A(x)\cdot\nu_B(x)} \right\rangle \mid x \in E \right\} \tag{32}$$

$$A*B = \left\{ \left\langle x, \frac{\mu_A(x)+\mu_B(x)}{2\cdot(\mu_A(x)\cdot\mu_B(x)+1)}, \frac{\nu_A(x)+\nu_B(x)}{2\cdot(\nu_A(x)\cdot\nu_B(x)+1)} \right\rangle \mid x \in E \right\} \tag{33}$$

$$A \triangleright\triangleleft B = \left\{ \left\langle x, 2\cdot\frac{\mu_A(x)\cdot\mu_B(x)}{\mu_A(x)+\mu_B(x)}, 2\cdot\frac{\nu_A(x)\cdot\nu_B(x)}{\nu_A(x)+\nu_B(x)} \right\rangle \mid x \in E \right\} \tag{34}$$

ただし，$\mu_A(x) = \mu_B(x) = 0$ (35)

の場合には，

$$\frac{\mu_A(x)\cdot\mu_B(x)}{\mu_A(x)+\mu_B(x)} = 0 \tag{36}$$

とする。また，

$$\nu_A(x) = \nu_B(x) = 0 \tag{37}$$

の場合には，

$$\frac{\nu_A(x)\cdot\nu_B(x)}{\nu_A(x)+\nu_B(x)} = 0 \tag{38}$$

とする。

式(26)〜(28)の組み合わせが基本的な演算系とみなせる。

IFSを基礎に，拡張ファジィ論理としたのがIntuitionistic Fuzzy Logicすなわち「直観的ファジィ論理」である。

2 拡張区間真理値モデル

向殿と菊池[6]は，区間真理値モデルを拡張し，a≦bという制約を外して，「拡張区間真理値」を提案した。すなわち，a>bを許容することとした。これは理論的に大きな跳躍であり，上限が下限より下にくるような状態を許すことになる。そこに生ずる矛盾Cを，C=a+b−1として数値化することができる。

英語表記は Fuzzy Interval Logic である。

(1) 拡張区間真理値モデルの演算系
ファジィ命題 A, B の真理値を真, 偽の2要因で次のように表記する。

$$A = (ta, fa), B = (tb, fb) \tag{39}$$

$$A \wedge B = (min(ta, tb), max(fa, fb)) \tag{40}$$

$$A \vee B = (max(ta, tb), min(fa, fb)) \tag{41}$$

$$\sim A = (fa, ta) \tag{42}$$

(2) 拡張区間真理値モデルの意味付け
菊池と向殿[8]は,「日常の論理にはファジィ論理では取り扱えない命題が存在する. 例えば, 次の命題の集合が恒真式として与えられたとする. |甘いものはおいしい, おいしいものは好き, 太るものは好きでない, 甘いものは太るものである| この時, 命題『甘いものは好き』の真理値はどうなるだろうか？真でありかつ偽である, これは矛盾である. 逆に, 上の恒真式の集合より,『高いものは好き』の真理値は定まるだろうか？これは未知と解釈できる」として, 真と偽を独立に与える事に意味付けを行っている。この意味付けは, ファジィ区間真理値だけでなく, 拡張区間真理値にも適用可能である。以下に, 拡張区間真理値の2つの態様を図示する。

図表8 拡張区間真理値モデルの解釈1 （矛盾がなく，不明ないし情報不足がある場合。ここでは，a=0.6, b=0.8の例を示す）

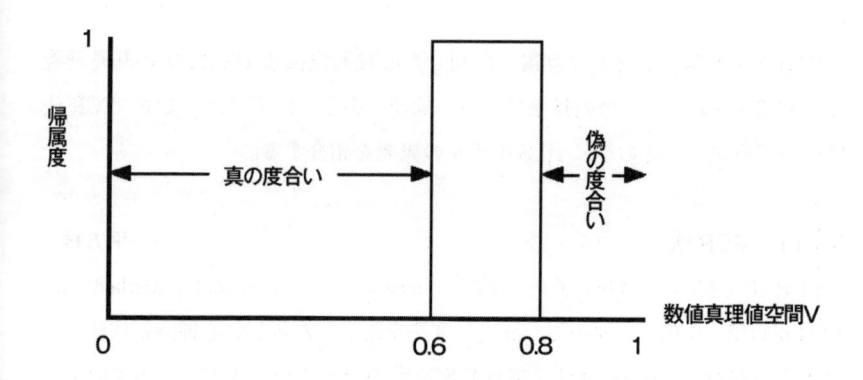

図表9 拡張区間真理値モデルの解釈2 （矛盾がある場合。ここでは，a=0.8, b=0.6の例を示す）（この図示方法は小田の方法による。向殿らの図示方法とは異なる）

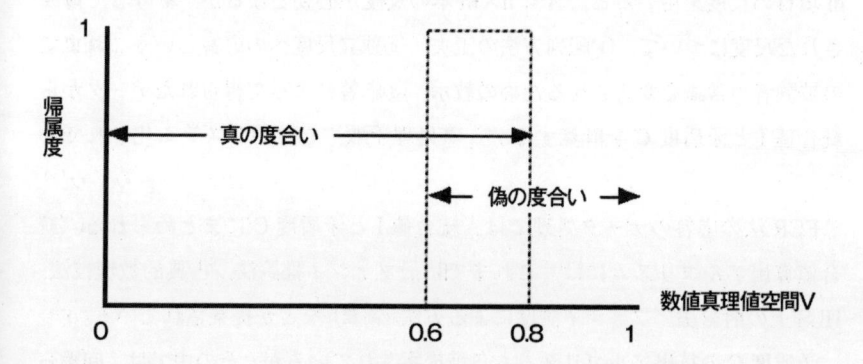

3 HLS モデル

HLS モデルは，ファジィ理論を応用した心理測定技法（FCR 法）の基礎理論として開発された，一種の拡張ファジィ論理である。以下では，まず，FCR 法について概説し，その後に HLS モデルの概要を紹介する。

（1） FCR 法

FCR 法（ファジィ多項目並列評定法：Fuzzy-set Concurrent Rating Method）は，1993 年以降，小田らによって，評定尺度法を改良した新しい心理測定技法として提案された[9]。図表10 は 2 項目並列尺度のケースを示すが，この例のように，被験者の態度や意見を肯定と否定の両面を別々の評定尺度の上に表してもらう方法である。さらに，3 項目法では，中間項目尺度を追加する。中間項目尺度には，「どちらでもない」などのラベルを使用する。以下，4 項目，5 項目など，自由に設定が可能である。通常は 2 項目法が用いられる。n 個の設問に m 項目の尺度を用いると，合計 n×m 本の尺度が必要となるが，そうして構成された尺度について，①配列方法の工夫，②独立尺度への応答というこれまでの被験者の常識を変えさせるための教示，③応答によって得られたデータから統合値 I と矛盾度 C を計算するデータ処理手順，などがシステム化されている。

FCR 法の応答のデータ処理では，統合値 I と矛盾度 C にまとめられる。統合値算出アルゴリズムには，これまでに，ファジィ推論法，古典的数理技法，HLS 上の射影法，ファジィ測度による方法（高萩）などが提案されている。

矛盾度 C の算出アルゴリズムも各種提案されているが，その中では，向殿らの拡張区間真理モデルでの矛盾度 C と同じ，矛盾度 $C_3 = t + f - 1$ という，単純な式が一般的である。$-1 \leq C_3 \leq 1$ の範囲の 1 個の実数値になるが，$C_3 = 1$ では完全な矛盾，$C_3 = 0$ では無矛盾で通常のファジィ論理（数値真理値モデル）に一致し，$C_3 = -1$ では，完全な無関心ないし無関連を表す。なお，FCR 法に対

する逆演算として，高萩によって，逆FCR法が提案されている[10]。逆FCR法では，評定値と矛盾度から，肯定的尺度値と否定的尺度値を推定する。

図表10　2項目FCR法の例

設問：この品のデザインについて，良い，悪いの両面をそれぞれ別個に評価して下さい。ただし，良いけれども悪い，という結果もありえます。

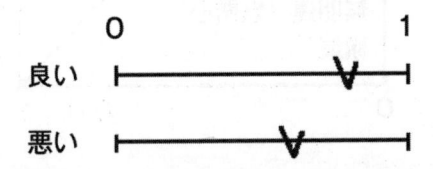

```
        0                    1
良い     ├─────────────V──────┤
悪い     ├──────────V─────────┤
```

FCR法の数学的基礎として，HLSモデル (Hyper Logic Space model) が提案されている[11] (図表11参照)。これまでは，主として2項目FCR法に対応した2次元HLSモデルが議論されてきた。以下，2次元の場合を記述する (3次元HLSの一部は [12] に記載)。

HLSは真理値Tと偽値Fの直積 $T \times F$ であり，FCR法の応答 (t,f) は，HLS上の1点にプロットされる。例えば，図表10の応答は真理値 $t=0.8$，偽値 $f=0.6$ と読みとれるので，図表11の矛盾領域にプロットされる。

図表11 HLSモデルとFCR法データのプロット例

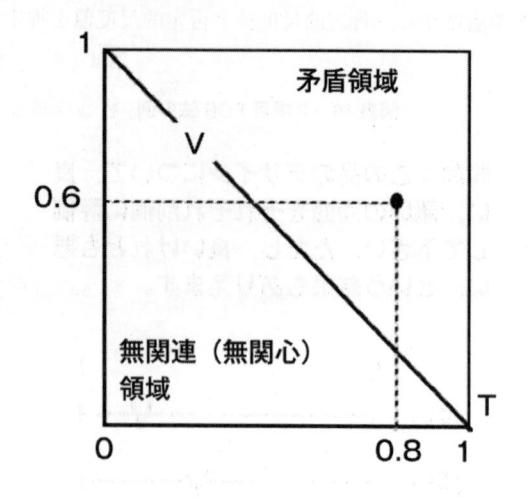

(2) HLSの基本演算

HLSモデルは，基本的に1次元のファジィ論理での演算をそのまま多次元に拡張する。2次元HLSでの基本論理演算は次の通りである。

$$A \land B = (min(ta, tb), max(fa, fb)) \tag{43}$$

$$A \lor B = (max(ta, tb), min(fa, fb)) \tag{44}$$

$$\neg A = (1-ta, 1-fa) \tag{45}$$

HLSモデルは，向殿と菊池による拡張区間真理値のモデル[6]の影響を強く受けており，否定演算の定義は違うが，拡張区間真理値と同様に，t+f>1となるような矛盾したデータを扱えるようにしている。

また，HLSは，2次元から1次元の数値真理値空間Vへの写像手続きが提案されており，それの台形真理値の間の演算への応用が示されている[13]。

4 調停的ファジィ論理

 IFS が矛盾したデータを定義域から外したことで,実用上,また理論上の様々な問題点が発生する。このため,最近,HLS と同様に,矛盾したデータを扱えるように IFS を拡張したモデルが提案されはじめている。その1つが,メキシコの P. Melin による拡張モデルである。Melin は,基本的には IFS の枠組みを採用しながら,矛盾した集合を取り扱う方法を提案している。彼女の提案する Mediative Fuzzy Set[14] (ここでは「調停的ファジィ集合」と翻訳した) は,IFS での $\mu(x)+\nu(x)\leq 1$ を,

$$\mu(x)+\pi(x)+\nu(x)=1 \tag{46}$$

として表現している。ここでの π を,彼女は Hesitation Margin (躊躇余裕とでも訳すべきか) と呼ぶ。ちなみに,HLS との関連では,$\pi=-C_3$ である。そして,彼女は,矛盾集合 C に対して,π 以外に矛盾指標 ζ_c を追加している。

 ただし,

$$\zeta(x)=min(\mu_c(x), \nu_c(x)) \tag{47}$$

である。

 ζ の定義式の意味は,$\mu(x)\wedge\nu(x)$ と見なせる。すなわち,x が集合に「帰属し,かつ,帰属しない程度」を表現していると考えられる。

 このモデルを基礎として,拡張ファジィ論理モデルとして扱ったのが Mediative Fuzzy Logic (「調停的ファジィ論理」) である。

5 ニュートロソフィック集合

 ルーマニアから米国へ移住した F. Smarandache も IFS を独自のアイデアで拡張している。彼は,元来,数論の研究者であるが,超準解析を採用する事で,帰属度の範囲の [0,1] の枠を緩め,場合によっては負の値や 1 を越える値までも許すような基本的な拡張をして矛盾を許容するモデル (Neutrosohphic

Set)[15] を提案している。以下，彼の論文を要約して紹介する。本稿は，おそらく，このモデルに関する日本での最初の具体的紹介になろう。

Newtrosophic という名前は，彼の造語で，中立不偏の考えについての知識を意味する「newtoro sophy」で，語源的に，[フランス語 neutro，ラテン語 newter，英語 neutral（中性，中立）の意，ギリシア語の sophia，技術/知恵] から来ているという。

そのニュートロソフィック集合（以下，NS と呼ぶ）は，集合の要素がとりうる値域を，[0,1] ではなく，]$^{-}0, 1^{+}$[として表現している。Smarandache は，量子力学の「シュレーディンガーの猫」の比喩を引き合いに出し，また，雲と周辺の水滴の関係を説明のための例として呈示している。たとえば，シュレーディンガーの猫の理論 は光子の量子状態が基本的に同じ時間に複数の場所に存在することができると言う。そして，その事は，ある要素（量子状態）が，同じ時間に1つの集合（1つの場所）に属していると同時に属していない，NS に翻訳される。すなわち，1つの要素（量子状態）が同じ時間に異なる2つの集合（2つの異なる場所）に属することを意味する。と記述している。また，東洋哲学（禅）における，「存在すると同時に存在しない」という哲学的概念との類似性を示唆している。

（1） NS の定義

T，I，F を，]$^{-}0, 1^{+}$[の部分集合または超準部分集合であるとする。T，I，F はニュートロソフィック構成要素と呼ばれる。

U を議論する世界とする。そして，M を U に含まれた集合とする。U の1つの要素 x は，集合 M に関して，$x(T, I, F)$ として記述される。そして，x は，M に対して t％真であり，i％集合内で不確定（または不明）であり，f％偽であるという状態で属している：そこでは，t は T 内で変化し，i は I 内で，f は F 内で変化する。

（2） NSの数値例

Smarandache は，下記のように具体的な数値例を示している。

A, B, C を 3 つの NS であるとする。任意の要素 x が，集合 A に対してニュートロソフィック的に属している確率を，（真，不明，偽）の 3 要素で表記する。ただし，その確率の値は 0 と 1 の間で変化するが，時に 0 または 1 を超えることすらある。

（例 1）：x(0.5, 0.2, 0.3) は A に属している。

x が A である確率が 50% と，30% の確率で x が A でないこと，そして，残りが不確定なことを意味する。ここでは，0.5＋0.2＋0.3＝1，である

（例 2）：y(0, 0, 1) は A に属している。

通常，y が A に属していないことを意味する。

（例 3）：z(0, 1, 0) は A に属している。

人が A についての z の関与について全然何も知らないことを意味する。

このように，A は NS であり，また，IFS でもある。

（例 4）

より一般的なケースとして次のようなものが考えられる。

y((0.20−0.30), (0.40−0.45)∪[0.50−0.51], {0.20, 0.24, 0.28}) は，集合 B に属している。

20−30% の間の確率で，y は B に属する（いろいろな源が使われるため，正確な近似を見出すことができない）。

20% または 24% または 28% の確率で，y は B に属さない。

B への y の帰属に関する非決定性は，40−45% の間に，または，50−51%（境界値を含めて）の間にある；

この場合，帰属，非決定性と偽を表現する各部分集合は，重なる確率がある。そして，n_sup＝0.30＋0.51＋0.28＞1 である。それゆえ，B は NS であるが，IFS ではない。それを paraconsistent（矛盾許容）集合と呼ぶ。

別の例で，要素 z(0.1, 0.3, 0.4) が集合 C に属しているとする。ここでは，0.1＋0.3＋0.41＜1 である。この場合，B は NS であるが，IFS ではない。それ

を直観的集合 (intuitionistic set) と呼ぶ。

特筆すべきことに，同じ NS において，人は，paraconsistent な（矛盾した）情報（構成要素の合計＞1）からなる3要素を持つことができ，また，他の3要素は，不完全な情報（構成要素の合計＜1），また，他の3要素は，一貫した情報（構成要素合計＝1），その他の3要素は，構成要素として区間値要素を持つことができる（そこでは合計和の上限下限についての制約はない）。

（3） NS の演算

NS の演算系は，HLS モデルと同様に，各要素について独立の演算を定義している。ただし，基本演算は，代数積，代数和，1 からの補，で構成されており，伝統的な min, max 演算は使われていない。

否定に1からの補の演算を採用しているので，推論結果は，HLS モデルと近いものになると考えられるが，超準解析を採用した事がどこまで影響するかは不明である。

Ⅳ　拡張ファジィ論理モデルの共通点

様々な拡張ファジィ論理のモデルを見ていくと，そこにはいくつかの共通点が認められる。それは，次の諸点である（これは著者の見解であり，一般に認められた傾向というわけではない。）。

① ファジィ論理で構築された枠組みは，可能な限り維持しようとする。例えば，真理値空間は [0,1] を基本とするなど。

② 旧来のファジィ論理を，その特殊ケースとして含むようにしようとする。また，当然ながら，古典論理をそのまた一部として包含しようとする。

③ 拡張の第1歩は，1次元の数値真理値空間を複数次元に拡張することにある。「真理値」（集合の場合は帰属度）に対して独立の「偽値」（集合の場合は非帰属度）を採用する。真と偽と不明などの3要素で表記することもあ

④ ③において，真と偽を表裏一体のものとは考えない。程度の違いこそあれ，別々のものと考える。
⑤ 真と偽を別物とすることで生ずる矛盾を意識している。ただし，モデルによって，それが生起しないように，あらかじめ定義で排除するか，積極的に扱うかの別がある。
⑥ 論理演算の結果が矛盾をもたらす可能性を意識している。モデルによって，最初から矛盾をもたらさないような演算系を定義することで回避するか，矛盾を積極的に扱うかの別がある。

V 拡張ファジィ理論の間の比較

本稿では，拡張ファジィ論理と，関連する拡張ファジィ集合のモデルについて，個別に紹介をして来た。上のⅣで見るように，共通部分も多く，区別がつきにくいので，ここでは，集合と論理に分けて，表の形で示すことにする。

図表12では，台形真理値の演算系として，大塚・江本・向殿[5]の定義した演算系（下記「補足」を参照のこと）を採用した場合，「ド・モルガン代数」になっていることが示される。ただし，代数的性質がどうなるかは，演算系がどのように定義されているかによる。例えば，小田・程[7]の提案する演算系では，HLSモデルを応用しており，大塚ら[5]の演算系とは否定演算の定義が異なる。否定演算結果は形式演算となり，もはや可視の台形真理値にはならず，不可視の存在である。しかしながら，そこではクリーネ律が満たされ，クリーネ代数になっている(注2)。このことからわかるように，この表で示される論理モデルの代数構造は，あくまで，本稿で限定した演算系の定義の場合に限定されることに注意されたい。

図表12 ファジィ理論の各種モデルとその代数系

伝統的科学		一般的なファジィ理論		拡張されたファジィ理論	
集合論 (初等 集合論)	B	ファジィ集合	K	拡張ファジィ集合 IFS（直観的ファジィ集合） MFS（調停的ファジィ集合） NFS（ニュートロソフィック集合）	 D D －
論理学 (古典 論理)	B	ファジィ論理 数値真理値モデル 区間真理値モデル 三角真理値モデル 台形真理値モデル ファジィ真理値モデル 言語的真理値モデル	 K D D D D 	拡張ファジィ論理 IFL（直観的ファジィ論理） 拡張区間真理値 HLS MFL（調停的ファジィ論理） NFL（ニュートロソフィック論理）	 D D K D －

B：ブール代数　　K：クリーネ代数　　D：ド・モルガン代数　　－ 未調査

補足 台形真理値の演算系（大塚・江本・向殿モデル）

ファジィ命題 A の台形真理値を TTV(A) と表記することにする。

TTV(A)＝{a1, a2, a3, a4}　ただし，附与する帰属度は，{0, 1, 1, 0}　　　(48)

TTV(B)＝{b1, b2, b3, b4}　ただし，附与する帰属度は，{0, 1, 1, 0}　　　(49)

TTV(A)∨TTV(B)＝{max(a1, b1), max(a2, b2), max(a3, b3), max(a4, b4)}

(50)

TTV(A)∧TTV(B)＝{min(a1, b1), min(a2, b2), min(a3, b3), min(a4, b4)}

(51)

～TTV(A)＝{1－a4, 1－a3, 1－a2, －a1}　　　(52)

(注1)　竹内外史と千谷慧子による論文[16]は，Atanassov による提案よりも早くに Intuitionistic Fuzzy Set, Intuitionistic Fuzzy Logic という用語を用いており，両者

の内容が全く異なっていることから,若干の混乱が生じた。ここではAtanassovの意味でのIFSを取り扱っている。

(注2) 小田・程[7]では,台形真理値をHLS上の矩形真理値に還元して論理演算を行う。クリーネ律はHLS上で成立する。

【参考文献】

[1] L. A. Zadeh, Fuzzy Sets, Information and Control, Vol. 8, 1965

[2] D. マクニール,P. フライバーガー原著・寺野寿郎監修・田中啓子訳『ファジィ・ロジック』新曜社,1995年。

[3] 日本ファジィ学会編:ファジィとソフトコンピューティング ハンドブック,共立出版,2000

[4] 向殿政男:ファジィ論理,日本ファジィ学会編,講座ファジィ4,日刊工業新聞社,1993

[5] 大塚和彦,江本全志,向殿政男,ファジィ論理における台形真理値の性質について,日本ファジィ学会誌,Vol. 11, No. 2, pp. 154-162, 1999

[6] 向殿政男,菊池浩明:ファジィ・インターバル論理の提案,日本ファジィ学会誌,Vol. 2, No. 2, pp. 97-110, 1990

[7] Krassimir T. Atanassov :Intuitionistic Fuzzy Set Theory and Applications, Physica Verlag, pp. 1-60, 1999

[8] 菊池浩明,向殿政男:ファジィインターバル論理関数の標準形,第40回情報処理学会全国大会講演論文集,pp. 45-46, 1990

[9] 小田哲久:ファジィ多項目並列評定法の特徴について,日本経営システム学会誌,Vol. 12, No. 1, pp. 23-32, 1995

[10] 高萩栄一郎:ファジィ測度とFCR法―逆φs変換法の提案と各FCR法の比較―,知能と情報(日本知能情報ファジィ学会誌),Vol. 16 No. 1, pp. 80-87, 2004

[11] 小田哲久:多次元多値論理の提案-ファジィ論理の多次元的拡張としての超論理空間-,日本経営工学会論文誌,Vol. 49, No. 3, pp. 135-145, 1998

[12] 小田哲久:評定尺度法に関する研究:中心化傾向対策としてのFCR法の提案,早

稲田大学理工学研究科博士論文, pp. 1-24, 2002

[13]　小田哲久, 程 儒雅：ファジィ台形真理値の演算について, 第22回ファジィシステムシンポジウム講演論文集, pp. 773-778, 2006

[14]　O. Montiel, O. Castillo, P. Melin, R. Sepulveda, Human evolutionary model: A new approach to optimization, Information Sciences 177, pp. 2075-2098, 2007

[15]　Florentin Smarandache: Neutrosophic Set - A Generalization of the Intuitionistic Fuzzy Set, 2002

　　　http://arxiv.org/pdf/math/0404520

[16]　Takeuti G., Titani S., Intvitionistic fuzzy logic and intvitionistic fuzzy set theory, The Journal of Symbolic Logic, Vol. 49, No. 3, pp. 851-866, 1984

　　　　　　　　　　　　　　　　　　　　　　（愛知工業大学経営学部教授）

第4章 IT化と数理計画法
——正割条件から導くヘッセ行列の近似公式——

伊藤　雅

I　無制約最適化問題の最適性条件

　数理計画法は線形計画法，非線形計画法，整数計画法の3つの柱に大別できる。ここでは非線形計画法の微分可能な無制約最適化問題について考察する。基本となるのはニュートン法である。ニュートン法で目的関数の2階偏微分係数を並べた行列をヘッセ行列という。ヘッセ行列は一般に対称行列となる。正割条件と呼ばれる条件を満たすように変数ベクトルの偏差と勾配ベクトルの偏差からヘッセ行列の近似公式を導くことが本章の目的である。

　本章ではベクトルはボールド表記し，すべて列ベクトルで定義する。ベクトルの次元数は文脈から判断できる場合は特に明記しない。零ベクトルの $\boldsymbol{0}$ についても同様である。ベクトル $\boldsymbol{x}$ の転置を $\boldsymbol{x}^T$ と記すことにする。

　まず，本章で扱う無制約最適化問題を定義し，その問題の解が持つ性質を明らかにする。次に，無制約最適化問題の最適性条件について考察する。

　今，n 次元空間 R^n 上で定義された，2階連続微分可能な目的関数 $f(\boldsymbol{x}):R^n \to R^1$ がある。この関数を最小にする $\boldsymbol{x} \in R^n$ を求める問題を**無制約最適化問題**と呼ぶことにする。定式化すれば以下のようになる。

$$\text{Minimize } f(\boldsymbol{x}), \ \boldsymbol{x} \in R^n, \ f(\boldsymbol{x}) \in C^2 \tag{1}$$

目的関数 $f(\boldsymbol{x})$ を最小にする $\boldsymbol{x}^* \in R^n$ が

$$f(\boldsymbol{x}^*) \leq f(\boldsymbol{x}), \ \forall \boldsymbol{x} \in R^n$$

を満たすとき，解 $\boldsymbol{x}^*$ を**大域的最適解**あるいは単に**最適解**という。

また,(1)式において,$x^* \in R^n$ に対して半径 $0<\varepsilon \in R^1$ の近傍 $\delta(x^*;\varepsilon) \equiv \{x \in R^n | \|x-x^*\| < \varepsilon\}$ が存在して

$$f(x^*) \leq f(x), \quad \forall x \in \delta(x^*;\varepsilon)$$

となるとき,解 x^* を**局所的最適解**あるいは単に**局所解**という。記号 $\|\cdot\|$ はユークリッドノルムである。局所的最適解の近傍に同じ目的関数値を持つ点が存在しないとき,この解を**孤立局所的最適解**または**孤立局所解**という。

大域的最適解または局所的最適解が満たすべき条件について考察してみる。簡単のため,$f(x)$ の2階連続微分可能性,つまり $f(x) \in C^2$ を仮定する。最適性の必要条件だけならば,1階連続微分可能性($f(x) \in C^1$)だけでよい。十分条件まで考えると,2階連続微分可能性が要求される。考察するにあたり,勾配なるものを定義する。

目的関数 $f(x)$ が $f(x) \in C^1$ ならば n 次元ベクトル関数

$$\nabla f(x) = \left[\frac{\partial f(x)}{\partial x_1} \frac{\partial f(x)}{\partial x_2} \cdots \frac{\partial f(x)}{\partial x_n} \right]^T$$

が存在し,これを $f(x)$ の**勾配**(gradient)という。また,目的関数 $f(x)$ が $f(x) \in C^2$ ならば $n \times n$ 次元の行列関数

$$\nabla^2 f(x) = \begin{bmatrix} \frac{\partial^2 f(x)}{\partial x_1^2} & \frac{\partial^2 f(x)}{\partial x_1 \partial x_2} & \cdots & \frac{\partial^2 f(x)}{\partial x_1 \partial x_n} \\ \frac{\partial^2 f(x)}{\partial x_2 \partial x_1} & \frac{\partial^2 f(x)}{\partial x_2^2} & \cdots & \frac{\partial^2 f(x)}{\partial x_2 \partial x_n} \\ \vdots & \vdots & \ddots & \vdots \\ \frac{\partial^2 f(x)}{\partial x_n \partial x_1} & \frac{\partial^2 f(x)}{\partial x_n \partial x_2} & \cdots & \frac{\partial^2 f(x)}{\partial x_n^2} \end{bmatrix}$$

が存在し,これを $f(x)$ の**ヘッセ行列**(Hessian)という。ヘッセ行列 $\nabla^2 f(x)$ は必ず対称行列となる。勾配 $\nabla f(x)$ の転置ベクトル $\nabla^T f(x)$ とヘッセ行列を表す記号 $\nabla^2 f(x)$ を混同されないよう注意されたい。

勾配とヘッセ行列が定義されたので,**Taylor の定理**について述べる。詳細は微分積分の教科書[1]などを参照されたい。

定理1（Taylorの定理） 関数 $f(x):R^n \to R^1$ が1階連続微分可能ならば

$$f(x+z) = f(x) + \nabla^T f(x+\theta z)z$$

となる $\theta \in (0,1)$ が存在する。

また，$f(x):R^n \to R^1$ が2階連続微分可能ならば

$$f(x+z) = f(x) + \nabla^T f(x)z + \frac{1}{2}z^T \nabla^2 f(x+\theta z)z$$

となる $\theta \in (0,1)$ が存在する。∎

まず，勾配だけを用いた局所的最適解の最適性条件を**1次の必要条件**として示してみよう。

定理2（1次の必要条件） 関数 $f(x):R^n \to R^1$ がある。解 $x^* \in R^n$ が局所的最適解であるならば，次式が成り立つ。

$$\nabla f(x^*) = 0 \tag{2}$$

証明：背理法で証明してみる。つまり，局所的最適解 x^* において $\nabla f(x^*) \neq 0$ であると仮定して矛盾を導ければよい。$\nabla f(x^*) \neq 0$ とすると $\nabla^T f(x^*)z < 0$，$\|z\|=1$ を満たす $z \in R^n$ が存在する。例えば，$z = -\nabla f(x^*)/\|\nabla f(x^*)\|$ を考えればよい。また，Taylorの定理より，任意の $\varepsilon \in R^1$ に対して

$$f(x^*+\varepsilon z) = f(x^*) + \varepsilon \nabla^T f(x^*+\theta \varepsilon z)z$$

を満たす $\theta \in (0,1)$ が存在する。ここで，ε を十分小さい正数とすれば，$\nabla^T f(x^*)z < 0$ であるので $\nabla f(x)$ の連続性より $\nabla^T f(x^*+\theta \varepsilon z)z < 0$ となる。したがって，十分小さい $\varepsilon > 0$ に対して $f(x^*+\varepsilon z) < f(x^*)$ を得る。これは x^* の近傍に x^* より良い解が存在することを示しており，x^* が局所的最適解であることに矛盾する。∎

定理2は局所的最適解においては目的関数 $f(x)$ の勾配 $\nabla f(x)$ が零でなければならないことを示している。しかし，極大値においても勾配は零となるので，勾配が零であるからといって局所的最適解とは限らない。だから定理2は最適性の必要条件には成り得ても十分条件にはならない。定理2の対偶から，勾配が零でなければ最適解とはならない。よって最適解の探索アルゴリズムでは勾

配が零となる解を求めることがその目的となる。

次に，最適解が満たすべき**2次の必要条件**について考察してみよう。その前に正定値行列と非負定値行列の定義を先に与えておく。

n次の対称行列 $A \in R^{n \times n}$ に対して

$$x^T A x > 0, \quad \forall x \neq 0 \in R^n \tag{3}$$

が成り立つとき，Aは**正定値行列**あるいは単に**正定値**という。一方，

$$x^T A x \geq 0, \quad \forall x \in R^n \tag{4}$$

が成り立つとき，Aは**非負定値行列**あるいは単に**非負定値**という。

これで2次の必要条件を証明する準備が整った。

定理3（2次の必要条件） 関数 $f(x): R^n \to R^1$ がある。解 $x^* \in R^n$ が局所的最適解であるならば

$$\nabla f(x^*) = 0 \text{ かつ } z^T \nabla^2 f(x^*) z \geq 0, \quad \forall z \in R^n \tag{5}$$

が成り立つ。すなわち，局所的最適解においては勾配 $\nabla f(x^*)$ が零となり，ヘッセ行列 $\nabla^2 f(x^*)$ は非負定値である。

証明：局所的最適解において $z^T \nabla^2 f(x^*) z < 0$ を満たす $z \in R^n$ が存在すると仮定して矛盾を導いてみる。この仮定および $\nabla^2 f(x)$ の連続性より

$$z^T \nabla^2 f(x^* + \alpha z) z < 0, \quad \forall \alpha \in [0, \bar{\alpha}]$$

を満たす $\bar{\alpha} > 0$ が存在する。一方，定理1のTaylorの定理より

$$f(x^* + \varepsilon z) = f(x^*) + \varepsilon \nabla^T f(x^*) z + \frac{1}{2} \varepsilon^2 z^T \nabla^2 f(x^* + \theta \varepsilon z) z$$

を満たす $\theta \in (0, 1)$ が存在するから，定理2より $\nabla f(x^*) = 0$ となることを考慮すると

$$f(x^* + \varepsilon z) - f(x^*) = \frac{1}{2} \varepsilon^2 z^T \nabla^2 f(x^* + \theta \varepsilon z) z < 0, \quad \forall \varepsilon \in (0, \bar{\alpha}/\theta)$$

となり，x^* が局所的最適解であることに矛盾する。■

定理2および定理3は最適性の必要条件である。1次の最適性条件は勾配の

みを用いているので，これだけでは極大値となる場合もあり得る．目的関数の凸性を仮定しない限り最適性の1次の十分条件は言えない．(1)式で定義された無制約最適化問題では関数 $f(x)$ の凸性を仮定していない．そこで最適性の**2次の十分条件**についてのみ考察する．

定理4（2次の十分条件） 関数 $f(x):R^n \to R^1$ がある．このとき，解 x^* において

$$\nabla f(x^*)=0 \text{ かつ } z^T \nabla^2 f(x^*)z>0, \ \forall z\neq 0 \in R^n \tag{6}$$

ならば，言い換えれば，勾配 $\nabla f(x^*)$ が零であり，ヘッセ行列 $\nabla^2 f(x^*)$ が正定値であるならば，解 x^* は(1)式で定義された無制約最適化問題の孤立局所的最適解である．

証明：(6)式と $\nabla^2 f(x)$ の連続性より

$$z^T \nabla^2 f(x^*+\alpha z)z>0, \ \forall z\neq 0 \in R^n, \ \forall \alpha \in [0, \bar{\alpha}]$$

を満たす $\bar{\alpha}>0$ が存在する．また，定理1のTaylorの定理より

$$f(x^*+\varepsilon z)=f(x^*)+\varepsilon \nabla^T f(x^*)z+\frac{1}{2}\varepsilon^2 z^T \nabla^2 f(x^*+\theta \varepsilon z)z$$

を満たす $\theta \in (0,1)$ が存在する．さらに仮定より $\nabla f(x^*)=0$ なので，$\forall z\neq 0 \in R^n$ に対して

$$f(x^*+\varepsilon z)-f(x^*)=\frac{1}{2}\varepsilon^2 z^T \nabla^2 f(x^*+\theta \varepsilon z)z>0, \ \forall \varepsilon \in (0, \bar{\alpha}/\theta)$$

となる．これより $f(x^*)<f(x^*+\varepsilon z)$ となり，解 x^* は孤立局所的最適解である．∎

定理3は解 x^* が $f(x)$ の局所的最適解ならば，x^* において $f(x)$ は**凸関数**であることを示している．一方，定理4は x^* において $f(x)$ が**狭義凸関数**ならば，x^* は孤立局所的最適解となることを示している．

関数 $f(x):R^n \to R^1$ が狭義凸関数であるとは，$\forall x^1, \forall x^2 \in R^n, \forall \theta \in (0,1)$ に対して

$$f(\theta x^1 + (1-\theta) x^2) < \theta f(x^1) + (1-\theta) f(x^2) \tag{7}$$

が成立することをいう。一方，θ の範囲が $\forall \theta \in [0, 1]$ であり，かつ(7)式が等号を含む場合に，関数 $f(x)$ は凸関数であるという。

II 降下法の基本

前節では最適解が満たすべき条件について考察した。本節では目的関数の値を逐次減少させる降下法の基本概念について述べる。

無制約最適化問題の求解で，目的関数 $f(x)$ を初期点 x^0 から始めて，順次

$$f(x^0) > f(x^1) > f(x^2) > \cdots > f(x^k) > \cdots \tag{8}$$

となるように関数値を逐次減少させるような点列 $\{x^k\}$, $k=0, 1, 2, \ldots$ が生成できたとする。このような最適化手法を一般に**降下法** (descent method) と呼んでいる。点列の更新は

$$x^{k+1} = x^k + \alpha^k p^k, \quad k=0, 1, 2, \ldots \tag{9}$$

で行われる。ベクトル p^k を**方向ベクトル** (direction vector)，スカラー $\alpha^k \in R^1$ を**ステップ幅** (step size) という。また，適当な α^k を探索することを**直線探索** (line search) という。

現在の点 x^k から(9)式によって次の点 x^{k+1} が求められるが，このとき方向ベクトル p^k が

$$f(x^k + \alpha p^k) < f(x^k), \quad \forall \alpha \in (0, \overline{\alpha}] \tag{10}$$

を満たすとき，点 x^k における方向ベクトル p^k は**降下方向** (descent direction) にあるという。

定理5（降下方向） 関数 $f(x)$ の $x^k \in R^n$ における勾配を $\nabla f(x^k)$ とするとき，方向ベクトル $p^k \in R^n$ が降下方向であるための必要十分条件は

$$\nabla^T f(x^k) p^k < 0 \tag{11}$$

となることである。

証明：Taylor の定理より任意の $\alpha > 0$ に対して

$$f(x^k+\alpha p^k) = f(x^k) + \alpha \nabla^T f(x^k+\theta \alpha p^k) p^k$$

となる $\theta \in (0, 1)$ が存在する。また，$\nabla f(x)$ の連続性より，$\nabla^T f(x^k) p^k < 0$ ならば x^k の近傍で $\alpha \nabla^T f(x^k+\theta \alpha p^k) p^k < 0$ となる。したがって，$f(x^k+\alpha p^k) < f(x^k)$ を得るので，p^k は降下方向である。

一方 p^k が降下方向であるならば，降下方向の定義(10)式より

$$f(x^k+\alpha p^k) < f(x^k)$$

であるから，$\forall \alpha \in (0, \overline{\alpha}]$ に対して $\alpha \nabla^T f(x^k+\theta \alpha p^k) p^k < 0$ である。やはり，$\nabla f(x)$ の連続性より，$\nabla^T f(x^k) p^k < 0$ となる。∎

降下法のアルゴリズムを以下に示す。これは枠組みを与えるだけである。実装するには降下方向ベクトルの生成とステップ幅の決定が必要となる。

降下法のアルゴリズム

Step 0　初期点 $x^0 \in R^n$ を与えて，繰り返し数を $k=0$ とする。
Step 1　$\|\nabla f(x^k)\| < \varepsilon$ ならば，最適性の1次の必要条件を満たすのでアルゴリズムを終了する。
Step 2　降下方向ベクトル $p^k \in R^n$ を適当に生成する。
Step 3　直線探索によりステップ幅 $\alpha^k \in R^1$ を適当に決定する。
Step 4　$x^{k+1} = x^k + \alpha^k p^k$ により次の点 x^{k+1} を求め，繰り返し数を $k \leftarrow k+1$ として Step 1 に戻る。

III　直線探索とステップ幅

現在の点 $x^k \in R^n$ と降下方向ベクトル $p^k \in R^n$ が与えられたときに，点 x^k を起点とする半直線 $x^k+\alpha p^k, \alpha \in [0, \infty)$ 上で $f(x)$ を最小にするようにステップ幅 α^k の値を決定する。ここで p^k は降下方向であると仮定しているので，

$\alpha^k > 0$ のみを考えればよい。つまり,直線探索とは

$$f(\bm{x}^k + \alpha^k \bm{p}^k) = min\{f(\bm{x}^k + \alpha \bm{p}^k) \mid \alpha \in [0, \infty)\} \qquad (12)$$

となるステップ幅 $\alpha^k \in R^1$ を決定することである。この最小化問題は1変数 α からなる目的関数 f の最小化問題と捉えることができる。詳しくは今野・山下[2]あるいは奈良・佐藤[3]などを参照されたい。

現在の点 $\bm{x}^k$ で直線探索を行い,ステップ幅 α^k の値を決定した後,$\bm{p}^k$ 方向に更新式

$$\bm{x}^{k+1} = \bm{x}^k + \alpha^k \bm{p}^k$$

を使って次の点 $\bm{x}^{k+1}$ を生成する。直線探索の具体的な方法については参考文献などを参照するとして,以下では,関数 $f(\bm{x})$ が1階連続微分可能な場合に,ステップ幅 α^k が満たすべき条件について考える。結論を先にいえば,ステップ幅 α^k が Wolfe の提唱する2つの規準を満たしていれば,先に示した降下法のアルゴリズムは少なくとも妥当といえる。これらの規準を **Wolfe の規準1** と **Wolfe の規準2** に分けて定理として示す。その前に**平均値の定理**[1]を証明なしで与えておく。

補助定理1(平均値の定理) 1変数からなる1次元関数 $f(x) \in R^1$,$x \in R^1$ が閉区間 $[\underline{x}, \overline{x}]$ 上で連続かつ開区間 $(\underline{x}, \overline{x})$ で微分可能ならば

$$f(\overline{x}) - f(\underline{x}) = f'(\hat{x})(\overline{x} - \underline{x}) \qquad (13)$$

を満足する $\hat{x} \in (\underline{x}, \overline{x})$ が存在する。■

定理6(Wolfe の規準1) 関数 $f(\bm{x}) \in R^1$ は1階連続微分可能であり,$\bm{x} \in R^n$ 上で下に有界であると仮定する。このとき,点 $\bm{x}^k$ における勾配 $\nabla f(\bm{x}^k) \in R^n$ と方向ベクトル $\bm{p}^k \in R^n$ が

$$\nabla^T f(\bm{x}^k) \bm{p}^k < 0$$

の関係にあるとき

$$f(\bm{x}^{k+1}) \leq f(\bm{x}^k) + \rho_1 \alpha^k \nabla^T f(\bm{x}^k) \bm{p}^k$$

を満たす定数 $0 < \rho_1 < 1$ が存在する。

証明：まず，ステップ幅 $\alpha \geq 0$ に対して

$$g_k(\alpha) = f(\boldsymbol{x}^k + \alpha \boldsymbol{p}^k)$$

なる関数を定義する。このとき

$$\lim_{\alpha \to 0} \frac{f(\boldsymbol{x}^k + \alpha \boldsymbol{p}^k) - f(\boldsymbol{x}^k)}{\alpha} = g'_k(0) = \nabla^T f(\boldsymbol{x}^k) \boldsymbol{p}^k$$

が成り立つ。仮定より $\nabla^T f(\boldsymbol{x}^k) \boldsymbol{p}^k < 0$ だから $0 < \rho_1 < 1$ なる定数 ρ_1 を導入して，これを乗じれば

$$\lim_{\alpha \to 0} \frac{f(\boldsymbol{x}^k + \alpha \boldsymbol{p}^k) - f(\boldsymbol{x}^k)}{\alpha} = \nabla^T f(\boldsymbol{x}^k) \boldsymbol{p}^k < \rho_1 \nabla^T f(\boldsymbol{x}^k) \boldsymbol{p}^k$$

を得る。その結果，任意の $0 < \forall \alpha \leq \varepsilon$ に対して

$$\frac{f(\boldsymbol{x}^k + \alpha \boldsymbol{p}^k) - f(\boldsymbol{x}^k)}{\alpha} \leq \rho_1 \nabla^T f(\boldsymbol{x}^k) \boldsymbol{p}^k$$

となるような $\varepsilon > 0$ が存在する。両辺に $\alpha > 0$ を掛けて整理すれば

$$f(\boldsymbol{x}^k + \alpha \boldsymbol{p}^k) \leq f(\boldsymbol{x}^k) + \alpha \rho_1 \nabla^T f(\boldsymbol{x}^k) \boldsymbol{p}^k, \quad 0 < \alpha \leq \varepsilon \tag{14}$$

となる。ここで，$\alpha^k = \alpha$, $\boldsymbol{x}^{k+1} = \boldsymbol{x}^k + \alpha^k \boldsymbol{p}^k$ であることに注意すれば

$$f(\boldsymbol{x}^{k+1}) \leq f(\boldsymbol{x}^k) + \rho_1 \alpha^k \nabla^T f(\boldsymbol{x}^k) \boldsymbol{p}^k, \quad 0 < \rho_1 < 1 \tag{15}$$

を得る。∎

定理7（Wolfeの規準2） 関数 $f(\boldsymbol{x}) \in R^1$ は1階連続微分可能であり，$\boldsymbol{x} \in R^n$ 上で下に有界であると仮定する。このとき，点 $\boldsymbol{x}^k$ における勾配 $\nabla f(\boldsymbol{x}^k) \in R^n$ と方向ベクトル $\boldsymbol{p}^k \in R^n$ が

$$\nabla^T f(\boldsymbol{x}^k) \boldsymbol{p}^k < 0$$

の関係にあるとき

$$\nabla^T f(\boldsymbol{x}^{k+1}) \boldsymbol{p}^k > \rho_2 \nabla^T f(\boldsymbol{x}^k) \boldsymbol{p}^k$$

を満たす2つの定数 $0 < \rho_1 < \rho_2 < 1$ が存在する。ただし ρ_1 は定理6で導入した定数である。

証明：定理6の証明の中で(14)式を満たす ε は有限，つまり $\varepsilon < \infty$ である。さもなければ仮定より $\nabla^T f(\boldsymbol{x}^k) \boldsymbol{p}^k < 0$ かつ $0 < \rho_1 < 1$ なので，$\alpha \to \infty$ のとき $f(\boldsymbol{x}^k)$

$+\alpha\rho_1 \nabla^T f(\boldsymbol{x}^k)\boldsymbol{p}^k \to -\infty$ となる。これは $f(\boldsymbol{x})$ が下に有界であることに反する。

さて，(14)式を満たす ε の最大値を $\bar{\varepsilon}$ と書くことにする。$\alpha \in (0, \bar{\varepsilon}]$ に対して $\bar{\alpha}=\bar{\varepsilon}$ とおくと

$$f(\boldsymbol{x}^k+\bar{\alpha}\boldsymbol{p}^k)=f(\boldsymbol{x}^k)+\bar{\alpha}\rho_1\nabla^T f(\boldsymbol{x}^k)\boldsymbol{p}^k \tag{16}$$

が成立する。理由を背理法で示す。関数 f は連続だから，任意の $\bar{\varepsilon}-\delta<\alpha<\bar{\varepsilon}+\delta$ に対して

$$f(\boldsymbol{x}^k+\alpha\boldsymbol{p}^k)<f(\boldsymbol{x}^k)+\alpha\rho_1\nabla^T f(\boldsymbol{x}^k)\boldsymbol{p}^k$$

となるような $\delta>0$ がもし存在するならば，$\bar{\varepsilon}+\delta$ も(14)式を満たすことになる。これは $\bar{\varepsilon}$ が(14)式を満たす最大の ε であることに矛盾する。

定理6と同様，関数 $g_k(\alpha)=f(\boldsymbol{x}^k+\alpha\boldsymbol{p}^k)$ を導入して，閉区間 $[0,\bar{\alpha}]$ 上で平均値の定理を適用すると

$$f(\boldsymbol{x}^k+\bar{\alpha}\boldsymbol{p}^k)-f(\boldsymbol{x}^k)=g_k(\bar{\alpha})-g_k(0)=g'_k(\hat{\alpha})(\bar{\alpha}-0) \tag{17}$$

を満たす $\hat{\alpha} \in (0,\bar{\alpha})$ が存在する。ここで

$$g'_k(\hat{\alpha})=\nabla^T f(\boldsymbol{x}^k+\hat{\alpha}\boldsymbol{p}^k)\boldsymbol{p}^k$$

であるから，これを(17)式に代入すると

$$f(\boldsymbol{x}^k+\bar{\alpha}\boldsymbol{p}^k)-f(\boldsymbol{x}^k)=\bar{\alpha}\nabla^T f(\boldsymbol{x}^k+\hat{\alpha}\boldsymbol{p}^k)\boldsymbol{p}^k \tag{18}$$

となる。(16)式と(18)式を比較すれば，次式を得る。

$$\bar{\alpha}\rho_1\nabla^T f(\boldsymbol{x}^k)\boldsymbol{p}^k=\bar{\alpha}\nabla^T f(\boldsymbol{x}^k+\hat{\alpha}\boldsymbol{p}^k)\boldsymbol{p}^k$$

両辺を $\bar{\alpha}\neq 0$ で割って，点 $\boldsymbol{x}^k$ から点 $\boldsymbol{x}^{k+1}$ への更新式が $\boldsymbol{x}^{k+1}=\boldsymbol{x}^k+\hat{\alpha}\boldsymbol{p}^k$ であることを考慮すれば

$$\rho_1\nabla^T f(\boldsymbol{x}^k)\boldsymbol{p}^k=\nabla^T f(\boldsymbol{x}^k+\hat{\alpha}\boldsymbol{p}^k)\boldsymbol{p}^k=\nabla^T f(\boldsymbol{x}^{k+1})\boldsymbol{p}^k \tag{19}$$

が得られる。次に

$$0<\rho_1<\rho_2<1$$

となるような新たな定数 ρ_2 を導入して，仮定である $\nabla^T f(\boldsymbol{x}^k)\boldsymbol{p}^k<0$ に順次乗じれば

$$\nabla^T f(\boldsymbol{x}^k)\boldsymbol{p}^k<\rho_2\nabla^T f(\boldsymbol{x}^k)\boldsymbol{p}^k<\rho_1\nabla^T f(\boldsymbol{x}^k)\boldsymbol{p}^k \tag{20}$$

となる。結局(19)式と(20)式より最終的に

$$\nabla^T f(\boldsymbol{x}^{k+1})\boldsymbol{p}^k>\rho_2\nabla^T f(\boldsymbol{x}^k)\boldsymbol{p}^k,\ 0<\rho_1<\rho_2<1 \tag{21}$$

を得る。∎

Ⅳ 最急降下法

ここからは降下方向ベクトルの生成について考察する。方向ベクトル $\boldsymbol{p}^k$ の生成の仕方によってさまざまな降下法が構築できる。最も簡単でかつ分かりやすいのが**最急降下法** (steepest descent method) である。

最急降下法においては，方向ベクトル $\boldsymbol{p}^k$ を

$$\boldsymbol{p}^k = -\nabla f(\boldsymbol{x}^k) \tag{22}$$

で与える。この方向を特に**最急降下方向** (steepest descent direction) と呼んでいる。定理5の(11)式の左辺に(22)式の $\boldsymbol{p}^k$ を代入すると

$$\nabla^T f(\boldsymbol{x}^k)\boldsymbol{p}^k = \nabla^T f(\boldsymbol{x}^k)(-\nabla f(\boldsymbol{x}^k)) = -\|\nabla f(\boldsymbol{x}^k)\|^2 < 0$$

となり，降下方向であることが確認できる。

Ⅴ ニュートン法

2階連続微分可能な関数 $f(\boldsymbol{x}) \in C^2$ を現在の点 $\boldsymbol{x}^k$ で Taylor 展開して，2次近似すると

$$f(\boldsymbol{x}) \simeq f(\boldsymbol{x}^k) + \nabla^T f(\boldsymbol{x}^k)(\boldsymbol{x}-\boldsymbol{x}^k) + \frac{1}{2}(\boldsymbol{x}-\boldsymbol{x}^k)^T \nabla^2 f(\boldsymbol{x}^k)(\boldsymbol{x}-\boldsymbol{x}^k) \tag{23}$$

となる。(23)式の勾配 $\nabla f(\boldsymbol{x})$ を求め，それを $\boldsymbol{0}$ とおく。つまり定理2の最適性の1次の必要条件を求めれば，次式を得る。

$$\nabla f(\boldsymbol{x}) \simeq \nabla f(\boldsymbol{x}^k) + \nabla^2 f(\boldsymbol{x}^k)(\boldsymbol{x}-\boldsymbol{x}^k) = \boldsymbol{0} \tag{24}$$

点 $\boldsymbol{x}^k$ における $f(\boldsymbol{x})$ のヘッセ行列 $\nabla^2 f(\boldsymbol{x}^k)$ が仮に正定値対称行列であるならば，言い換えれば，関数 $f(\boldsymbol{x})$ が点 $\boldsymbol{x}^k$ の近傍で狭義凸関数であるならば，その最小点 $\boldsymbol{x}^*$ は $\boldsymbol{x}^{k+1}$ の候補に成り得る。そのためには(24)式を $\boldsymbol{x}$ について解け

ばよい。すると更新式

$$x^{k+1}=x^k-\{\nabla^2 f(x^k)\}^{-1}\nabla f(x^k) \qquad (25)$$

が得られる。ここで，正定値対称行列は正則なので必ず逆行列 $\{\nabla^2 f(x^k)\}^{-1}$ が存在することに注意されたい。理由を補助定理2に示す。

補助定理2（正定値対称行列） 正方行列 $A \in R^{n \times n}$ がある。

① A が正則ならば，$(A^{-1})^T = (A^T)^{-1}$ である。
② A が正則で対称行列ならば，逆行列 A^{-1} も対称行列である。
③ A が対称行列ならば，$A = Q \Lambda Q^T$ を満たす直交行列 Q と対角行列 $\Lambda = diag[\lambda_1, \lambda_2, \cdots, \lambda_n]$ が存在する。直交行列 Q とは $Q^{-1} = Q^T$ となる行列であり，$\lambda_i, i=1, 2, \cdots, n$ は A の固有値である。
④ A が正定値対称行列ならば，その固有値はすべて正である。
⑤ A が正定値対称行列ならば，A^{-1} も正定値対称行列である。

証明：

① A は正則だから $A^{-1}A = E$。両辺転置をとると $(A^{-1}A)^T = E^T$。括弧を外せば $A^T(A^{-1})^T = E$ が得られる。これより $(A^T)^{-1} = (A^{-1})^T$ である。ここで E は単位行列である。
② A は対称行列だから $A^T = A$。また①より $(A^{-1})^T = (A^T)^{-1} = A^{-1}$ だから A^{-1} も対称行列である。
③ 証明については線形代数の教科書[4]などを参照されたい。
④ A は対称行列だから，③より $A = Q \Lambda Q^T$ となる直交行列 Q と対角行列 Λ が存在する。また，A は正定値だから定義(3)式より $x^T A x = x^T Q \Lambda Q^T x = q^T \Lambda q > 0$ である。ただし $q = Q^T x, x \neq 0$ とおいた。ここで Λ は対角行列だから $\forall q \neq 0$ に対して $q^T \Lambda q = \sum_{i=1}^n \lambda_i q_i^2 > 0$ となるには，$\lambda_i > 0, i = 1, 2, \cdots, n$ でなければならない。よって行列 A の固有値はすべて正である。
⑤ 一般に行列式の値はすべての固有値の積に等しい。つまり $|A| = \lambda_1 \lambda_2 \cdots \lambda_n$ である。今 A は正定値だから，④よりすべての固有値は正なので

$|A|>0$。したがって A は正則で逆行列 A^{-1} が存在する。逆にいえば A^{-1} も正則である。次に A は対称行列だから②より A^{-1} も対称行列となる。さて、A のある固有値を $0<\lambda\in R^1$、固有ベクトルを $v\in R^n$ と書けば、固有値の定義より $Av=\lambda v$ である。両辺の左から A^{-1} を掛けると $A^{-1}Av=A^{-1}\lambda v$ つまり $\lambda A^{-1}v=v$ を得る。両辺を λ で割れば $A^{-1}v=(1/\lambda)v$ となる。これは $1/\lambda$ が行列 A^{-1} の固有値であり、しかもその固有値が正であることを示している。これより A^{-1} のすべての固有値は正となり、A^{-1} も正定値となる。以上で A^{-1} の正則、対称、正定値が言えたので、A^{-1} も正定値対称行列である。■

(25)式を使って現在の点 x^k から次の点 x^{k+1} を生成する方法を**ニュートン法** (Newton's method) と呼んでいる。しかし残念ながら、一般にはこれだけでは降下法になる保証はない。(25)式のヘッセ行列 $\nabla^2 f(x^k)$ が正定値となる保証がないからである。正定値行列でなければ、後述する理由から降下法の基本である(8)式または(10)式にある $f(x^{k+1})<f(x^k)$ が満たされない。

そこで、(25)式を一般性を失うことなく

$$p^k=-G(x^k)^{-1}\nabla f(x^k), \quad G(x^k)\in R^{n\times n} \tag{26}$$

$$x^{k+1}=x^k+\alpha^k p^k \tag{27}$$

のように書き換えてみる。ここで、p^k と α^k は今まで同様、方向ベクトルとステップ幅である。この更新式が妥当な降下法となるためには適当な直線探索を行うことが前提となる。また、p^k が降下方向となるにはヘッセ行列 $\nabla^2 f(x^k)$ を適宜修正して正定値対称な**計量行列** $G(x^k)$ を逐次生成する必要がある。最も簡単な修正方法は

$$G(x^k)=\nabla^2 f(x^k)+\mu^k E \tag{28}$$

とすればよい。ここで E は単位行列であり、$\mu^k\in R^1$ は $\mu^k<\infty$ なる適当な大きさの非負のスカラーである。ヘッセ行列の対角成分だけを適当に大きくすれば、計量行列 $G(x^k)$ は正定値対称行列になるからである。(26)式の方向ベクトル p^k を利用する降下法を**修正ニュートン法** (modified Newton's method) と呼ん

でいる。

定理8（修正ニュートン法の計量行列） 関数 $f(x) \in R^1$ が2階連続微分可能で，点 $x^k \in R^n$ における零ベクトルでない勾配 $\nabla f(x^k) \neq 0 \in R^n$ と正定値対称行列 $G(x^k) \in R^{n \times n}$ を用いて

$$p^k = -G(x^k)^{-1} \nabla f(x^k)$$

で方向ベクトル $p^k \in R^n$ を決定すれば，p^k は降下方向である。

証明： 仮定より $G(x^k)$ は正定値対称行列であるので，補助定理2⑤より $G(x^k)^{-1}$ も正定値対称行列である。方向ベクトル p^k が降下方向となるためには，定理5の(11)式を満たせばよい。今，$\nabla f(x^k) \neq 0$ であることに注意すれば

$$\nabla^T f(x^k) p^k = \nabla^T f(x^k) (-G(x^k)^{-1} \nabla f(x^k))$$
$$= -\nabla^T f(x^k) G(x^k)^{-1} \nabla f(x^k) < 0$$

を得る。よって p^k は降下方向ベクトルである。■

Ⅵ 準ニュートン法

ニュートン法は関数 $f(x)$ を点 x^k で2次近似して，その最小点で x^k を順次更新する効率的で魅力的な方法である。しかし次のような欠点もある。

1. ヘッセ行列が対称行列であるという特徴を利用しても約 $n^2/2$ 個の2階偏微分係数を評価しなければならない。
2. 求めたヘッセ行列が正則でない場合，逆行列は存在しない。
3. 正則であっても正定値でなければ，降下方向が保証されない。

これらの欠点を克服するために，少ない計算の手間で正定値対称行列となる**近似ヘッセ行列**を求めることを考える。点 x^k におけるヘッセ行列 $\nabla^2 f(x^k)$ を $G(x^k)$ に修正するのではなく，合理的な方法で近似ヘッセ行列 H_k を生成

するのである。

点 x^k における降下方向ベクトル p^k はこの正定値対称行列 H_k を使って

$$p^k = -H_k^{-1}\nabla f(x^k) \tag{29}$$

で与える。そして，ステップ幅 α^k を導入して，適当な直線探索を施してから通常の降下法の更新式である

$$x^{k+1} = x^k + \alpha^k p^k \tag{30}$$

を使って現在の点 x^k から次の点 x^{k+1} を生成する。このような考え方に基づいた降下法を前述の修正ニュートン法と区別して**準ニュートン法**（quasi-Newton method）[2,3] と呼んでいる。

定理9（準ニュートン法の近似ヘッセ行列） 関数 $f(x) \in R^1$ の点 $x^k \in R^n$ における零ベクトルでない勾配 $\nabla f(x^k) \neq 0 \in R^n$ と正定値対称な近似ヘッセ行列 $H_k \in R^{n \times n}$ を用いて

$$p^k = -H_k^{-1}\nabla f(x^k)$$

で方向ベクトル $p^k \in R^n$ を決定すれば，p^k は降下方向である。
証明：定理8の修正ニュートン法の計量行列 $G(x^k)$ を近似ヘッセ行列 H_k に置き換えるだけなので，省略する。∎

1 正割条件

準ニュートン法で最も重要となる**正割条件**を導出してみる。正割条件は別名，**セカント条件**（secant condition）とも呼ばれている。名前が異なるだけで中身は同じである。

さて，2階連続微分可能な関数 $f(x): R^n \to R^1$，$x = [x_1 x_2 \cdots x_n]^T$ のヘッセ行列 $\nabla^2 f(x)$ の第 (i, j) 要素は

$$[\nabla^2 f(x)]_{ij} = \frac{\partial^2 f}{\partial x_i \partial x_j} = \frac{\partial^2 f}{\partial x_j \partial x_i} \tag{31}$$

である。一方，勾配 $\nabla f(x) = [\partial f/\partial x_1 \ \partial f/\partial x_2 \cdots \partial f/\partial x_n]^T$ の**ヤコビ行列**（Jacobian）

を $J(x)$ と表記すれば，その第 (i, j) 要素は

$$[J(x)]_{ij} = \frac{\partial}{\partial x_j}\left(\frac{\partial f}{\partial x_i}\right) = \frac{\partial^2 f}{\partial x_j \partial x_i} \tag{32}$$

である。(31)式と(32)式を比較すれば $\nabla^2 f(x) = J(x)$ であることが分かる。

今，勾配 $\nabla f(x)$ を点 x^k でヤコビ行列 $J(x^k)$ を使って線形近似すれば

$$\nabla f(x) \simeq \nabla f(x^k) + J(x^k)(x - x^k) \tag{33}$$

となる。(30)式の更新式で現在の点 x^k から次の点 x^{k+1} が求められるとすると，$x \in [x^k, x^{k+1}]$ の直線区間でこの線形近似式が成立すると仮定するのは概ね妥当である。一方，点 x^{k+1} で勾配 $\nabla f(x)$ を線形近似すると

$$\nabla f(x) \simeq \nabla f(x^{k+1}) + J(x^{k+1})(x - x^{k+1}) \tag{34}$$

となる。(33)式と(34)式はともに $\nabla f(x)$ の近似であるから，閉区間 $[x^k, x^{k+1}]$ 上で両者は一致すると考えても矛盾はない。すると

$$\nabla f(x^k) + J(x^k)(x - x^k) = \nabla f(x^{k+1}) + J(x^{k+1})(x - x^{k+1})$$

であるから，少し整理すると

$$\nabla f(x^{k+1}) - \nabla f(x^k) = J(x^k)(x - x^k) - J(x^{k+1})(x - x^{k+1})$$

となる。この式は現在の点 x^k で満たされるので，$x = x^k$ を代入すると

$$\nabla f(x^{k+1}) - \nabla f(x^k) = J(x^{k+1})(x^{k+1} - x^k) \tag{35}$$

を得る。ここで $J(x^{k+1}) = \nabla^2 f(x^{k+1})$ であることに注意して

$$y^k = \nabla f(x^{k+1}) - \nabla f(x^k) \tag{36}$$

$$d^k = x^{k+1} - x^k \tag{37}$$

という2つのベクトルを新たに導入する。ベクトル $y^k \in R^n$ は勾配の偏差であり，ベクトル $d^k \in R^n$ は変数の偏差である。これらを(35)式に代入すると

$$y^k = \nabla^2 f(x^{k+1}) d^k$$

を得る。最後に，ヘッセ行列 $\nabla^2 f(x^{k+1})$ を近似ヘッセ行列 H_{k+1} で置き換える。すると近似ヘッセ行列 H_{k+1} が満たすべき条件，すなわち次の正割条件が得られる。

$$y^k = H_{k+1} d^k \tag{38}$$

正割条件の中に登場する**変数偏差ベクトル d^k** と**勾配偏差ベクトル y^k** の内

積，つまり $(d^k)^T y^k$ と近似ヘッセ行列 H_{k+1} には次のような相互依存関係がある。

定理 10（正割条件（セカント条件）） 近似ヘッセ行列を $H_{k+1} \in R^{n \times n}$，勾配偏差ベクトルを $y^k \in R^n$，変数偏差ベクトルを $d^k \in R^n$ とする．2 つのベクトルの内積が $(d^k)^T y^k > 0$ となるための必要十分条件は $H_{k+1} d^k = y^k$ の正割条件を満たす正定値対称な行列 H_{k+1} が存在することである。

証明： 先に「正割条件を満たす H_{k+1} が正定値対称行列 → $(d^k)^T y^k > 0$」を証明する。

正割条件である $H_{k+1} d^k = y^k$ の両辺に $(d^k)^T \neq 0$ を左から掛ければ，行列 H_{k+1} は正定値だから，$0 < (d^k)^T H_{k+1} d^k = (d^k)^T y^k$ となり，$(d^k)^T y^k > 0$ を得る。

次に「$(d^k)^T y^k > 0$ → 正割条件を満たす正定値対称行列 H_{k+1} が存在する」を証明してみる。

仮定の $(d^k)^T y^k > 0$ より $d^k \neq 0, y^k \neq 0$ である。正割条件である $H_{k+1} d^k = y^k$ の両辺に $(d^k)^T \neq 0$ を左から掛ければ，$(d^k)^T H_{k+1} d^k = (d^k)^T y^k = c > 0, c \in R^1$ となる正数 c が存在する。

これより「$d^k \neq 0$ かつ $c > 0$ のとき，$(d^k)^T H_{k+1} d^k = c$ を満たす正定値対称行列 H_{k+1} が存在する」を示せばよい。行列 H_{k+1} はヘッセ行列の近似行列だから対称行列である。補助定理 2 の③より対称行列ならば適当な直交行列 Q と対角行列 Λ で $H_{k+1} = Q \Lambda Q^T$ と分解できるので，これを代入すれば

$$(d^k)^T Q \Lambda Q^T d^k = (Q^T d^k)^T \Lambda Q^T d^k = c > 0 \tag{39}$$

を得る。ここで $q = Q^T d^k$ とおけば，(39)式は $q^t \Lambda q = c$ と書ける。対角行列 Λ の対角成分を λ_i とすれば，これは $\sum_{i=1}^n \lambda_i q_i^2 = c > 0$ と書き直すことができる。この式は $\lambda_i > 0, i = 1, 2, \cdots, n$ を仮定しても満たすことが可能である。つまり Λ の対角成分をすべて正にできる。

さて，$H_{k+1} = Q \Lambda Q^T$ とおいたので H_{k+1} の行列式 $|H_{k+1}|$ は

$$|H_{k+1}| = |Q \Lambda Q^T| = |Q| |\Lambda| |Q^T| = |Q| |\Lambda| |Q^{-1}| = |Q| |Q^{-1}| |\Lambda|$$
$$= |\Lambda| = \lambda_1 \cdot \lambda_2 \cdots \lambda_n > 0 \quad (\because \lambda_i > 0, i = 1, 2, \cdots n)$$

となる。よって補助定理2の④より H_{k+1} は正定値行列である。これで正割条件を満たす正定値対称行列が存在することが証明された。∎

次に，正割条件を構成する変数偏差ベクトルと勾配偏差ベクトルの内積 $(\bm{d}^k)^T\bm{y}^k$ が定理7にある Wolfe の規準2と深い関係があることを示す。

定理11（偏差ベクトルと Wolfe の規準2の関係） 近似ヘッセ行列 H_k は正定値対称とする。降下法の更新式を $\bm{x}^{k+1}=\bm{x}^k+\alpha^k\bm{p}^k$, $\bm{p}^k=-H_k^{-1}\nabla f(\bm{x}^k)$ で与える。このときステップ幅 α^k が定理7の Wolfe の規準2を満たすならば，$(\bm{d}^k)^T\bm{y}^k>0$ が成り立つ。

ただし変数偏差ベクトル $\bm{d}^k$ と勾配偏差ベクトル $\bm{y}^k$ はそれぞれ $\bm{d}^k=\bm{x}^{k+1}-\bm{x}^k$ と $\bm{y}^k=\nabla f(\bm{x}^{k+1})-\nabla f(\bm{x}^k)$ で定義される。

証明：ステップ幅 α^k が Wolfe の規準2を満たすので，そのときの値を $\hat{\alpha}$ とすると，(21)式より

$$\nabla^T f(\bm{x}^k+\hat{\alpha}\bm{p}^k)\bm{p}^k>\rho_2\nabla^T f(\bm{x}^k)\bm{p}^k, \quad 0<\rho_1<\rho_2<1$$

を満たす定数 ρ_1, ρ_2 が存在する。ρ_1 は定理6の Wolfe の規準1で導入した定数である。ベクトルの内積 $(\bm{d}^k)^T\bm{y}^k$ を評価すると

$$\begin{aligned}
(\bm{d}^k)^T\bm{y}^k &= (\bm{x}^{k+1}-\bm{x}^k)^T\bm{y}^k = \{(\bm{x}^k+\alpha^k\bm{p}^k)-\bm{x}^k\}^T\bm{y}^k \\
&= \alpha^k(\bm{p}^k)^T\bm{y}^k = \alpha^k(\bm{y}^k)^T\bm{p}^k \\
&= \alpha^k\{\nabla^T f(\bm{x}^{k+1})-\nabla^T f(\bm{x}^k)\}\bm{p}^k \\
&= \hat{\alpha}\{\nabla^T f(\bm{x}^k+\hat{\alpha}\bm{p}^k)\bm{p}^k-\nabla^T f(\bm{x}^k)\bm{p}^k\} \\
&> \hat{\alpha}\{\rho_2\nabla^T f(\bm{x}^k)\bm{p}^k-\nabla^T f(\bm{x}^k)\bm{p}^k\} \quad (\because \text{Wolfe の規準2}) \\
&= \hat{\alpha}(\rho_2-1)\nabla^T f(\bm{x}^k)\bm{p}^k \\
&= \hat{\alpha}(1-\rho_2)\nabla^T f(\bm{x}^k)H_k^{-1}\nabla f(\bm{x}^k)>0
\end{aligned}$$

が成立する。最後の不等式は H_k が正定値対称であるならば，その逆行列 H_k^{-1} も正定値対称であること，定数 ρ_2 が $0<\rho_2<1$ であること，ステップ幅 $\hat{\alpha}$ が $\hat{\alpha}>0$ であることを用いた。

以上より仮定が満たされるならば，$(\bm{d}^k)^T\bm{y}^k>0$ である。∎

第4章 IT化と数理計画法 229

定理9〜定理11の3つは準ニュートン法が構成できることの根拠を与えている。まず，定理9によって現在の点で正定値対称な近似ヘッセ行列 H_k が得られていれば，降下方向ベクトル p^k が構成できることが分かる。Wolfeの規準2を満たすようなステップ幅 $\hat{\alpha}_k$ で降下方向に沿って次の点を求めれば，変数偏差ベクトル d^k と勾配偏差ベクトル y^k が計算できる。Wolfeの規準2に基づいているので，この時点で $(d^k)^T y^k > 0$ がすでに保証されている。ここまでを提唱しているのが定理11である。条件 $(d^k)^T y^k > 0$ を満たすので，正割条件を満たす次の近似ヘッセ行列 H_{k+1} が生成可能であり，しかもその行列を正定値対称にすることができる。それを保証しているのが定理10である。

正割条件 $H_{k+1} d^k = y^k$, $d^k = x^{k+1} - x^k$, $y^k = \nabla f(x^{k+1}) - \nabla f(x^k)$ は次の点での近似ヘッセ行列 H_{k+1} を一意に決定するための条件ではない。決定にはかなりの自由度がある。n 次元ベクトルという意味で自由度を測るとすれば，正割条件を満たす行列 H_{k+1} は1つのベクトルが規定されるに過ぎない。残り $n-1$ の自由度が残る。現在の行列 H_k が正定値対称であり，次の行列が H_{k+1} であるとする。**差分行列** ΔH_k を導入すれば

$$H_{k+1} = H_k + \Delta H_k \tag{40}$$

と**差分形式**で表現できる。H_{k+1} はヘッセ行列の近似だから，差分行列 ΔH_k は対称行列であると仮定しても矛盾はない。初期近似ヘッセ行列 H_0 を単位行列 E とすれば，正定値対称の仮定も満たされる。

以下では，2つの偏差ベクトル d^k と y^k，それと現時点で得られている正定値対称な近似ヘッセ行列 H_k，これら3つから(38)式の正割条件と(40)式の差分形式を満足するように次の正定値対称な近似ヘッセ行列 H_{k+1} を具体的に構成する種々の更新公式を導出してみる。

② 対称ランク1公式

今，差分行列 ΔH_k をランク1の対称行列で定義してみる。つまり $\Delta H_k = \beta u u^T$ とおいて(40)式に代入する。ここで $\beta \in R^1$ はスカラーであり，$u \neq 0 \in R^n$

は n 次元の非零なベクトルである。すると

$$\text{正割条件}: H_{k+1}d^k = y^k \tag{41}$$

$$\text{差分形式}: H_{k+1} = H_k + \beta uu^T \tag{42}$$

を同時に満たすようにスカラー β とベクトル u を決定すればよいことになる。(42)式の H_{k+1} を(41)式に代入して，$u^T d^k$ がスカラーであることに注意すれば

$$(\beta u^T d^k)u = y^k - H_k d^k \tag{43}$$

を得る。この式は正割条件を満足するための恒等式である。

(43)式の恒等式を満たすには

$$\beta u^T d^k = 1, \ u = y^k - H_k d^k$$

とすればよい。つまり $\beta(y^k - H_k d^k)^T d^k = 1$ である。これより

$$\beta = \frac{1}{(y^k - H_k d^k)^T d^k}$$

を得る。求まった u と β を(42)式に戻すと次式が得られる。

$$H_{k+1} = H_k + \frac{1}{(y^k - H_k d^k)^T d^k}(y^k - H_k d^k)(y^k - H_k d^k)^T \tag{44}$$

(44)式の更新式を**対称ランク1公式**という。近似ヘッセ行列 H_k が正定値であり，更新された H_{k+1} も正定値であるとき，その更新式は**遺伝正定値性**(hereditary positive definiteness) を持つという。

定理12（対称ランク1公式の遺伝正定値性） 近似ヘッセ行列 H_k が正定値対称で $(d^k)^T y^k > (d^k)^T H_k d^k$ ならば，対称ランク1公式は遺伝正定値性を持つ。

証明： 仮定の $(d^k)^T y^k > (d^k)^T H_k d^k$ と $H_k^T = H_k$ より

$$(d^k)^T y^k - (d^k)^T H_k d^k = (y^k - H_k d^k)^T d^k > 0 \tag{45}$$

である。対称ランク1公式(44)式の両辺に右から $\forall z \neq 0 \in R^n$ を掛けて，左からその転置ベクトル z^T を掛けると次式を得る。

$$z^T H_{k+1} z = z^T H_k z + \frac{z^T (y^k - H_k d^k)(y^k - H_k d^k)^T z}{(y^k - H_k d^k)^T d^k}$$

$$= z^T H_k z + \frac{\{(y^k - H_k d^k)^T z\}^T \{(y^k - H_k d^k)^T z\}}{(y^k - H_k d^k)^T d^k}$$

右辺第1項は仮定より H_k が正定値なので正である。第2項の分母は(45)式より正であり、分子は $a^T a$ の形をしているので非負である。以上より $z^T H_{k+1} z > 0$ となり、H_{k+1} も正定値であることが証明された。∎

定理12より対称ランク1公式では H_{k+1} を正定値にするために $(d^k)^T y^k > 0$ という条件だけでは遺伝正定値性が保証されないことが分かる。もう少し厳しい $(d^k)^T y^k > (d^k)^T H_k d^k > 0$ という条件が必要になる。次にランク1ではなくランク2の更新式を探ることにしよう。

3 BFGS公式

差分行列 ΔH_k をランク2の対称行列で定義してみる。つまり $\Delta H_k = \beta u u^T + \gamma v v^T$ とおいて(40)式の差分形式を規定してみる。ここで $\beta, \gamma \in R^1$ はスカラーであり、$u, v \neq 0 \in R^n$ は共に n 次元の非零なベクトルである。今度は

$$\text{正割条件：} H_{k+1} d^k = y^k \tag{46}$$

$$\text{差分形式：} H_{k+1} = H_k + \beta u u^T + \gamma v v^T \tag{47}$$

を同時に満たすように2つのスカラー β, γ と2つのベクトル u, v を決定すればよいことになる。(47)式の H_{k+1} を(46)式に代入して、$u^T d^k$ と $v^T d^k$ がスカラーであることに注意しながら整理すれば

$$\beta (u^T d^k) u + \gamma (v^T d^k) v = y^k - H_k d^k \tag{48}$$

を得る。この式は正割条件を満足するための恒等式である。

今、(48)式の恒等式を満たすように2つのベクトル u と v を $u = y^k, v = H_k d^k$ とおいて、$H_k^T = H_k$ であることに注意すれば

$$\beta \{(y^k)^T d^k\} y^k + \gamma \{(d^k)^T H_k d^k\} H_k d^k = y^k - H_k d^k$$

を得る。この恒等式を満たすように2つのスカラー β, γ を決定すれば

$$\beta = \frac{1}{(y^k)^T d^k}, \quad \gamma = -\frac{1}{(d^k)^T H_k d^k}$$

となる。求まった u, v, β, γ を(47)式に戻すと次式が得られる。

$$H_{k+1} = H_k + \frac{y^k (y^k)^T}{(y^k)^T d^k} - \frac{H_k d^k (H_k d^k)^T}{(d^k)^T H_k d^k} \tag{49}$$

(49)式の更新式は一般に **BFGS 公式** (Broyden-Fletcher-Goldfarb-Shanno formula) と呼ばれている。BFGS 公式の遺伝正定値性を証明するには，**行列の平方根**という概念と **Schwarz の不等式**が必要になる。これら2つを先に補助定理として与えておく。

補助定理3（行列の平方根） 正方行列 $A \in R^{n \times n}$ が正定値対称行列であるならば，$A = CC = C^2$ となる正定値対称行列 $C \in R^{n \times n}$ が存在する。さらにその行列 C は $AC = CA$ つまり交換可能である。

証明： 行列 A は仮定より対称行列だから，補助定理2③より直交行列 Q と対角行列 Λ を使って $A = Q\Lambda Q^T$ と書ける。両辺左から $Q^T (= Q^{-1})$，右から Q を掛ければ，$Q^T A Q = \Lambda$ を得る。また，行列 A は仮定より正定値だから，補助定理2④より Λ の対角成分 λ_i はすべて正である。

今，記号 $\Lambda^{\frac{1}{2}}$ を $\Lambda^{\frac{1}{2}} = diag[\lambda_1^{\frac{1}{2}}, \lambda_2^{\frac{1}{2}}, \cdots, \lambda_n^{\frac{1}{2}}]$ と定義すれば，$Q\Lambda^{\frac{1}{2}}Q^T = C$ が求める行列 C である。なぜならば，$CC = (Q\Lambda^{\frac{1}{2}}Q^T)(Q\Lambda^{\frac{1}{2}}Q^T) = Q\Lambda^{\frac{1}{2}}Q^T Q\Lambda^{\frac{1}{2}}Q^T = Q\Lambda^{\frac{1}{2}}\Lambda^{\frac{1}{2}}Q^T = Q\Lambda Q^T = A$ だからである。次に C^T を計算すると，$C^T = (Q\Lambda^{\frac{1}{2}}Q^T)^T = Q(\Lambda^{\frac{1}{2}})^T Q^T = Q\Lambda^{\frac{1}{2}}Q^T = C$ となり，C は対称行列である。

一方，行列 C の行列式を求めると，$|C| = |Q\Lambda^{\frac{1}{2}}Q^T| = |Q| \cdot |\Lambda^{\frac{1}{2}}| \cdot |Q^T| = |\Lambda^{\frac{1}{2}}| \cdot |Q| \cdot |Q^T|$ となる。ここで行列 Q は直交行列なので $|Q| \cdot |Q^T| = |Q| \cdot |Q^{-1}| = 1$ であり，かつ固有値は $\lambda_i > 0$ だから $\lambda_i^{\frac{1}{2}} > 0$ である。これらを考慮すれば，$|C| = |\Lambda^{\frac{1}{2}}| = \lambda_1^{\frac{1}{2}} \cdot \lambda_2^{\frac{1}{2}} \cdots \lambda_n^{\frac{1}{2}} > 0$ を得る。よって補助定理2④より行列 C は正定値である。以上より $C = Q\Lambda^{\frac{1}{2}}Q^T$ は正定値対称行列であることが証明された。

さらに，$A = CC = C^2$ を満たす C は $AC = C^2 C = CC \cdot C = C \cdot CC = CC^2 = CA$

より $AC=CA$ なので交換可能である。

$A=CC$ を満たす C を $C=A^{\frac{1}{2}}$ と表記することがあり，これを行列 A の平方根という。■

補助定理 4（Schwarz の不等式） 2つのベクトル $a, b \in R^n$ があるとき，$(a^T b)^2 \leq (a^T a) \cdot (b^T b)$ の不等式が成り立つ。等号はベクトル a, b が一次従属のときに限る。

証明：省略。線形代数の教科書[4]などを参照されたい。■

準備ができたところで，BFGS 公式の遺伝正定値性を証明しよう。

定理 13（BFGS 公式の遺伝正定値性） 近似ヘッセ行列 H_k が正定値対称で $(d^k)^T y^k > 0$ ならば，BFGS 公式は遺伝正定値性を持つ。

証明：(49)式の BFGS 公式の両辺に右から $\forall z \neq 0 \in R^n$ を掛けて，左からその転置ベクトル z^T を掛ける。H_k が対称行列であることに注意すれば

$$z^T H_{k+1} z = z^T H_k z + \frac{z^T y^k (y^k)^T z}{(y^k)^T d^k} - \frac{z^T H_k d^k (H_k d^k)^T z}{(d^k)^T H_k d^k}$$

$$= \frac{\{(d^k)^T H_k d^k\}(z^T H_k z) - \{(d^k)^T H_k z\}^2}{(d^k)^T H_k d^k} + \frac{\{(y^k)^T z\}^2}{(y^k)^T d^k} \quad (50)$$

となる。

行列 H_k は仮定より正定値対称なので補助定理 3 より行列の平方根が存在し，その平方根も正定値対称行列である。これを $H_k^{\frac{1}{2}}$ と書くことにすれば，(50)式は

$$z^T H_{k+1} z = \frac{\{(d^k)^T H_k^{\frac{1}{2}} H_k^{\frac{1}{2}} d^k\}(z^T H_k^{\frac{1}{2}} H_k^{\frac{1}{2}} z) - \{(d^k)^T H_k^{\frac{1}{2}} H_k^{\frac{1}{2}} z\}^2}{(d^k)^T H_k d^k} + \frac{\{(y^k)^T z\}^2}{(y^k)^T d^k} \quad (51)$$

と書き換えることができる。ここで $a = H_k^{\frac{1}{2}} d^k$, $b = H_k^{\frac{1}{2}} z$ とおいて，さらに $(H_k^{\frac{1}{2}})^T = H_k^{\frac{1}{2}}$ であることに注意すれば，(51)式は

$$z^T H_{k+1} z = \frac{(a^T a)\cdot(b^T b)-(a^T b)^2}{(d^k)^T H_k d^k} + \frac{\{(y^k)^T z\}^2}{(y^k)^T d^k} \tag{52}$$

となる。(52)式の右辺を場合に分けて考察する。

d^k と z が一次従属のとき　$z=c\cdot d^k, c\neq 0\in R^1$ と書けるので，a と b も一次従属となる。このとき補助定理4のSchwarzの不等式より右辺第1項は零となるが，第2項は $c^2\cdot(y^k)^T d^k$ となる。仮定より $(d^k)^T y^k=(y^k)^T d^k >0$ だから結局，(52)式の右辺は正となる。

d^k と z が一次独立のとき　a と b も一次独立となる。したがって右辺第1項の分子は補助定理4のSchwarzの不等式より正で，分母も H_k が仮定より正定値だから正である。また，第2項の分母は仮定より正で，分子は非負である。これより(52)式の右辺は正となる。

以上の考察より $z^T H_{k+1} z>0$ を得るので，H_{k+1} も正定値である。∎

BFGF公式の遺伝正定値性は定理11よりWolfeの規準2を満たすようなステップ幅で次の点 x^{k+1} を生成する場合，その仮定となる条件 $(d^k)^T y^k>0$ は常に満たされる。近似ヘッセ行列 H_k のBFGS公式を用いた準ニュートン法のアルゴリズムを以下に示す。

近似ヘッセ行列のBFGS公式を用いた準ニュートン法のアルゴリズム

Step 0　初期点 $x^0 \in R^n$ と初期近似ヘッセ行列 $H_0=E\in R^{n\times n}$ を与え，繰り返し数を $k=0$ とする。

Step 1　$\|\nabla f(x^k)\|<\varepsilon$ ならば，最適性の1次の必要条件を満たすのでアルゴリズムを終了する。

Step 2　降下方向ベクトル $p^k\in R^n$ を変数と見做して，近似ヘッセ行列 H_k と勾配 $\nabla f(x^k)$ から構成される次の連立1次方程式を解いて降下方向を決定する。

$$H_k p^k = -\nabla f(x^k)$$

Step 3　Wolfeの規準2を満たすようにステップ幅 $\hat{\alpha}^k>0\in R^1$ を決定する。

Step 4 得られた降下方向ベクトル p^k とステップ幅 $\widehat{\alpha}^k$ を使って現在の点 x^k から次の点 x^{k+1} を以下の更新式で生成する。

$$x^{k+1} = x^k + \widehat{\alpha}^k p^k$$

Step 5 変数偏差ベクトル d^k と勾配偏差ベクトル y^k を $d^k = x^{k+1} - x^k$, $y^k = \nabla f(x^{k+1}) - \nabla f(x^k)$ で求め,次の BFGS 公式を使って現在の近似ヘッセ行列 H_k を H_{k+1} に更新する。

$$H_{k+1} = H_k + \frac{y^k (y^k)^T}{(y^k)^T d^k} - \frac{(H_k d^k)(H_k d^k)^T}{(d^k)^T H_k d^k}$$

Step 6 繰り返し数を $k \leftarrow k+1$ として **Step 1** に戻る。

アルゴリズムの **Step 2** を $p^k = -H_k^{-1} \nabla f(x^k)$ としない理由は,逆行列を計算する手間の節約と丸め誤差の排除のためである。連立1次方程式を解く方が数値的には安定する。特に H_k が正定値対称行列であれば,**コレスキー法** (Cholesky method) などの効率的な数値解析手法が使える。連立1次方程式を数値的にかつ安定的に解く方法については数値解析の教科書[5]などを参照されたい。

④ DFP 公式

BFGS 公式で導入したランク2の対称行列を $\Delta H_k = \beta u u^T + \gamma (v w^T + w v^T)$ に変更してみる。パラメータ $\beta, \gamma \in R^1$ はスカラーであり,$u, v, w \neq 0 \in R^n$ の3つは n 次元の非零なベクトルである。差分行列 ΔH_k が変更されたので,それに対応して(40)式の差分形式も変更される。やはり

正割条件:$H_{k+1} d^k = y^k$　　　　　　　　　　　　　　　(53)

差分形式:$H_{k+1} = H_k + \beta u u^T + \gamma (v w^T + w v^T)$　　　(54)

を同時に満たすように2つのスカラー β, γ と3つのベクトル u, v, w を決定する。(54)式の H_{k+1} を(53)式に代入して,$u^T d^k, w^T d^k, v^T d^k$ がそれぞれスカラーであることに注意しながら整理すれば

$$\beta(\boldsymbol{u}^T\boldsymbol{d}^k)\boldsymbol{u}+\gamma(\boldsymbol{w}^T\boldsymbol{d}^k)\boldsymbol{v}+\gamma(\boldsymbol{v}^T\boldsymbol{d}^k)\boldsymbol{w}=\boldsymbol{y}^k-H_k\boldsymbol{d}^k \tag{55}$$

を得る。この式は正割条件を満足するための恒等式である。今，(55)式の恒等式を満たすように3つのベクトル $\boldsymbol{u},\boldsymbol{v},\boldsymbol{w}$ を $\boldsymbol{u}=\boldsymbol{v}=\boldsymbol{y}^k,\boldsymbol{w}=H_k\boldsymbol{d}^k$ とおいてみる。$H_k^T=H_k$ であるので，次式が得られる。

$$\{\beta(\boldsymbol{y}^k)^T\boldsymbol{d}^k+\gamma(\boldsymbol{d}^k)^T H_k\boldsymbol{d}^k\}\boldsymbol{y}^k+\gamma\{(\boldsymbol{y}^k)^T\boldsymbol{d}^k\}H_k\boldsymbol{d}^k=\boldsymbol{y}^k-H_k\boldsymbol{d}^k \tag{56}$$

(56)式の恒等式を満たすには2つのスカラー β と γ からなる次の連立1次方程式

$$\begin{cases} \beta(\boldsymbol{y}^k)^T\boldsymbol{d}^k+\gamma(\boldsymbol{d}^k)^T H_k\boldsymbol{d}^k=1 \\ \gamma(\boldsymbol{y}^k)^T\boldsymbol{d}^k=-1 \end{cases}$$

を直接解けばよい。すると

$$\beta=\frac{(\boldsymbol{y}^k)^T\boldsymbol{d}^k+(\boldsymbol{d}^k)^T H_k\boldsymbol{d}^k}{\{(\boldsymbol{y}^k)^T\boldsymbol{d}^k\}^2},\ \gamma=-\frac{1}{(\boldsymbol{y}^k)^T\boldsymbol{d}^k}$$

が得られる。求まった $\boldsymbol{u},\boldsymbol{v},\boldsymbol{w},\beta,\gamma$ を(54)式に戻すと

$$H_{k+1}=H_k+\frac{(\boldsymbol{y}^k)^T\boldsymbol{d}^k+(\boldsymbol{d}^k)^T H_k\boldsymbol{d}^k}{\{(\boldsymbol{y}^k)^T\boldsymbol{d}^k\}^2}\boldsymbol{y}^k(\boldsymbol{y}^k)^T$$

$$-\frac{1}{(\boldsymbol{y}^k)^T\boldsymbol{d}^k}\{\boldsymbol{y}^k(H_k\boldsymbol{d}^k)^T+H_k\boldsymbol{d}^k(\boldsymbol{y}^k)^T\}$$

となる。ここで，$H_k^T=H_k$ であること，$(\boldsymbol{y}^k)^T\boldsymbol{d}^k$ と $(\boldsymbol{d}^k)^T H_k\boldsymbol{d}^k$ が共にスカラーであることに注意しながらすべての項に分解すれば

$$H_{k+1}=H_k+\frac{\boldsymbol{y}^k(\boldsymbol{y}^k)^T}{(\boldsymbol{y}^k)^T\boldsymbol{d}^k}+\frac{\boldsymbol{y}^k(\boldsymbol{d}^k)^T H_k\boldsymbol{d}^k(\boldsymbol{y}^k)^T}{(\boldsymbol{y}^k)^T\boldsymbol{d}^k(\boldsymbol{y}^k)^T\boldsymbol{d}^k}-\frac{\boldsymbol{y}^k(\boldsymbol{d}^k)^T H_k}{(\boldsymbol{y}^k)^T\boldsymbol{d}^k}-\frac{H_k\boldsymbol{d}^k(\boldsymbol{y}^k)^T}{(\boldsymbol{y}^k)^T\boldsymbol{d}^k}$$

のように変形できる。これを最終的に整理し直せば

$$H_{k+1}=\left(E-\frac{\boldsymbol{y}^k(\boldsymbol{d}^k)^T}{(\boldsymbol{y}^k)^T\boldsymbol{d}^k}\right)H_k\left(E-\frac{\boldsymbol{d}^k(\boldsymbol{y}^k)^T}{(\boldsymbol{y}^k)^T\boldsymbol{d}^k}\right)+\frac{\boldsymbol{y}^k(\boldsymbol{y}^k)^T}{(\boldsymbol{y}^k)^T\boldsymbol{d}^k} \tag{57}$$

が得られる。

(57)式の更新式を **DFP公式** (Davidon-Fletcher-Powell formula) という。DFP公式も遺伝正定値性を持つ。

定理 14（DFP 公式の遺伝正定値性） 近似ヘッセ行列 H_k が正定値対称で $(d^k)^T y^k > 0$ ならば，DFP 公式は遺伝正定値性を持つ．

証明：(57)式の DFP 公式の両辺に右から $\forall z \neq 0 \in R^n$ を掛けて，左からその転置ベクトル z^T を掛けると

$$z^T H_{k+1} z = z^T \left(E - \frac{y^k (d^k)^T}{(y^k)^T d^k} \right) H_k \left(E - \frac{d^k (y^k)^T}{(y^k)^T d^k} \right) z + \frac{z^T y^k (y^k)^T z}{(y^k)^T d^k} \tag{58}$$

となる．ここで新たにベクトル $a \in R^n$ を

$$a = \left(E - \frac{d^k (y^k)^T}{(y^k)^T d^k} \right) z = z - \left\{ \frac{(y^k)^T z}{(y^k)^T d^k} \right\} d^k \tag{59}$$

とおいてみる．(59)式の a を使って(58)式を書き改めれば

$$z^T H_{k+1} z = a^T H_k a + \frac{\{(y^k)^T z\}^2}{(y^k)^T d^k} \tag{60}$$

を得る．BFGS 公式の遺伝正定値性の証明と同様，(60)式の右辺を場合に分けて考察する．

d^k と z が一次従属のとき $z = c \cdot d^k, c \neq 0 \in R^1$ と書ける．このとき(59)式の a は 0 となる．結果，(60)式の右辺第 1 項は零となるが，第 2 項は $c^2 \cdot (y^k)^T d^k$ となる．仮定より $(d^k)^T y^k = (y^k)^T d^k > 0$ だから結局，(60)式の右辺は正となる．

d^k と z が一次独立のとき $z \neq 0$ であるから(59)式より $a \neq 0$ である．したがって(60)式の右辺第 1 項は H_k が仮定より正定値だから正である．また，第 2 項の分母は仮定より正で，分子は非負である．これより(60)式の右辺は正となる．

以上の考察より $z^T H_{k+1} z > 0$ を得るので，H_{k+1} も正定値である．■

5 逆正割条件

(38)式で定義される正割条件は近似ヘッセ行列 H_{k+1} が正定値対称であれば逆行列が存在する．それを B_{k+1} と書くことにすれば，$B_{k+1} = H_{k+1}^{-1}$ であり，正割

条件 $y^k = H_{k+1} d^k$ は

$$d^k = B_{k+1} y^k \text{ または } B_{k+1} y^k = d^k \tag{61}$$

となる。これを**逆正割条件** (inverse secant condition) という。

行列 $B_k \in R^{n \times n}$ は近似ヘッセ行列の逆行列, つまり**近似ヘッセ逆行列**と見做すことができる。この B_k を使って準ニュートン法の降下方向ベクトル p^k を規定すれば㉙式は

$$p^k = -B_k \nabla f(x^k) \tag{62}$$

と書き直せる。行列 B_k についても H_k 同様, 差分行列 ΔB_k を用いて

$$B_{k+1} = B_k + \Delta B_k \tag{63}$$

と差分形式で表現できる。今, 差分行列 ΔB_k を $\Delta B_k = \beta uu^T + \gamma vv^T$ の対称行列として, これが逆正割条件を満たすように $\beta, \gamma \in R^1$, $u, v \in R^n$ を決定してみよう。これは

　逆正割条件：$B_{k+1} y^k = d^k$ (64)

　差分形式：$B_{k+1} = B_k + \beta uu^T + \gamma vv^T$ (65)

の2式を同時に満足する近似ヘッセ逆行列 B_k を求めることに相当する。

(64)～(65)式の構造は(46)～(47)式と同じであることに気づく。したがって $B_k \Leftrightarrow H_k$, $y^k \Leftrightarrow d^k$ と見做せば, 次式が得られる。

$$B_{k+1} = B_k + \frac{d^k (d^k)^T}{(d^k)^T y^k} - \frac{B_k y^k (B_k y^k)^T}{(y^k)^T B_k y^k} \tag{66}$$

歴史的には(66)式の準ニュートン公式が最も古くかつ有名である。これを一般に DFP 公式と呼ぶことが多い。④で先に導出した(57)式の DFP 公式と区別するため, (57)式を近似ヘッセ行列の DFP 公式と呼び, (66)式を近似ヘッセ逆行列の DFP 公式と呼んで区別する。

さて, (63)式の差分行列 ΔB_k を $\Delta B_k = \beta uu^T + \gamma (vw^T + wv^T)$ の対称行列として, やはり逆正割条件を満たすように $\beta, \gamma \in R^1$, $u, v, w \in R^n$ を決定してみよう。これは

　逆正割条件：$B_{k+1} y^k = d^k$ (67)

　差分形式：$B_{k+1} = B_k + \beta uu^T + \gamma (vw^T + wv^T)$ (68)

の2式を同時に満足する近似ヘッセ逆行列 B_k を求めることに相当する。

今度は(67)～(68)式の構造が(53)～(54)式と同じであることに気づく。やはり $B_k \Leftrightarrow H_k$, $y^k \Leftrightarrow d^k$ と見做せば、次式が得られる。

$$B_{k+1} = \left(E - \frac{d^k(y^k)^T}{(d^k)^T y^k}\right) B_k \left(E - \frac{y^k(d^k)^T}{(d^k)^T y^k}\right) + \frac{d^k(d^k)^T}{(d^k)^T y^k} \quad (69)$$

先の議論同様、ここでも混乱を避けるため、③で先に導出した(49)式を近似ヘッセ行列のBFGS公式と呼び、ここで求めた(69)式を近似ヘッセ逆行列のBFGS公式と呼ぶことにする。

B_k が正定値対称で、$(y^k)^T d^k > 0$ ならば、近似ヘッセ逆行列のDFP公式とBFGS公式は遺伝正定値性を持つ。証明の手順は定理13や定理14と同様なので省略する。このように正割条件と逆正割条件を介して、$B_k \Leftrightarrow H_k$, $y^k \Leftrightarrow d^k$ の変換だけで近似ヘッセ行列と近似ヘッセ逆行列のBFGS公式とDFP公式の更新式が相互に得られる。これをBFGS公式とDFP公式の**双対性** (duality) あるいは**相補性** (complementarity) という。

BFGS公式による(49)式の近似ヘッセ行列 H_{k+1} と(69)式の近似ヘッセ逆行列 B_{k+1} の行列積は単位行列 E になる。前提条件は $H_k B_k = B_k H_k = E$ だけである。同様に、DFP公式による(57)式の H_{k+1} と(66)式の B_{k+1} の行列積も単位行列になる。紙面の都合もあるので、証明については省略する。

参考文献

[1] 藤田 宏『理解から応用へ 大学での微分積分Ⅰ-Ⅱ』岩波書店, 2003 & 2004年.
[2] 今野 浩・山下 浩『非線形計画法』日科技連, 1978年.
[3] 奈良宏一・佐藤泰司『システム工学の数理手法』コロナ社, 1996年.
[4] 富永 晃『基礎演習 線形代数』聖文社, 1975年.
[5] 名取 亮『数値解析とその応用』コロナ社, 1990年.

(愛知工業大学情報科学部情報科学科教授)

第 5 章　IT 化と会計情報
──企業の持続可能性の観点──

岡崎　一浩

I　IT 化と複式簿記処理

　1949年にイタリアの数学者であるルカ・パチョーリ[注1]が複式簿記の原理を著書「"Sūma de Arithmetica, Geometria, Proportioni et Proportionalita"（算術，幾何，比および比例に関する全集）」で紹介してから以来，最近の10年間こそが最も大きく変貌を遂げた時期であるといえよう。その理由は，IT が会計に与えている影響は非常に多岐にわたるからである。現在，ルカ・パチョーリの説いた手書きの仕訳帳を実際に使用している日本企業は皆無であろう。手書きの仕訳帳は，すべからくコンピュータに置き換わってしまったからである。
　IT 技術なくしては，企業は社会が求める適時・範囲・品質に即した会計情報を提供することはできない。このように社会が求める拡大する会計情報を提供することで，企業は持続的な成長を可能にしている。
　ここで会計に寄与している IT 化技術は何かといえば，従来の帳簿組織に置き換わった財務パッケージであり，さらに ERP ソフトである。また，時価主義会計を支えるのは，複利による割引計算を容易に提供しているエクセルなどの表計算ソフトである。本社子会社間の連絡や官庁への報告にはインターネットによる添付ファイル技術，また開示についてもインターネットのブラウザ技術が不可欠である。内部統制では情報セキュリティ技術，会計監査ではデータベース検索技術やデータ保存技術に支えられている。この結果，監査法人や税理士法人における会計専門家が，IT 専門家の意見に依拠する場合が少なくな

い(注2)。

II 適時・範囲・品質の観点による会計実務に対するIT化現象

1　3つの観点の概要

　本稿の特徴は，様々な会計実務に対するIT化の展開現象を，適時・範囲・品質という3つの観点から分析を施すものである。適時性は時間軸，範囲は空間軸，品質とは信頼性の軸の3次元で表現すれば図表1で示され，社会が求める会計情報の方向は右上に向かうベクトルで示されることになる。このベクトルを動かす原動力は，グローバルな競争環境の中で，組織体の長期的な持続可能性(注3)を向上させるためと本稿では捉えておく。

図表1　社会が求める会計情報の方向

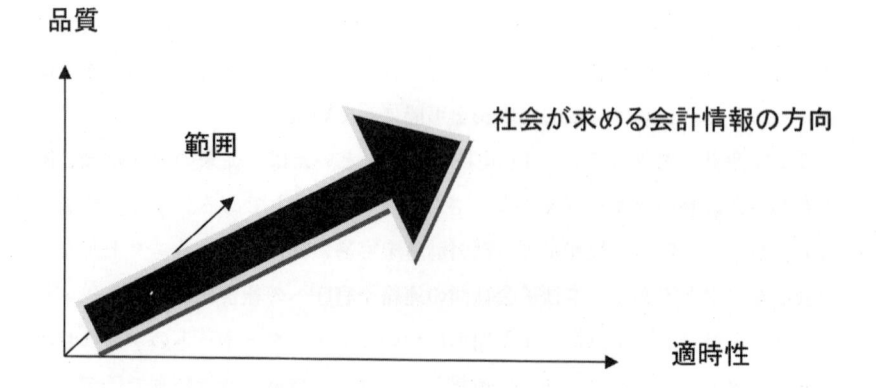

2 会計情報の適時性

第1の適時性に関しては，社会の要請が迅速な意思決定に役立つ会計情報を求めているからに他ならない。その典型例が，取得原価主義会計から時価主義会計への移行である。また，時価のない有価証券や固定資産に対する減損会計，賃貸用不動産の時価情報開示である。時価主義会計では，割引現在価値法（DCF法）が多用されるから，複利計算を簡単に処理できるエクセルなどの表計算ソフトが不可欠である。

有価証券報告書も従来の6か月決算を主体とした本決算と中間決算の年2回の開示から，現在では四半期開示となっている。有価証券報告書以外にも臨時報告書も金融庁の電子開示システムで適時開示性が図られている。これに加えて日本には決算短信による開示制度も併存する。

その結果，企業経営者は迅速な情報収集を図る必要が出てくる。とりわけグローバル企業にとっては，IT技術抜きには四半期開示制度は成り立たない。例えば連結財務諸表作成における情報のサプライチェーンにおけるIT技術を概観しただけでも，四半期報告などの会計情報の適宜性の確保するためにはIT化が不可避なことが分かる（図表2）。

図表2 四半期報告制度の下でのIT化の例示

	データ処理	関連するIT化の技術
1	本社・子会社での連結パッケージの作成	・単体の財務諸表の迅速な作成にはERPが不可避 ・連結パッケージそのものが，エクセルなどでIT化
2	本社の連結担当部署への電送	・FAXやフロッピー・ディスクから，インターネット網による送信に進化
3	本社での連結パッケージへの読み込み	・データの再入力ではなく，エクセルのマクロなどで対応

		• XBRLによるフォーマット変更の煩雑性の回避
4	連結ベースでの四半期報告や有価証券報告書の作成	• 連結ソフトの活用
5	監査法人による監査またはレビュー	• リスクアプローチによる財務分析に対する，パソコン利用による迅速化 • 監査調書の電子化
6	金融庁への報告	• インターネット送信 • XBRLによるフォーマット変更の煩雑性の回避
7	利害関係者による閲覧	• インターネット閲覧の提供

　これ以外にも，銀行から日本銀行への財務情報の提出，国税庁への電子申告など，報告の迅速化のためなどでIT技術は多くで使われている。

　このように適時性を実現するには多くのIT化費用が不可避であるし，時価情報を開示すると利益変動性が増加して，かえって企業の持続可能性に悪影響を与えるのではないかという懸念もある。しかし，適宜性を確保することは企業自身にとっても素早い対応が可能になるものであり[注4]，かつての日本企業の含み益経営から含み損トバシ行為までを許した取得原価主義会計の時代の反省に立脚しているのである。その意味で，適時開示の制度によって業績の悪い企業は株価の低落によって他の企業の買収のターゲットになり，多くの場合には他の上場企業のグループ子会社になって，倒産が回避され，経営資源が有効に使われて行くことになる。

③　拡大する会計の範囲

　第2の会計情報に関する会計の範囲が急激に増加している。かつて文房具の値段が貴重であった20世紀前半までは開示する財務諸表も貸借対照表あるいは

財産目録に過ぎなかった。

　しかし，最近では，財務諸表には，損益計算書，株主資本等変動計算書(注5)，キャッシュ・フロー計算書(注6)，注記と対象が大きく増大している。また，かつての親会社単独の財務諸表から，連結ベースの財務諸表の作成と開示が求められている(注7)。

　同じ貸借対照表であっても，従来では会計の範囲からは外れていた含み損益が会計の対象になっている。デリバティブは契約時には金銭の収受がないか少額であり，通常は差金決済となっているが，これに対しても毎決算期ごとに時価評価して認識の対象にしている。また，退職給付債務(注8)や資産除去債務(注9)のように，かなり長期的な将来債務も認識の対象になっている。

　企業の継続可能性（ゴーイング・コンサーン）情報の開示も，新たな開示情報になっている。これは，企業が1年以内の倒産可能性を経営者と監査人が開示する制度であるが，これには将来情報（例えば将来キャッシュ・フロー）の検討が必要になるから，エクセルなどの表計算ソフトなしには成立しない制度である。

　認識対象や開示項目を増やすことは，結局はリスクの可視化（棚卸し）に繋がることであり，リスク管理の数値表示にもつながることである。リスク情報については，バリュー・アット・リスク（V@Risk）情報といった統計的な情報を開示する企業も多く(注10)，統計処理のためにはエクセルなどの表計算ソフトへのアドオン・ソフトが必要になる。

4　会計情報の品質

　会計情報の品質とは，会計情報への信頼性である。もっとも端的に会計情報の信頼性について言及している用語としては，不正会計，粉飾決算，虚偽記載，不実記載，脱税，二重帳簿などがある。会計学では，これに対する概念として，真実性(注11)を用意している。ただし，会計学においてこれらの概念整理は神学論争にも似て結論らしい整理は未だに得られていないから，本稿ではこれらについて議論にこれ以上に言及することは避ける。

虚偽記載が存在してもかつての日本では，虚偽記載が直接的な原因で倒産になった事例は多くはなかったが，最近では監査法人から虚偽記載を有価証券報告書で指摘されれば上場廃止となって資本市場からの退場を余儀なくされるし，また銀行からの融資も困難になる[注12]。

会計情報の品質を担保するためには，会計数値へのトレーサビリティが必要である。品質保証の国際規格である ISO9600 シリーズや環境品質である ISO14000 では当然のことと思われていたトレーサビリティが，実は会計情報にとっては軽視されがちであった。その理由は，もともと財務データは企業秘密であるとされ，また監査法人や国税当局の監査が終わればそれほど会計数値のトレーサビリティが求められることはなかったのである。これについて，エンロン事件の影響を受けて米国で導入された内部統制を制度として導入することであり，日本でも新しい金融商品取引法で内部統制の導入が上場企業には義務化されている。

会計情報の品質への社会的なニーズは単に不正防止のためだけではない。ステークホルダーが会計情報へ依存して行動する機会が増えている。例えば，証券市場では，株価は営業キャッシュ・フローや ROE（資本利益率）などの変化で乱高下することも珍しいことではない。年金基金の運用先の意思決定でも長期的な展望が求められている。卑近な例でいえば，就職活動をする学生の多くは，会社四季報によって企業データを求めているし，東洋経済新報社の「就職四季報」にも財務データを掲載している（図表3）

図表3　「就職四季報」の一部抜粋（出典：同社ホームページのサンプルページ）

```
●会社データ●                    （資本金・業績は百万円）
【本社】105-8412　東京都港区西新橋1-3-12
☎0120-00-2629                    http://www.eneos.co.jp/
【社長(会長)】(代表取締役社長)　西尾　進路
【役員平均年齢】62.9歳
【今後力を入れる事業】石油開発　石化　新エネルギー他
```

【業績(連結)】

	売上	営業利益	経常利益	利益
06.3	6,117,988	303,930	309,088	166,510
07.3	6,624,256	159,684	186,611	70,221
08.3	7,523,990	263,962	275,666	148,306

【設立】1888.5【資本金】139,437【事業構成】(連)石油精製・販売91(2) 石油・天然ガス開発3(54) 建設5(2) 他1(17)
【取引銀行】みずほC 三井住友 三菱U
【子会社】新日本石油開発 新日本石油基地 新日本石油タンカー 他

【株価】

	2004年	2005年	2006年	2007年	2008年
始値	550	649	935	800	881

Ⅲ 適時・範囲・品質の観点による会計実務に対するIT化現象

　会計情報のIT化によって影響を受けた分野別に,分析を行う。記帳事務,税務会計,内部統制,管理会計および財務分析の領域に要約できる。これらにつき適時・範囲・品質を軸に,企業の持続可能性の向上の観点から検討を加え,その結果として将来の展望を行う。

1 記帳事務

　会計の基本的な要請には,財務の記録機能がある。財務の記録は複式簿記の原理に従うことになり,学校で教える教育簿記では,手書きによる①特殊仕訳帳への記入,②特殊仕訳帳から総勘定元帳への合計転記,③一般仕訳帳へのその他の取引の記帳,④これらから総勘定元帳への転記,⑤総勘定仕訳帳から試算表作成,⑥精算表の作成,⑦整理仕訳,⑧財務諸表の作成,⑨帳簿の締切り,

という会計サイクルが時間の順に教えられてきた(図表4)。この手順に関する知識を最も端的に問うているのが,日本商工会議所の簿記検定試験[注13]のシステムである。

図表4 簿記サイクルの手順

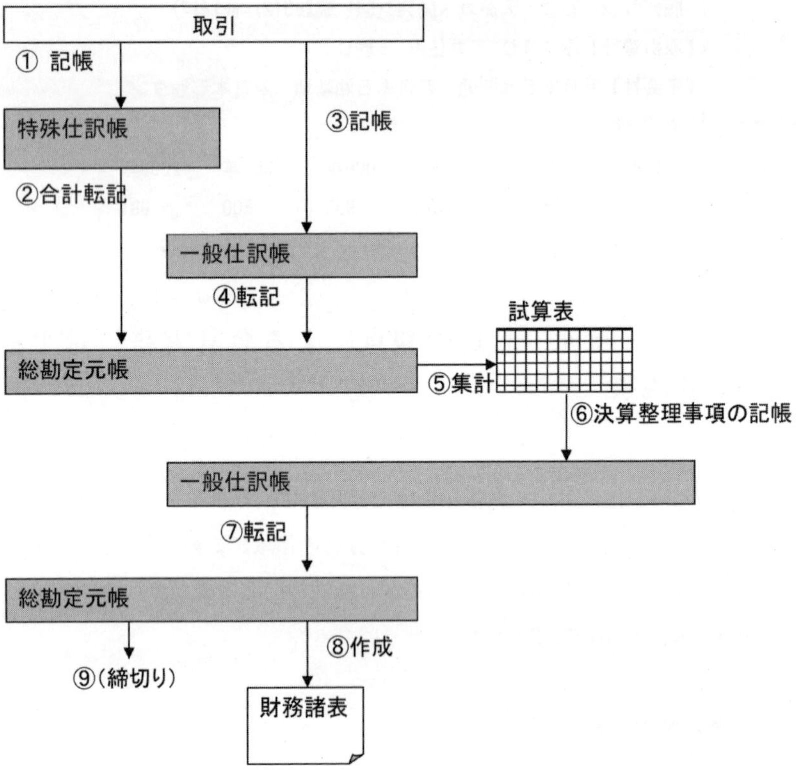

```
取引
 │①記帳         │③記帳
 ▼              │
特殊仕訳帳       │
 │②合計転記      ▼
 │            一般仕訳帳
 │              │④転記
 ▼              ▼
総勘定元帳 ──────→ 試算表
              ⑤集計
                │⑥決算整理事項の記帳
                ▼
            一般仕訳帳
                │⑦転記
                ▼
            総勘定元帳
                │⑧作成
 ⑨(締切り)      ▼
              財務諸表
```

しかし，IT技術の進化の結果，①仕訳から⑤試算表作成までのいわゆる日常業務では，複式簿記，転記や特殊仕訳帳あるいは2重仕訳削除などの原理を知らなくとも，多くのヘルプ機能によって実行可能になっている。

例えば，受取手形100万円を銀行で割り引き，割引手数料1万円を除いた後の99万円を当座預金に振り込んだ場合，通常の教育簿記では当座預金出納帳に手書きで99万円の入金記帳を行い，さらに一般仕訳帳に（借方）当座預金99万円，（借方）支払割引料1万円，（貸方）受取手形100万円，と記帳することになる。さらにややこしいのは，当座預金出納帳が特殊仕訳帳であるために，ここからは総勘定元帳への転記は（借方）当座預金99万円のみであり，また一般仕訳帳からは（借方）支払割引料1万円，（貸方）受取手形100万円を行うことになるが，これの原理を理解することは初学者にとっては極めて難解である（図表5）。

図表5　2重仕訳削除の原理

当座預金出納帳

当座預金	99	受取手形	99

一般仕訳帳

当座預金	99	受取手形	100
支払利息割引料	1		

従来の簿記会計とIT化された会計実務との最大の違いは，転記作業をソフトが瞬時に行ってくれることにある。IT化以前の会計はあたかもバッチ処理によるシークエンシャルなデータ更新手順であったが，最近の市販の会計ソフトではオンライン更新によって一斉に関係帳簿が更新されることになった。したがって，転記や帳簿組織を考える必要がなく，一つのいずれかの関係帳簿に記録すればその時点で，他の関係帳簿はすべて自動更新が行われる仕組みになっている。さらに，これらには多彩なヘルプ機能が用意されているから，例えば下記のヘルプを探し，これをクリックすれば仕訳帳に金額がそのように仮

に置かれた状態で提示されることになり，実際には10万円を100万円に，9万円を99万円に置き換えた後にエンター・キーで確定させれば，関係帳簿が正しく全部更新されることになる。

> 受取手形10万円を銀行で割引き，割引手数料1万円を除いた後の9万円を当座預金に振り込んだ。

通常の会計ソフトでは，補助元帳もサポートされているから，当座預金勘定を選択すれば，自動的にどの銀行のどの支店であるのかもシステムが同時に聞いてくることになる。

多くの会計ソフトでは，他のモジュールからの合計転記の受入れ機能がサポートされている。例えば，弥生会計の場合，弥生販売や弥生給与などの他のモジュールでの情報から自動的に生成された合計仕訳を受け入れる機能がある（図表6）。これらの合計仕訳を作成することは，実務上ではかなり煩雑で，なぜなら消費税などの細かな税金に関する知識が要求されるからである。しかし，ITによって，これらの計算と集計は自動化されている。

図表6　モジュール間の仕訳データ転送

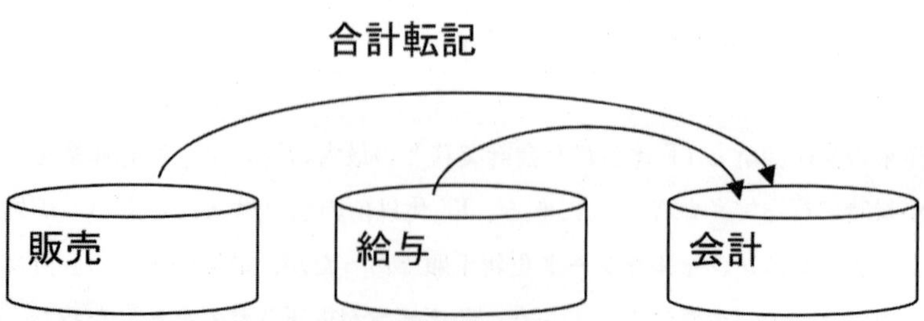

合計転記

販売　　給与　　会計

ところで，図表4の⑤〜⑦で示した決算手続きは，システムが自動的に行ってくれるものではなく自らが入力するし，ヘルプ機能も限られたものになっている。また，連結決算が必要な場合，別途に連結ソフトパッケージが必要になる。その意味では全部がIT化しているわけではないが，⑤や⑥に用いる精算

表も実はエクセルなどの表計算ソフトを用いることがほとんどであるから，現行の会計実務はITに全面的に依拠しているといえよう。

このようにマニュアル主体の教育簿記とIT主体の実務会計とは全くかけ離れたものになっており，このギャップをどう埋めるのかは大きな課題となっている。

IT化により，記帳から財務諸表作成に要する時間が短縮されている（適時性）。IT化の結果，前年度のフォーマットの上に上書きが可能になり，事務作業の効率が格段に向上している（適時性）。計算エラーや転記エラーが極端に少なくなり，トレーサビリティも向上している（品質）。どの企業でも間接人員の削減は進んでおり，拡大した会計対象に対して，少ないままの人員で対応ができている（範囲）。このようにIT技術を行使することによって，会計情報に関するコスト・ベネフィットを向上して，経理部門はリスクを軽減する情報を提供している。その意味で，経理部門をアウトソーシングするような企業は多くはなく，長期的な企業戦略を支えるインフラとして経理部は重要度を増している。

2　ERP

ERP (Enterprise Resource Planning) はイーアールピーとしてすでに日本語化しているが，企業経営の視点に立って組み立てられた経営管理のための統合型コンピュータシステムをいう。これはまた，統合業務パッケージなどとも呼ばれる。これに対比されるのが，販売在庫システム，経営システムあるいは給与システムなどの業務毎に単体のシステムをいう。

大企業向けには，ドイツのSAP（エスエーピー）社の統合業務パッケージ「R/3」が大企業向けに知られている。外国製の有力なERPは次がある（図表7）。

図表7　外国製の有力な ERP

SAP	ドイツ	SAP R/3
Oracle	米国	Oracle Applications
PeopleSoft	米国	PeopleSoft
BAAN	オランダ	BAAN

　日本の中堅企業向け市場では，大塚商会の OSK「SMILE αシリーズ」，OBC「奉行新 ERP」や「OBIC 7」，富士通「GLOVIA-C」，SAP「R/3」，エス・エス・ジェイ「Super Stream」が上位を形成している。

　なお，ERP ではなく会計単体のソフトとしては，中小企業向けの「弥生会計」が知られている。

　かつてコンピュータソフトは自社開発が主体であったが，IT の利用が飛躍的に向上した結果，コスト削減と同時にセキュリティ対策のためにも ERP 導入による自社開発の最小化が主流になっている。ERP は統合型パッケージであるから，その中に財務会計モジュールが提供されている。そこでは，各モジュールで生成された合計仕訳が自動的に総勘定元帳に転記される機能がサポートされているのが通例である。このような，仕訳の自動化は会計部門の省力化に役立つ。1つの ERP に習熟すれば，他の ERP にも共通点が少なくないから，容易に他企業に転職してもソフトを利用できるというユーザー個人への利点はある。外部監査人にとっても，企業リスクの判定には自社開発ソフトより ERP の方が標準化されているから時間コストの節約になる。

　ERP が企業情報の適時提供に寄与していることはいうまでもない。会計の対象範囲が増えることに，ERP も進化している。多くの場合，購入した ERP から作られるデータベースに独自に開発したアドオン・ソフトを活用してより使い勝手のよいシステムに仕上げている場合が多い。

　会計情報の品質の観点から見ると，ERP の寄与は大きい。特に情報セキュリティについては，自社開発ソフトよりもむしろきめ細かな場合も少なくない。

ソースコードの変更は困難であり，不正ができたとしてもソフトの設定パラメータの変更か，データベースの直接改竄しか方法はない。また，広く使われている ERP であれば熟練者の補充も比較的に容易である。そもそもデータベースへの不正アクセスによって会計不正を試みことは容易ではなく，例えばエンロン事件においても当時最大だったエンロン・オンラインでの不正は報告されておらず，むしろ巨大システムに乗らないようなリースバック取引などのオフバランスなどの手口で事件は発生しているから，企業の持続可能な成長のためには多くのアクセスがあってモニタリングが行われることになるデータベースの存在はより高く評価してもよい。

欠点としては，経理部員のトレーニングの場を奪うこと，あるいは1つの誤入力が全体の財務諸表までへの誤転記を生みかねないリスクを兼ね備えている。提供されるソフトにバグがある場合でも，ユーザー企業では直ちに対応が不可能となるリスクがある。

③ 税務会計

(1) 税務会計ソフト

現在の税務会計は IT 技術なしでは成立しない。例えば，最近の税法の改正については税務会計ソフトなどの方が人間の記憶よりも正確に会計情報の処理を指示することがしばしば見られる。特に，消費税においては取引数が膨大であり，これを算盤で正確に課税売上高を算出するだけでも容易ではない。

正確な納税額の計算にはより精緻な税務会計ソフトが求められている。事実，多くの中小企業向け ERP の開発会社は申告書作成モジュールからスタートし，他のモジュールを生み出して ERP 化したものが多い。また，提出する申告書自体も電子化され，e-tax 申告として知られているし，ほとんどの税務会計ソフトも転記作業なしでこれと連動するように設計されている。日本の代表的な税務ソフトは次の通りである（図表8）。

図表8　主要税務ソフト

ソフト名	バージョン	会社	定価(円)	販売価格(円)	年間保守料(円)
法人税の達人	プロ	NTTデータ	59,00		
	スタンダード	NTTデータ	39,000		
	ライト	NTTデータ	26,000		
魔法陣/法人税		ハンド	81,900	公開せず	26,250
法人税顧問		EPSON	102,900	69,300	39,900
法人税全表		パーソナルメディア	102,900	86,100	36,750
PCA法人税	システムA	PCA	81,900	53,200	26,250
	システムB	PCA	157,500	102,300	52,500
OBC	申告奉行法人編	OBC	262,500	170,600	52,500

　これを適時性・拡大する範囲・品質の観点で検討すれば，適時性と範囲についてはIT化のメリットしか考えなれない。品質という点では，ITの便利さが不正に使われる危険は無視すべきではない。例えば，伝票の差し替え，あるいは金額の変更などは，同じ年度であれば痕跡もなくできてしまうし，その捕捉は難しい。その点，帳簿式の仕訳帳や総勘定元帳ではこのような後日の訂正や削除は容易ではない。その点で，伝票式会計では伝票の差し替えや破棄も不可能ではないから，伝票式会計のもつ不正リスクと同様の不正リスクの存在を認識すべきである。

(2) e-tax

　e-Tax（国税電子申告・納税システム）は，あらかじめ開始届出書を提出し，登録をしておけば，インターネットで国税に関する申告や納税，申請・届出などの手続ができるシステムをいう。ご利用できる者は，納税者および税理士及び

税理士法人に限定している。利用分野は，図表9の通りである。

利用可能な手続は以下の通りであるが，これの利用には先立って，電子署名用の電子証明書（電子証明書がICカードで発行される場合は，ICカードリーダライタ）が必要である。

図表9　e-Taxの利用分野

申　　告	納　　税	申請・届出等
所得税，法人税，消費税，酒税や印紙税の申告	インターネットバンキングやATMなどを利用して，すべての税目の納税が可能	青色申告の承認申請，納税地の異動届，電子納税証明書の交付請求など，税務に関する申請・届出などの提出が可能
国税庁ホームページの「確定申告書等作成コーナー」で作成した申告用データをe-Taxへ送信		

4　XBRL

XBRL (eXtensible Business Reporting Language) は各種財務報告用の情報を作成・流通・利用できるように標準化されたXMLベースの言語である。これはHTML言語を発展させたものである。あたかも，数字フィールドに持たせる属性を拡張し，HTML言語であればフォントや文字サイズなどに限られていたものを，勘定科目名，英文勘定科目名，流動資産や固定資産といった区分などの属性にまで拡大した属性 (XBRL Specification) を有している。

数字に属性を持たせることで，XBRLの仕様は，ソフトウェアやプラットフォームに関係なく，電子的な財務情報の作成や流通・再利用を可能にする。

財務データのすべてのユーザーである上場会社，非上場会社，監査法人，監督官庁，アナリスト，投資家，市場関係者，ソフトウェア会社，情報提供会社などは，あたかも財務情報のサプライ・チェーンにおり，財務情報提供のためのコストを削減し，正確な財務情報をよりスピーディーに利用できる。例えば，他者との比較を表計算ソフトで行う場合，瞬時に可能となるし，和文から英文への翻訳と再区分表示も瞬時に実現する。

XBRL 日本事務局では，これを情報のサプライ・チェーン・マネジメントと形容し，これに関するプロセスと参加者とを図解している（図表10）。

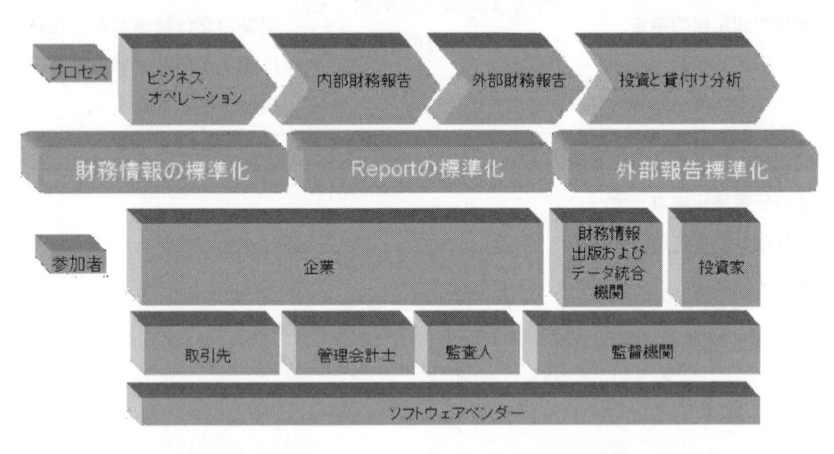

図表10　情報のサプライチェーン

出典：XBRL ジャパン「FACT BOOK 9（2007年3月版）」[注14]

日本の国税庁は，2004年から，法人税の電子申告の添付書類である財務諸表を，XBRL 形式でも受け付けている。日本銀行でも，2006年2月から月次の貸借対照表データなどを XBRL 形式によるデータの受信を行っている。東京証券取引所でも，2003年7月より，TDnet（Timely Disclosure network：適時開示情報伝達システム）において，決算短信の1枚目を XBRL（Spec.2.0a）により授受している。金融庁は EDNET（Electronic Disclosure for Investors' NETwork）での XBRL の採用している。

民間でも日立ハイテクノロジーズは，オラクルのデータベースを利用して，証券取引法で定められた上場企業約4,500社の財務情報をXBRL形式化し，企業による公開の翌日までにXBRL化された財務情報をインターネットから提供致している。

異なった会計環境を克服するために，すでにドイツではコンテンラーメン (Kontenrahmen)，フランスではプラン・コンタブル (plan comptable) という会計での勘定コード体系がある。これは，1927年にドイツのシュマーレンバッハが，各企業の用いる勘定コードを共通化したことに起因しているが，各企業の財務諸表を集計すれば，国民経済レベルでの財務報告がなるというものであり，その意味では，全体の視点から個別企業での勘定コードを体系化しようとしている。図表11のようにコードが割り振られ，その後に改訂が施されている。

図表11　コンテンラーメンにおける勘定コード

クラス0	静止勘定
クラス1	財務勘定
クラス2	非費用，中性費用，中性収益勘定
クラス3	その他のクラスに帰属しない費用
クラス4	特殊費用
クラス5	予備
クラス6	補助経営
クラス7	主要材料
クラス8	半製品および製品
クラス9	販売費，売上，決算勘定

5　管理会計

管理会計とは，内部報告会計としても知られ，大きく次の2つの目的が知られている。これらは相互に連携して機能する場合もあるし，また外部への報告

制度としての財務諸表に取り込まれている場合もある。

(1) 内部業績報告会計

内部業績評報告会計とは,企業などの内部での業績評価のための会計である。この場合,会計単位を企業や企業グループではなく,より小さな部や課を単位にすることもあるし,また,予算制度と深く結び付く場合が多い。その場合には,金額単位ばかりではなく,時間や広さといった単位も目標に用いることが多い。

BSC (バランス・スコア・カード)

BSCとは,企業のビジョンと戦略を,いわゆる4つの視点から具体的なアクションへと柔軟に具体化するための経営戦略立案・実行評価のフレームワークをいう。また,このフレームワークで利用される達成目標と評価指標を記載したカードそれ自体を指すこともある。最近ではカードも電子化され,最早ITなしでは機能しない。ここで上記の4つの視点とは次の通りである。

- 財務の視点 (過去)
- 顧客の視点 (外部)
- 業務プロセスの視点 (内部)
- 学習と成長の視点 (将来)

BSCの起源は,1990年に米国コンサルタント会社KPMGのリサーチ部門であるノーラン・ノートン研究所で行われた研究プロジェクトである。従来の財務的業績指標に偏った業績管理を破った,広い範囲の評価基準を策定し,そこから顧客の満足度や従業員のやる気など,評価の難しい無形資産の価値を明確化することを目指している。必然的に,その特徴は財務的業績評価指標と非財務的業績評価指標を併用することとなる。

BSCでの4つの視点から,戦略に適合した個人や部門ごとの個別の実施項目 (CSF),数値目標 (KGI),評価指標 (KPI) を設定し,これらをモニタリングすることとなる。2000年には,4つの視点間で一貫性のある戦略を策定する

ためのツールとして，戦略マップが提唱されている（図表12）。

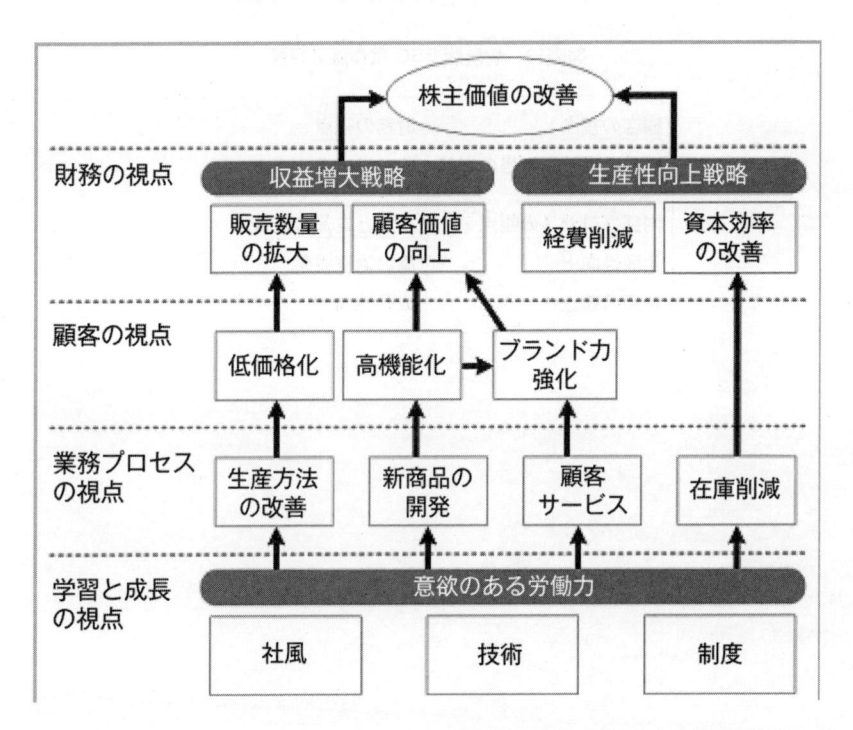

図表12　BSC戦略マップのイメージ[注15]

```
                    株主価値の改善
財務の視点     収益増大戦略        生産性向上戦略
            販売数量   顧客価値    経費削減   資本効率
            の拡大    の向上              の改善
顧客の視点
            低価格化   高機能化   ブランド力
                                  強化
業務プロセス
の視点       生産方法   新商品の   顧客      在庫削減
            の改善    開発       サービス
学習と成長              意欲のある労働力
の視点
            社風       技術       制度
```

　基本的にBSCは，目標管理技法の一種である。したがって，本稿のテーマである「適時・範囲・品質の観点」によって検討すれば，財務諸表のデータを，より長期的な会計単位などの異なった期間で，予算を含めた異なった会計データの実績を予算と比較することで，結果的に財務諸表のデータをより深く分析することが可能である。その意味で，BSCは，財務データの品質を向上することになる。

　財務データだけでは現場での原価低減や生産性の向上に使えない場合が少なくないが，BSCは様々な要素（1台当たりの所要時間，床面積当たりの売上）などが駆使できて現場での生産性向上につながることが多い。その意味では，会計

データの可能性を補完し,拡大してくれるツールとなっている[注16]。

例えば,病院版 BSC 設計研究会の発表では次のような目標が紹介されている[注17](図表13,図表14)。

図表13　病院版 BSC 試作版の目標

顧客の視点	財務の視点
適時の退院,新患の増加	収益性向上
内部プロセスの視点	学習と成長の視点
生産性向上	高い治療成果
費用の適正化	成長性向上

第5章 IT化と会計情報　261

図表14　医療機関の戦略マップ（恵寿総合病院）

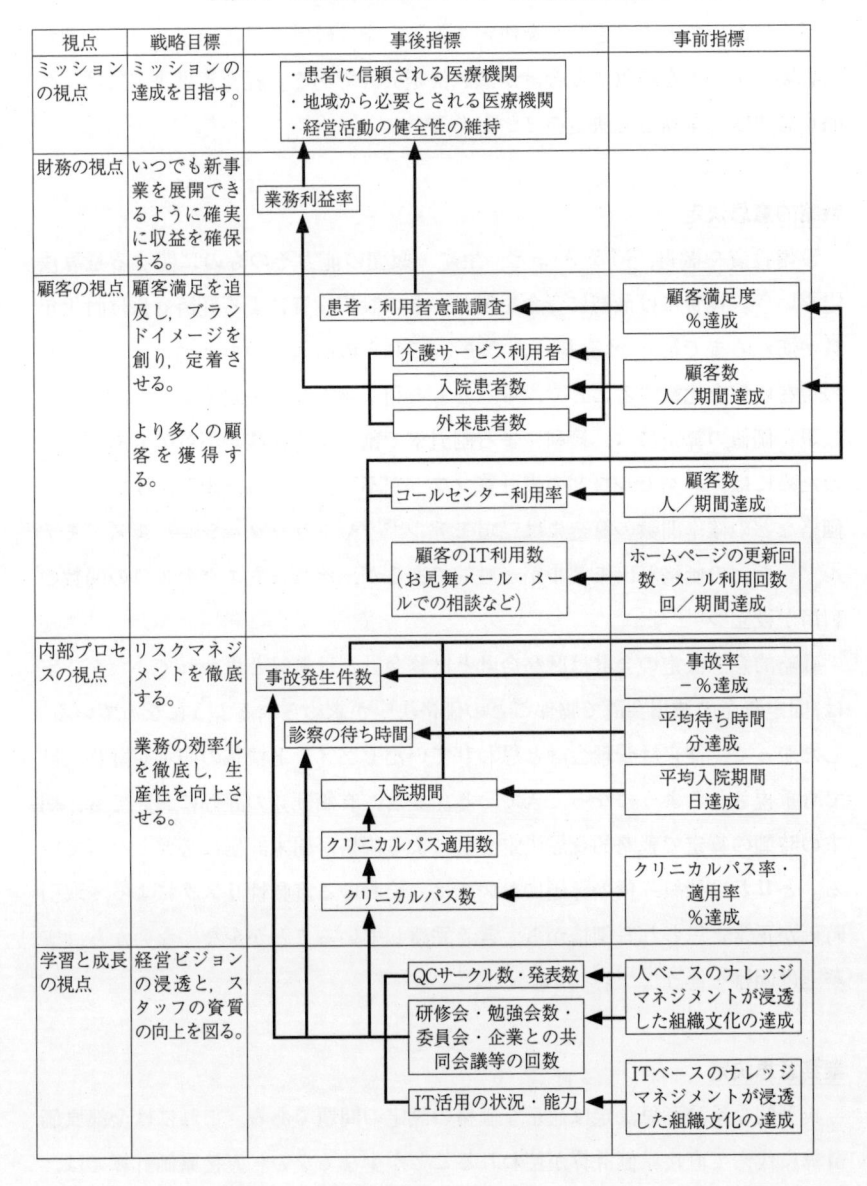

視点	戦略目標	事後指標	事前指標
ミッションの視点	ミッションの達成を目指す。	・患者に信頼される医療機関 ・地域から必要とされる医療機関 ・経営活動の健全性の維持	
財務の視点	いつでも新事業を展開できるように確実に収益を確保する。	業務利益率	
顧客の視点	顧客満足を追及し，ブランドイメージを創り，定着させる。 より多くの顧客を獲得する。	患者・利用者意識調査	顧客満足度 ％達成
		介護サービス利用者 入院患者数 外来患者数	顧客数 人／期間達成
		コールセンター利用率	顧客数 人／期間達成
		顧客のIT利用数 （お見舞メール・メールでの相談など）	ホームページの更新回数・メール利用回数 回／期間達成
内部プロセスの視点	リスクマネジメントを徹底する。 業務の効率化を徹底し，生産性を向上させる。	事故発生件数	事故率 －％達成
		診察の待ち時間	平均待ち時間 分達成
		入院期間	平均入院期間 日達成
		クリニカルパス適用数 クリニカルパス数	クリニカルパス率・適用率 ％達成
学習と成長の視点	経営ビジョンの浸透と，スタッフの資質の向上を図る。	QCサークル数・発表数 研修会・勉強会数・委員会・企業との共同会議等の回数	人ベースのナレッジマネジメントが浸透した組織文化の達成
		IT活用の状況・能力	ITベースのナレッジマネジメントが浸透した組織文化の達成

（2） 意思決定会計

将来においてとるべき行動を決定することを「経営意思決定」という。それに必要なデータを提供する会計が意思決定会計である。経営意思決定には，戦略意思決定と業務意思決定の2つがある。

戦略的意思決定

設備投資や撤退，M＆Aなど，生産・販売の能力そのものに関する意思決定をいう。投資には最初に資金を要し，その設備投資による経済効果は耐用年数が切れるまで続くか，売却時まで続く。これらの出入りのキャッシュ・フローの現在価値を比較することで，もっとも有利な選択肢を決定する。

現在価値の算定には，複利による割引率で割り戻す作業が不可欠である。そのためには，エクセルなどの表計算ソフトが不可欠である。また，オプション価格などの確率関数の算定には二項モデル[注18]やブラック＝ショールズ・モデル[注19]などの価格算出モデルが一般的であるが，それにもエクセルでの関数の利用が役立つ[注20]。

戦略的意思決定の会計は財務会計と財務会計とは無縁と思われていたが，実は，固定資産の減損会計で物件ごとの価格決定が求められるようになっている。したがって，従来は管理会計と思われていたセグメント情報の開示が財務会計でも重視されるようになってきている。また，有価証券の評価においても，期末の時価の算定で戦略的意思決定会計による価格が期末評価に必要となっている。とりわけ仕組み債の評価においては，いわゆる流動性リスクによって取引時価が正常と思われる価格から大きく乖離していることが少なくないから，実務上は困難を伴う[注21]。

業務意思決定

典型的な業務意思決定は適正な価格の設定の問題である。これには全部原価計算に代えて直接原価計算が使われることが少なくない。直接原価計算では，製品原価は変動製造原価のみからなるものとし，その結果，固定費を期間費用

として繰り越されない。直接原価計算はCVP分析を通じて利益計画への活用ができ，損益分岐点を提供できる。

　直接原価計算におけるIT技術は，コストの変動費と固定費の分解において見られる。X軸を売上，Y軸を総コストとし，各月の総コストを散布図において

　　　　総コスト＝(売上)×(変動比率)＋(固定費)

の形の一次式に分解する場合を例に如何に容易になったのか説明する。最もオーソドックスな方法では，費目ごとに何カ月間の変動費か固定費に判別し，売上との相関係数が例えば0.6以上の費目を変動費とし，変動費率については「＝SLOPE」関数を用いて求めることができる。

　これよりも簡便法は，例えば図表10のエクセル表をそのまま散布図フラフ(図表16)とし，次にグラフの点を右クリックして「近似曲線の追加」を選び，そのオプションで「線形近似」を選択すれば，グラフ上に今求めている一次式がそのまま書きこまれるというものである。ほとんど一瞬にして総コストの予想式が求められ，これが損益分岐点の算定に利用されることになる。財務シミュレーションには，エクセルが不可欠なツールであることの一例である。

図表15　エクセル上の売上と総コスト

	A	B	C
1	月	売上(千円)	総コスト
2	1	1,256	902
3	2	1,365	966
4	3	1,585	1,034
5	4	1,688	1,015
6	5	1,565	1,026
7	6	1,325	960

8	7	1,366	896
9	8	1,184	814
10	9	1,205	802
11	10	1,356	982
12	11	1,598	1,104
13	12	1,262	875

図表16　散布図と線形近似

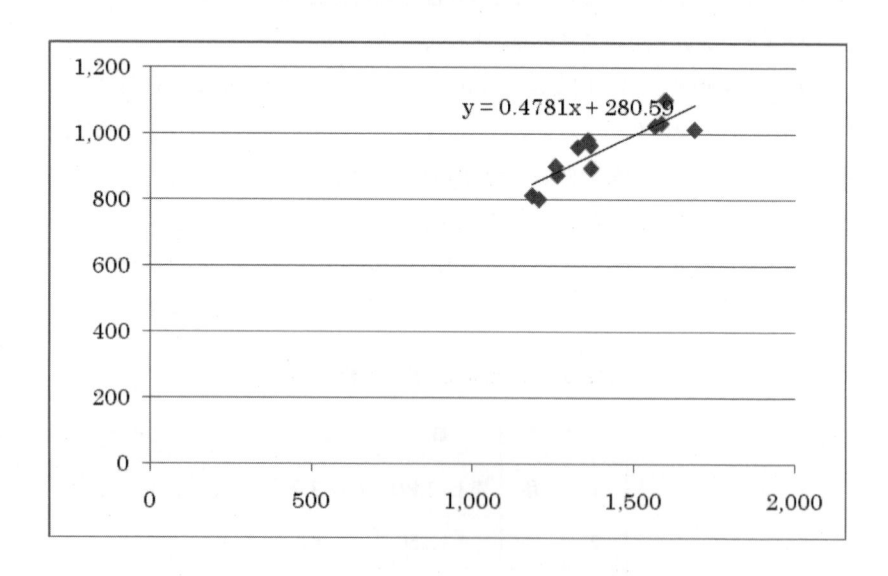

$y = 0.4781x + 280.59$

6　内 部 統 制

(1)　内 部 統 制

　内部統制は従来,不正を防止するための内部牽制と同様に考えられていたが,現在では企業の持続可能性の見地からの総合的なリスク管理に発展している。

日本でも，2006年5月，会社法は個々の取締役と取締役会に内部統制システム構築の義務を課した。2005年8月には経済産業省が，「コーポレートガバナンス及びリスク管理・内部統制に関する開示・評価の枠組みについての指針」を公表している。さらに2006年6月に金融庁が主導の金融商品取引法において上場企業に内部統制報告書の提出と監査法人監査が義務付けられている。

日本の内部統制は，米国のCOSOフレームワークを踏襲している。これによると，内部統制は統制環境，リスクの評価と対応，統制活動，情報と伝達，モニタリングの5つの構成要素から構成されている。この5つの構成要素に従って，経営者や外部監査人は内部統制の評価を行う際に評価を行うことになる。日本では5つの構成要素にITへの対応を加えて，6つの基本的要素となっている。

6つの基本的要素はいわゆるCOSOキューブの一つとして示されるから，ITへの対応もまた含まれる。同時にCOSOでは，内部統制の目的に財務報告

図表17　日本版COSOキューブ

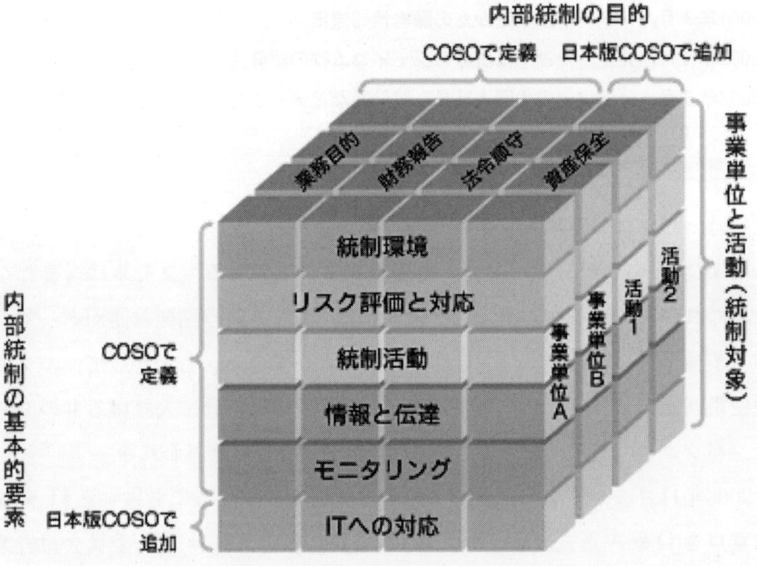

が入っているから、当然にITへの対応と財務報告との接点が生まれることになる（図表17）。

ここで、日本でCOSOフレームワークに追加されたITへの対応について、検討を加える。近年のIT環境の飛躍的な進歩が会計情報に寄与していることは今までにも繰り返してしてきしていきた。したがってITへの適切な対応は、内部統制上も重要なものとなる。十分にITへ対応できていなかった例であると考えられる事例は主なものでも次のとおりである（図表18）。

図表18　ITをめぐる内部統制問題

1998年10月、オリコン、ホームページに約3000人分の個人情報漏えい
1999年10月、NTT東日本など、情報流出1万件
1999年11月、東京デジタルホン顧客情報、光通信社員がCDに複写して漏えい。
1999年8月、プロミス、コンピュータから顧客情報流出、仙台の営業所で34人分。
2002年4月、みずほ銀行のATMのシステムトラブル。旧第一勧銀の支店で旧富士銀のカードによる引き落としができなくなるなど。
2004年12月、ヤフーBBの顧客データ流出
2004年3月、ジャパネットたかたの顧客情報流出
2005年12月、発生したみずほ証券のジェイコム株の誤発注
2007年3月、デンソーの中国人社員、設計図などデータをUSBメモリーで盗用

（2）　パソコンの購入ソフトや表計算ソフト

IT環境という場合、パソコンの表計算ソフトであるエクセルは含まれないと思われがちであるが、実はエクセルにはVBAという開発言語があって、極めて多種多様な対話型ソフトを作りだすことができる。したがって、エクセルの使用状況によっては、内部統制でいうIT環境に十分に入り得るものであるし、パソコンの進化に従ってさらにIT化が進むものと思われる。

2008年11月に、日本公認会計士協会は財務諸表監査時に実施するIT監査の留意点をＱ＆Ａ形式で示した文書IT委員会報告第31号「IT委員会報告第3

号『財務諸表監査における情報技術（IT）を利用した情報システムに関する重要な虚偽表示リスクの評価および評価したリスクに対応する監査人の手続きについて』Q＆A」を公開した。そのQ＆Aの「Q18：パソコンの会計パッケージソフトを利用して会計帳簿を作成している場合の留意点にはどのようなものがあるでしょうか」に対して，新たに記述を追加した。市販のパソコン用会計ソフトを利用している場合，パラメータの設定や維持といった内部統制を整備し，有効に運用しているかを留意するようにといった記述が加わった。

「Q19：スプレッドシートに関する統制リスクの評価手続きの留意点にはどのようなものがあるでしょうか」では，四則演算を代替している「比較的単純」なもの，マクロの利用や処理の内容が複雑でブラックボックス化しているような「相当に複雑」なものに分類している。前者は検算などの手作業の統制によりリスクを低減できるとし，後者は通常の業務システムに対する統制と同程度の統制の整備運用が必要になる場合もありうるとしている。

Ⅳ　ま　と　め

会計情報がIT化によって展開しているが，それは，会計情報が適時・範囲・品質の観点からより重要性をもつようになったからである。そもそも企業の最終目的は企業の持続可能な成長を高めることであるが，そのためには，会計情報がより高度な適時性，広い範囲，高い品質をもち，企業の内部およびステークホルダーに質の高い情報をもたらすことによって実現するという信念から行われているのであることを説明してきた。そこで，IT化は，これらの基盤を提供するものである（図表19）。

図表19 会計情報のIT化に関する概念図

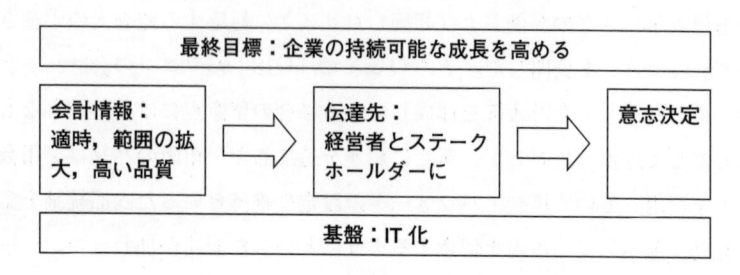

```
┌─────────────────────────────────────────────┐
│      最終目標：企業の持続可能な成長を高める      │
└─────────────────────────────────────────────┘
┌──────────┐    ┌──────────┐    ┌──────┐
│ 会計情報： │ ⇒ │ 伝達先：   │ ⇒ │意志決定│
│適時，範囲の拡│    │経営者とステーク│    │      │
│大，高い品質 │    │ホールダーに │    │      │
└──────────┘    └──────────┘    └──────┘
┌─────────────────────────────────────────────┐
│                基盤：IT化                    │
└─────────────────────────────────────────────┘
```

(注1) ルカ・パチョーリ (Fra Luca Bartolomeo de Pacioli, 1445年-1517年) は，イタリアの数学者。

(注2) 1998年3月「監査基準委員会報告書第14号（中間報告）専門家の業務の利用」日本公認会計士協会。

(注3) 勝山　進「社会関連会計・環境会計・持続可能性会計」『會計』第163巻第4号2008年に，持続可能性会計についての説明が詳しい。

(注4) トヨタ自動車による迅速な決算見通しも，適時開示システムの寄与が大きい。2008年12月23日『日本経済新聞』「トヨタ，生産抜本見直し，来期設備投資，1兆円以下に，今期営業赤字1500億円発表」朝刊，1ページ。

(注5) 2006年に新会社法の施行に伴い導入された財務諸表。純資産を株主資本，評価・換算差額，新株予約権，少数株主持分（連結株主資本等変動計算書においてのみ作成）の4つに分けて掲載。

(注6) 「連結キャッシュ・フロー計算書等の作成基準」の導入に伴い，2000年3月期から作成義務づけ。

(注7) 日本では，2000年3月決算から，連結と個別との両方の開示は継続して行うが，重点を連結財務諸表を中心とした財務情報の開示に変換している。

(注8) 企業会計審議会「退職給付に係る会計基準」は，2000年4月1日以後開始事業年度から適用開始。

(注9) 2008年3月，企業会計基準委員会は企業会計基準第18号「資産除去債務に関する会計基準」及び企業会計基準適用指針第21号「資産除去債務に関する会計基準

の適用指針」の公表。

(注10) 大和総研は制度調査部情報として「ASBJ（企業会計基準委員会）は，2008年2月5日の金融商品専門委員会で，金融商品の時価等の開示拡充に合わせて，企業が保有する金融商品の市場リスクに関する定量的な情報（BPV，VAR等）の開示を義務付ける方針を固めた」と紹介している。

(注11) 企業会計原則一般原則一では「企業会計は，企業の財政状態及び経営成績に関して，真実な報告を提供するものでなければならない」と規定している。

(注12) 銀行ではBIS規制により，自己資本比率（4％あるいは8％）の維持が義務付けられている。この場合，信用状態に応じ，内部的格付けにおいてはリスクウエイト（掛け目）が異なってくるから，財務諸表に疑惑のある貸出先への融資を減らすインセンティブが働く。

(注13) 日本商工会議所日商簿記検定3級に最も典型的に出題される。同ホームページ参照（www.kentei.ne.jp/boki/index.html）。

(注14) 出典：www.xbrl-jp.org/download/index.html

(注15) 出典：NTTデータホームページ。
www.atmarkit.co.jp/aig/04biz/strategymap.html

(注16) BSCは財務会計以外の広範囲な指標を用いることから，病院などでも広く利用されている。例えば斉生会熊本病院のホームページなど。
www.sk-kumamoto.jp/site/view/contview.jsp?cateid=49&id=139&page=1

(注17) 2003年3月木村憲洋「実践・病院版BSC設計研究会」。
www.tmd.ac.jp/grad/hce/study/BSC__2003.pdf

(注18) 竹内寿一郎「オプション価格の2項確率過程からブラウン運動へ」2006年10月。
www.ae.keio.ac.jp/lab/soc/takeuchi/japla/works/regular/06/takeuchi0610.pdf

(注19) ブラック＝ショールズモデルとは，1種類の無配当株と1種類の債券が存在する証券市場のモデルで，時刻 t における株価 S_t と債券価格 B_t が以下を満たすものとして知られている。

$$dS_t = S_t(\sigma dW_t + \mu dt)$$

$$B_t = \exp(rt)$$

r, σ, μ は定数

W_t は標準ブラウン運動

(注20)　正田隆之「金融数理入門」http://homepage2.nifty.com/mathfin/index.htm
(注21)　企業会計基準委員会，実務対応報告第25号「金融資産の時価の算定に関する実務上の取扱い」2008年10月28日。

（愛知工業大学経営学部教授）

編者との契約により検印省略

平成21年8月10日　初版第1刷発行

環境激変と経営・会計・情報

編　者	野　村　健太郎
	山　本　　　勝
	石　井　直　宏

発 行 者	大　坪　嘉　春
製 版 所	株式会社東美
印 刷 所	税経印刷株式会社
製 本 所	株式会社三森製本所

発 行 所　東京都新宿区下落合2丁目5番13号　株式会社 税務経理協会
郵便番号 161-0033　振替00190－2－187408　電話(03)3953－3301(編集部)
　　　　　　　　　FAX(03)3565－3391　　　(03)3953－3325(営業部)
URL http://www.zeikei.co.jp/
乱丁・落丁の場合はお取替えいたします。

Ⓒ　野村健太郎・山本勝・石井直宏　2009　　Printed in Japan

本書を無断で複写複製（コピー）することは，著作権法上の例外を除き，
禁じられています。本書をコピーされる場合は，事前に日本複写権センター
(JRRC) の許諾を受けてください。
JRRC (http://www.jrrc.or.jp　eメール：info@jrrc.or.jp　電話：03-3401-2382)

ISBN978－4－419－05297－3　C3034